D1724789

Abenteuer Familie

Ein Ratgeber aus der Beobachter-Praxis

Doris Huber, Walter Noser,

Katja Rauch, Urs Zanoni u.a.

Abenteuer Familie

Rechtsfragen, Finanzen, Organisation:
So gelingt der Familienstart

Dank

Die Autorinnen und Autoren danken folgenden Personen und Organisationen für Fachlektorat und Mitarbeit:
Vom Beobachter-Beratungszentrum: Laurence Eigenmann, Alexandra Gavriilidis, Regina Jäggi, Hanspeter Schreiber
Monika Göldi-Wehrli, Präsidentin Budgetberatung Schweiz, Schaffhausen; Jost Herzog, Bereich Familienfragen, Bundesamt für Sozialversicherung, Bern; Brigitte Niederer Blatter, Fachärztin für Kinder- und Jugendmedizin, Olten; Brigitte Pollmächer, Belegärztin Gynäkologie und Geburtshilfe, Spital Sanitas, Kilchberg/ZH; Christina Roth, Hebamme, Geburtshaus Delphys, Zürich; Christine Schaub, Schweizerischer Verband der Mütterberaterinnen SVM, Zürich; Angelika Thomas-Lottenbach, Ärztin für Allgemeine Medizin, Zürich.

Beobachter-Buchverlag

www.beobachter.ch

Herausgeber:
Der Schweizerische Beobachter, Zürich

Idee und Konzept: Doris Graf, Christine Klingler Lüthi
Lektorat: Christine Klingler Lüthi, Käthi Zeugin
Layout: Monika Baumgartner Hughes
Illustrationen: Marijke Laupper
Umschlaggestaltung: artimedia.ch (Grafik), Tres Camenzind (Bild)

ISBN 978 3 85569 359 7

Dieses Buch wurde auf chlor- und säurefreiem Papier gedruckt.

Die Autorinnen und Autoren

Irmtraud Bräunlich Keller, lic. rer. pol., ist Beobachter-Arbeitsrechtsspezialistin und Autorin der Beobachter-Standardwerke «Arbeitsrecht. Vom Vertrag bis zur Kündigung» und «Mobbing – was tun? So wehren Sie sich am Arbeitsplatz», des Lehrlingsratgebers «So klappts mit der Lehre. Lehrstellensuche, Rechte am Arbeitsplatz» und Koautorin des «OR für den Alltag».

Doris Huber, Historikerin, lic. phil. I, ist Beraterin und Teamleiterin des Bereichs Konsum/Geld im Beobachter-Beratungszentrum, das pro Jahr über 120 000 Rechtsfragen beantwortet. Sie ist Spezialistin für Konsumfragen.

Walter Noser ist Sozialarbeiter und Berater im Bereich Familie und Soziales des Beobachter-Beratungszentrums. Er ist Autor der Beobachter-Ratgeber «Gut begleitet durch die Schulzeit. Wegweiser für Eltern» und «Vormundschaft. Von der Beistandschaft bis zur Fürsorgerischen Freiheitsentziehung».

Katja Rauch, Germanistin, lic. phil. I, ist freie Journalistin mit Spezialgebiet Eltern, Kinder, Erziehung.

Sarah Renold, Pädagogin, lic. phil., ist freie Autorin, Mutter, Erziehungsberaterin und Coach, die Familien auch zu Hause begleitet. Sie ist Autorin des Beobachter-Elternratgebers «Motivierte Kinder, zufriedene Eltern».

Daniela Schwegler ist Juristin, Redaktorin bei der juristischen Fachzeitschrift «Plädoyer» und freie Journalistin mit Spezialgebiet Recht, Sozialfragen und Umwelt.

Karin von Flüe, Rechtsanwältin, ist Teamleiterin des Bereichs Familie und Soziales im Beobachter-Beratungszentrum. Sie ist Autorin des Beobachter-Standardwerks «Im Reinen mit den letzten Dingen. Ratgeber für den Todesfall» und des neuen Konkubinat-Ratgebers «Zusammen leben, zusammen wohnen» sowie Koautorin des «ZGB für den Alltag».

Urs Zanoni ist Vater, Redaktor und Projektleiter beim Beobachter, Gesundheitswissenschafter (Master of Public Health) und Autor des Beobachter-Standardwerks «Krankenkasse. Was Gesunde und Kranke wissen müssen».

Inhaltsverzeichnis

5. Schwangerschaft und Geburt 146

6. Das Baby ist da - das erste Jahr als Familie 188

8. Finanzen und Vorsorge – was junge Familien brauchen 246

9. Vom Baby zum Kleinkind – die ersten zwei Lebensjahre 292

Plädoyer fürs Familienleben

> **Urs Zanoni**

«Das Familienleben ist ein Eingriff in das Privatleben», schrieb der österreichische Schriftsteller und Satiriker Karl Kraus. So ist es. Das folgende Plädoyer soll Ihnen – quasi als Vorwort zum Abenteuer Familie – vor Augen führen, weshalb es sich lohnt, diesen Eingriff zuzulassen.

1. Die Familie ist ein Erfolgsmodell

Steigende Scheidungszahlen hin oder her: Die Familie ist ein Erfolgsmodell. Dies belegt eine Vielzahl von Untersuchungen, die sich mit den Zukunftsvorstellungen junger Menschen befassen. 80 bis 90 Prozent der befragten Jugendlichen oder jungen Erwachsenen nennen die Familie als ihr bevorzugtes Lebensmodell – unabhängig davon, wie glücklich die eigene Jugendzeit verlief und ob sich die Eltern scheiden liessen. Zudem: Familien sind weit beständiger als Freundschaften, was der Volksmund schon lange weiss: «Blut ist dicker als Wasser.» Folgerichtig sehen die meisten Jugendlichen Freundschaften nur als «Teilzeit-Alternative» zur Familie.

Doch was genau ist Familie? Das gesellschaftliche Verständnis dieses Begriffs hat sich in den letzten 50 Jahren markant verändert. Die familiäre Gemeinschaft reicht heute weit über die Personen hinaus, mit denen man zusammenwohnt. Selbst Leute, die alleine einen Haushalt führen, geben in Befragungen an, sie würden «in einer Familie» leben. Darin spiegelt sich zu einem Gutteil das Bedürfnis nach Gemeinschaft, Zugehörigkeit und Verbindlichkeit. Und offenbar ist dieses Bedürfnis viel tiefer und stärker in den Menschen verankert, als die Propheten der Ego-Gesellschaft glauben mögen.

2. Wer eine Familie hat, hat eine lebenslange Aufgabe

Eltern hat man immer, und Eltern ist man immer, auch nach einer Trennung oder Scheidung. Das heisst: Man trägt immer Verantwortung und hat eine Aufgabe - und zwar unabhängig davon, was im Leben sonst noch abgeht. Als Arbeitnehmer ist man kündbar, als Vater nicht. Freundschaften, Liebesbeziehungen können zerbrechen - die Mutterschaft bleibt. Einfach gehen geht nicht. Mit Kindern ist die Sinnfrage fürs Erste hinfällig. Nicht nur, dass kaum Zeit zum Grübeln bleibt; in den ersten Jahren sind die Kinder auch dermassen auf Mama und Papa angewiesen, dass der Sinn des Daseins sich von allein erhellt. Und drohen kleine oder grosse Krisen, ist schnell klar, warum sich Durchbeissen lohnt: für die Familie. Denn hier werden alle gebraucht - sei es als Mutter, als Vater, als Grossvater, Grossmutter, als Onkel, als Patin, als Geschwister.

3. Im Auge des Hurricans

Familienarbeit ist (Krisen-)Management auf höchster Ebene: Der Kochherd fällt aus, das Kind holt sich eine blutende Wunde, der Babysitter vergisst den Termin, die Chefin hat Extrawünsche, der Lehrer schickt das Kind nach Hause. Organisieren, disponieren, flexibel sein, schnell Lösungen suchen - das ist an der Tagesordnung, und man entwickelt Routine. Wetten, dass Sie im Laufe eines Tages nirgends so viele Entscheidungen treffen müssen wie in der Familie?

Noch hapert es in unserer Gesellschaft mit der Anerkennung solcher Fertigkeiten und Fähigkeiten. Dabei wissen alle, die einmal 24 Stunden ganz alleine mit ihrem Kind verbrachten, wie anspruchsvoll - körperlich wie psychisch - Familienarbeit ist. Die positive Deutung von all dem: Nichts ist so abwechslungsreich wie der Familienalltag. Keine Erwerbstätigkeit bietet eine vergleichbare Vielfalt von täglichen Herausforderungen. Und keine Erwerbstätigkeit schafft so viel Befriedigung wie der Umgang mit Kindern.

4. Kinder sind die besten Lehrmeister

Kinder sind offen und ehrlich - bis zur Verletzung. Sie können uns Erwachsenen gnadenlos den Spiegel vorhalten. «Papi, warum muss ich Bohnen essen und du nicht?» - «Mami, warum darfst du ‚Schiissdräck' sagen und ich nicht?» So sind Eltern gefordert, ihre Standpunkte, Ansichten, ihr Verhalten immer wieder zu überdenken und gegebenenfalls zu justieren. Führungskräfte zahlen teuer für Workshops zur Persönlichkeitsentwicklung. Eltern bekommen das täglich geboten - gratis, aber bestimmt nicht umsonst. Zudem wird mit einem Kind die eigene Kindheit nochmals lebendig - Sie werden sich erinnern, was Sie als alles unternommen haben, was Sie alles zum Lachen, zum Toben, zum Weinen brachte. Die Gefühlspalette in ihrer ganzen Breite und Intensität ist wieder vorhanden - Sie brauchen sich nur zu bedienen.

Und noch ein Geschenk: Vielfach wächst mit den Kindern auch das Verständnis für die eigenen Eltern, für ihr Verhalten, vielleicht auch für ihre Beschränkungen. Das klärt vieles, schafft Raum für mehr Toleranz, vielleicht auch für einen neuen Umgang mit ihnen.

5. Die Welt durch Kinderaugen sehen und erleben

Kinder haben Augen für Dinge, die wir längst nicht mehr sehen: das kleine Blümchen im Asphalt, den Baumstrunk, der mit Moos überwachsen ist, der schwarze Punkt auf der Nase des kleinen Schafes. Sie haben - buchstäblich - eine andere Perspektive. Und es lohnt sich, diese Perspektive von Zeit und Zeit einzunehmen, und zwar ganz konkret, indem Sie in die Knie gehen.

Auch mit ihren Überlegungen sorgen Kindern für Aha-Erlebnisse. Fragen Sie einmal ein Kind, was es gemalt hat - und lassen Sie sich von seiner Erklärung überraschen! Erfreuen Sie sich an seinen Gedanken zu Gott oder zum Tod. Wie erklärt es Ihnen, dass der Mond mal rund, mal eine Sichel ist? Wenn Kinder philosophieren, kommen die Grossen kaum mehr aus dem Staunen heraus. Alles, was es dafür braucht, ist ein offenes Ohr und ein wacher Blick.

Auch alle anderen Sinne werden mit Kindern (wieder) geschärft: Lassen Sie sich auf dem Bauernhof von einem Kalb die Hand abschlecken, staunen Sie über die Blauheit des Himmels, die Nässe des Wassers, die Langsamkeit der Schnecke. Und wann haben Sie zuletzt Wasser aus dem Waschlappen gesogen? Auf dem Klo Lieder gesungen? Ameisen Brotkrumen gegeben und sie beim Abschleppen beobachtet? Sich im Kreis gedreht, bis Ihnen schwindlig war?

6. Big love

Kinder lieben ihre Eltern. Unabhängig davon, ob sie den ersehnten Teddybären zum Geburtstag bekommen oder den Malkasten zu Weihnachten. Auch die Höhe des Taschengeldes oder die Prämien für gute Noten haben keinen Einfluss. Kinder können nicht anders - ihre Liebe ist bedingungslos.

Das ist ein grosses Geschenk, aber auch eine grosse Gefahr - der Schritt zum Missbrauch ist klein. Denn Kinder lieben auch, wenn man sie gering schätzt oder schlecht behandelt. Wer Kinder möchte, sollte den Vorsatz pflegen, sie genauso bedingungslos zu lieben, wie sie es tun. Das ist anspruchsvoll in einer Welt von Wettbewerb und Leistungsdenken. In der die drängendsten und häufigsten Fragen unter jungen Eltern lauten: «Schläft es schon durch?» - «Läuft es schon?» - «Spricht es schon?»

Machen Sie bei solchen Vergleichen nicht mit. Keine Mutter, kein Vater ist frei von Erwartungen an die eigenen Kinder, aber überprüfen Sie sich immer wieder kritisch und verzichten Sie darauf, Ihre Kinder in ein Schema zu pressen. Auf dass sie möglichst früh und dauerhaft das Bewusstsein entwickeln können: «Ich bin gut, so wie ich bin.» Was die beste Voraussetzung ist, damit Ihr Kind auch als erwachsene Person bedingungslos lieben kann.

Zu guter Letzt: Lassen Sie sich in Ihrer Paarbeziehung von dieser Bedingungslosigkeit anstecken. Sie werden staunen, wie rasch sich das Vertrauen vertieft und wie schnell sich Eifersucht und Besitzanspruch verflüchtigen.

1. Als Paar zusammenleben

Ihr Partner möchte mit Ihnen zusammenziehen und Sie haben Ja gesagt zum «Heiratsantrag light». Hier die wichtigsten Informationen, die Ihnen helfen, das Zusammenleben ohne Trauschein fair und harmonisch zu regeln.

1.1 Wir ziehen zusammen

> Karin von Flüe

Sie möchten als Paar zusammenleben? Ob Sie zu ihm ziehen oder ob Sie beide zusammen eine neue Wohnung mieten, es gibt viel zu tun. In diesem Kapitel finden Sie Anregungen, wie Sie Ihr Vorhaben optimal umsetzen.

Mieten Sie zusammen eine Wohnung, werden die Regeln des Mietrechts aktuell. Ziehen Sie beim Partner ein, gilt es, die rechtlichen Rahmenbedingungen zu klären. Und: Wer einen Haushalt führt, braucht eine Hausrat- und eine Haftpflichtversicherung. Das Zusammenziehen ist die Gelegenheit, Ihren Versicherungsschutz zu überprüfen und wo nötig anzupassen.

Die Ehe ohne Trauschein ist eine beliebte Lebensform in der Schweiz, nicht zuletzt deswegen, weil sie keine gesetzlichen Regeln kennt. Es gibt aber Situationen, wo man sich griffige Regeln wünscht. Umsichtige Paare sorgen deshalb vor - mit einem Konkubinatsvertrag. Und wenn eine Seite die Erwerbsarbeit zugunsten der Familie reduziert und den Haushalt ganz allein schmeisst, hilft ein Arbeitsvertrag die Lücken im Portemonnaie und in der Vorsorge zu mildern.

Der Konkubinatsvertrag

Ohne Trauschein zusammenzuleben ist unkompliziert. Es gibt keine gesetzlichen Vorschriften. Verbindliche Regeln sind aber erwünscht, wenn es in der Partnerschaft kriselt. Da brauchbare Gesetzesbestimmungen fehlen, gilt es, eigene Regeln aufzustellen - bekannt als Konkubinatsvertrag. Folgende Punkte gehören hinein:

> **Haushaltskosten** (zum Beispiel Miete samt Nebenkosten, Elektrizität, Prämien der Hausrat- und Haftpflichtversicherung, Lebens- und Putzmittel, Kosten für Putzfrau): Was zählen Sie dazu? Wer zahlt wie viel daran? Was gilt bei einem Manko in der gemeinsamen Kasse?

> **Haushaltsarbeit:** Wie wird sie aufgeteilt? Soll die geleistete Arbeit mit den Haushaltskosten verrechnet werden?

> **Was im Haushalt gehört wem** (Inventar siehe Seite 30)?

> **Mietverhältnis:** Wie lange sind bei einer Trennung die gegenseitigen Kündigungsfristen? Wie sollen die Verbindlichkeiten gegenüber dem Vermieter geregelt werden? Wer darf bei einer Trennung die Wohnung behalten?

> **Gegenseitige Unterstützung** bei einer Trennung: Soll der wirtschaftlich stärkere Partner die Partnerin finanziell unterstützen – etwa wenn diese die Erwerbstätigkeit reduziert hat, um den Haushalt zu führen? Welche Unterhaltsbeiträge hat die Partnerin zugut, die die gemeinsamen Kinder betreut?

Muster von Konkubinatsverträgen für verschiedene Situationen und Antworten auf alle Fragen zum Zusammenleben ohne Trauschein finden Sie im Beobachter-Ratgeber «Zusammen leben, zusammen wohnen. Was Paare ohne Trauschein wissen müssen».
(www.beobachter.ch/buchshop)

Wie viel und was Sie in Ihrem Konkubinatsvertrag regeln, hängt von Ihren persönlichen Bedürfnissen ab. Ein Paar mit Kindern, das zusammen ein Eigenheim kauft, wird mehr schriftlich festhalten als kinderlose Doppelverdiener, die in einer Mietwohnung leben.

Wenn die Partnerin den Haushalt macht

Hat eine Seite zugunsten der Familie die Erwerbsarbeit aufgegeben oder stark reduziert, lassen sich ihre finanziellen Einbussen mit dem Abschluss eines Arbeitsvertrags mindern. Das sind die Vorteile:

DIE PARTNERIN ALS «ANGESTELLTE»: DAS BRAUCHTS

> **Schriftlicher Arbeitsvertrag**
> **Anmeldung bei der AHV** (Informationen unter www.ahv.ch oder bei jeder AHV-Ausgleichskasse; die Adressen finden Sie im Telefonbuch)
> **Anmeldung bei der Auffangeinrichtung** BVG (Pensionskasse), falls der Jahreslohn 19 890 Franken übersteigt (Informationen unter www.aeis.ch)
> **Abschluss einer Unfallversicherung** bei einer privaten Versicherungsgesellschaft

> **Keine Lücken** bei der AHV/IV
> **Nach einem Jahr** ist – sollte es zu einer Trennung kommen – bei Arbeitslosigkeit der Bezug von Taggeldern möglich.
> **14 Wochen** bezahlter Mutterschaftsurlaub, wenn die Partnerin vor der Geburt mindestens fünf Monate angestellt war
> **Obligatorische Versicherung** für Unfälle im Haushalt
> **Ab acht Wochenstunden** sind auch Unfälle in der Freizeit obligatorisch versichert – das erlaubt, bei der Krankenkasse die Unfalldeckung auszuschliessen.
> **Ab einem Jahreseinkommen** von 19 890 Franken obligatorisch versichert in der beruflichen Vorsorge
> **Freiwilliges Sparen** über die Säule 3a möglich

Selbstverständlich muss die Lohnempfängerin ihren Lohn als Einkommen versteuern. Und der «Arbeitgeber» muss für sie die Sozialversicherungsbeiträge abliefern.

Neue Wohnung für beide – der gemeinsame Mietvertrag

Sie sind mit der Suche nach einem passenden Heim für sich und Ihre Partnerin, Ihren Partner beschäftigt? Mieten Sie wenn möglich eine Wohnung, die zur Not auch jede Seite allein bezahlen könnte. Ist der Partner dazu nicht in der Lage, sollte er den Mietvertrag besser nicht mitunterzeichnen, sondern bei seiner Lebensgefährtin zur Untermiete wohnen.

Unterzeichnen Sie nämlich beide den Mietvertrag, sind Sie dem Vermieter gegenüber gleich berechtigt und verpflichtet. Der Vermieter muss Sie beide gleich behandeln, insbesondere eine allfällige Mietzinserhöhung oder Kündigung Ihnen beiden zustellen. Umgekehrt müssen Sie dem Vermieter gegenüber immer gemeinsam auftreten: Sie beide müssen eine Mietzinserhöhung anfechten oder nach einer Kündigung die Erstreckung des Mietverhältnisses verlangen. Und für den Mietzins sowie alle sonstigen Verbindlichkeiten wie Mieterschäden, die Kaution oder die Nebenkosten haften Sie solidarisch. Das heisst, der Vermieter hat die Wahl, von wem er die Zahlung der gesamten Ausstände fordert. Ihre internen Abmachungen über die Kostenverteilung spielen dabei keine Rolle. Ein Ausschluss dieser Solidarhaftung ist möglich, aber nur, wenn der Vermieter zustimmt.

Oft haben Paare keine Wahl: Der Vermieter besteht auf zwei Unterschriften unter dem Vertrag. Achten Sie in diesem Fall auf möglichst kurze Kündigungsfristen und -termine.

Eigene Regeln unter den Partnern

Nach der Erfahrung des Beobachter-Beratungszentrums sind gemeinsam unterzeichnete Mietverträge in einem stabilen Konkubinat unproblematisch. Heikel kann es aber werden, wenn das Paar sich im Streit trennt und keine schriftlichen Abmachungen getroffen hat. Investieren Sie deshalb ein wenig Zeit in eine schriftliche Vereinbarung. Länger als zum Aufhängen aller Lampen brauchen Sie bestimmt nicht!

Regeln Sie vor allem Folgendes:

- **Wer übernimmt** welchen Anteil an den Miet- und Nebenkosten sowie allfälligen Mieterschäden?
- **Wer leistet die Kaution** und darf sie nach Beendigung der Miete wieder auslösen?
- **Wer darf bei einer Trennung** die Wohnung behalten?

> **Wie lange** muss der Partner, der auszieht, seinen Mietzinsanteil bezahlen?
> **Innert welcher Frist** muss der ausziehende Partner seine persönlichen Sachen abholen?

Bestehen Sie beim Abschluss des Mietvertrags dem Vermieter gegenüber auf einer Teilkündigungsklausel. Mit dieser Vertragsbestimmung kann jede Seite notfalls das Mietverhältnis allein kündigen.

TEILKÜNDIGUNGS-KLAUSEL

Frau Susan H. und Herr Toni B. sind berechtigt, den gemeinsam unterzeichneten Mietvertrag dem Vermieter gegenüber je einzeln zu kündigen. Die Kündigungsfrist verlängert sich in einem solchen Fall um zehn Tage. Erfolgt während dieser Bedenkfrist keine Kündigung des Vermieters, wird das Mietverhältnis mit dem verbleibenden Mieter fortgesetzt.

Wenn Sie beim Partner oder der Partnerin einziehen

Zieht ein Partner ins Eigenheim oder in die Mietwohnung des anderen, gibt es einige organisatorische Fragen zu klären: Wo kommen die Kleider der einziehenden Liebsten hin, welche seiner Möbelstücke haben noch Platz in ihrer Wohnung, behalten wir dein oder mein Sofa oder leisten wir uns gleich einen neuen Esstisch?
Nehmen Sie sich auch etwas Zeit zum Überdenken der rechtlichen Rahmenbedingungen. Klären Sie vor allem folgende Fragen, und zwar bevor der Zügelwagen vorfährt:

> **Lasse ich die Partnerin** gratis bei mir wohnen oder soll sie sich an den Wohnkosten beteiligen?
> **Beteiligt sie sich** an den Wohnkosten in Form von Mietzinszahlungen oder mit Haus- und sonstigen Arbeiten?
> **Welche Kündigungsfristen** sollen gelten, wenn eine Seite später ausziehen will oder soll?

Im Eigenheim der Partnerin: Mietvertrag

Wenn der Partner ins Eigenheim der Partnerin zieht, empfiehlt sich ein schriftlicher Mietvertrag. Sie können dafür einen Muster-Mietvertrag verwenden oder Ihre Abmachungen selber schriftlich festhalten. Es braucht keine seitenlangen komplizierten Schriftstücke. Regeln Sie aber mindestens folgende Punkte:

> **Räumlichkeiten,** die mitbenutzt und allenfalls allein genutzt werden dürfen
> **Vertragsdauer** (auf eine bestimmte Dauer oder unbefristet)
> **Mietbeginn**
> **Mietzins** und Zahlungsbedingungen
> **Kündigungsfristen** und Kündigungstermine

Der Mietvertrag bietet zwar keinen Schutz vor einer Beziehungskrise, dafür aber vor Racheakten wie ungerechtfertigter Mietzinserhöhung oder sofortigem Rausschmiss. Bei Streitigkeiten zwischen «Vermieterin» und «Mieter» können beide Seiten von einer kostenlosen Beratung und Streitschlichtung bei der Schlichtungsstelle in Mietsachen profitieren. Und sollte die Wohnungsinhaberin überraschend versterben, müssen ihre Erben sich ebenfalls an die Abmachungen im Mietvertrag halten.

Zur Untermiete beim Partner

Zieht die Partnerin in die Mietwohnung ihres Liebsten, braucht es keine Unterschrift in seinem Mietvertrag. Empfehlenswert ist es aber, einen schriftlichen Untermietvertrag abzuschliessen. Dafür brauchen Sie immer die Zustimmung des Vermieters. Dies ist in der Regel eine reine Formsache; der Vermieter darf seine Zustimmung nur verweigern, wenn:

> **sein Mieter** ihm den Inhalt des Untermietvertrags nicht bekannt gibt.
> **der Untermietvertrag** im Vergleich zum Hauptmietvertrag missbräuchlich ist. Das wäre er beispielsweise, wenn der Untervermieter einen Mietzins verlangt, der 30 bis 40 Prozent über der eigenen Miete liegt.
> **dem Vermieter** aus der Untermiete wesentliche Nachteile entstehen. Zum Beispiel, wenn die Wohnung überbelegt ist; der Vermieter muss nicht akzeptieren, dass in einem Studio eine Familie mit Kindern lebt.

RECHTSBEZIEHUNG DES UNTERMIETERS

Mit dem Untermietvertrag unterstehen Untervermieter und Untermieterin den Regeln des Mietrechts. Insbesondere gilt eine minimale Kündigungsfrist von drei Monaten. Diese Frist ist auch bei einer allfälligen Mietzinserhöhung zu beachten.
Zwischen dem Hauptvermieter und der Untermieterin besteht dagegen keine vertragliche Bindung. Zahlt der Untervermieter dem Hauptvermieter zum Beispiel den Mietzins nicht mehr, kann der Hauptvermieter nicht plötzlich die Untermieterin belangen. Auf der anderen Seite kann die Untermieterin gegen eine Kündigung des Hauptmietvertrags nichts unternehmen.

Einen Muster-Untermietvertrag und Formularmietverträge erhalten Sie beim Mieterinnen- und Mieterverband (www.mieterverband.ch).

Ob Untermiete oder nicht, informieren Sie den Vermieter – nur schon aus Höflichkeit – sofort über den Neuzuzug.

Versicherungen anpassen

Die Schweizer sind Versicherungsweltmeister. Nicht jede Versicherung ist unbedingt nötig. Ein Muss ist aber die Hausrat- und die Haftpflichtversicherung. Als Konkubinatspaar können Sie sich in der gleichen Police versichern lassen. Je nach Versicherer gibt es eine Einzelversicherung, in der der Name des Partners erwähnt ist, oder eine Familienversicherung mit dem Hinweis auf das Konkubinat. Wenn Ihre Partnerin oder gar Sie beide bereits über eine Hausrat- und/ oder Haftpflichtversicherung verfügen, prüfen Sie mit den Versicherern, wie Sie möglichst rasch die Policen anpassen können.

Die Hausratversicherung

In der Hausratversicherung ist Ihr Hausrat gegen Feuer, Explosion, Wasserschäden und Einbruchdiebstahl versichert. Egal, ob Sie bei der Partnerin einziehen oder ob Sie beide eine neue Wohnung nehmen – jetzt ist die Gelegenheit, die Versicherungssumme richtig zu bestimmen. Vermeiden Sie sowohl eine Über- wie auch eine Unterversicherung. Ist die Versicherungssumme zu hoch, zahlen Sie zu viel Prämien und erhalten im Schadenfall trotzdem nicht mehr als den wirklichen Wert. Schlimmer noch bei einer Unterversicherung: Wenn der Hausrat zu niedrig versichert ist, wird die Versicherungsleistung proportional gekürzt.

Bei Ihrem Versicherer können Sie ein hilfreiches Formular bestellen, mit dem sich die Versicherungssumme zuverlässig errechnen lässt.

Roland …

… und Martina besitzen Hausrat im Wert von 300 000 Franken. Versichert ist er aber nur für 150 000 Franken. Bei einem Einbruch wird ein neuer DVD gestohlen, der 2000 Franken gekostet hat. Die Versicherung aber zahlt wegen Unterdeckung nur die Hälfte, also 1000 Franken.

Die Haftpflichtversicherung

Die Haftpflichtversicherung kommt für Schäden auf, die Sie einer Drittperson zufügen. Versichert sind sowohl Sach- wie auch Personenschäden. Werden Personen ernsthaft verletzt, kann der Schaden in die Millionen gehen.

Nadine …

… verliert auf der Piste die Kontrolle über ihr Snowboard und fährt einen jungen Familienvater über den Haufen. Dieser trägt so schwere Verletzungen davon, dass er zeit seines Lebens nicht mehr wird arbeiten und für seine Familie sorgen können. Als selbständiger PC-Berater hat er keine Unfallversicherung,

die den Erwerbsausfall übernehmen würde. Nadine haftet für den Schaden, nur: Wie soll sie den Lebensunterhalt für eine ganze Familie decken? Zum Glück für den Verunfallten – und auch für sich selbst – hat sie eine Haftpflichtversicherung abgeschlossen, die den ganzen Schaden übernimmt.

Nicht umsonst bezeichnen verschiedene Versicherungsexperten die Haftpflichtversicherung als die wichtigste Police in einem Haushalt, wichtiger sogar als die Krankenkasse. Achten Sie auf eine genügend hohe Deckung; mit einer Schadensumme von fünf Millionen sind auch Unfälle wie der im Beispiel beschriebene abgedeckt.

Nicht versichert sind Schäden von Personen, die im gleichen Haushalt leben. Wenn Sie also die Hi-Fi-Anlage Ihres Partners ramponieren, zahlt die Versicherung nichts.

Mehr zum sinnvollen Versicherungsschutz erfahren Sie im Beobachter-Ratgeber «Richtig versichert. Haftpflicht-, Hausrat-, Auto- und andere Versicherungen im Überblick».
(www.beobachter.ch/buchshop)

1.2 Meine, deine, unsere Sachen

> **Karin von Flüe**

Sie sind ein Herz und eine Seele? Wunderbar! Ein solches Zusammengehörigkeitsgefühl ist unbezahlbar. Gilt bei Ihnen aber zudem «mein ist auch dein», kann Sie das teuer zu stehen kommen.

Schaffen Sie Klarheit über die Besitzverhältnisse. Sonst riskieren Sie, sollte Ihr Partner in Zahlungsschwierigkeiten stecken, dass Gegenstände gepfändet werden, die ihm gar nicht gehören. Oder dass, wenn Ihre Partnerin unerwartet stirbt, plötzlich die Erben Einrichtungsgegenstände beanspruchen, die Sie selbst finanziert haben. Und sollte es doch einmal zur Trennung kommen, kann plötzlich strittig sein, wem nun was gehört. Das alles muss nicht sein, wenn Sie nur ein klein wenig Zeit in ein gemeinsames Inventar investieren und jeder seine Kaufbelege aufbewahrt.

Das Inventar

Ein Inventar sollten Sie gleich zu Beginn Ihrer Partnerschaft erstellen und es laufend aktualisieren (ein Beispiel finden Sie auf Seite 32). Behalten Sie auch die Kaufquittungen auf. Wie umfangreich Ihr Inventar sein soll, bestimmen Sie allein. Am besten orientieren Sie sich am Zweck, den Sie damit erreichen wollen. Worum geht es Ihnen?

> **Bei Schulden der Partnerin** sollen nur ihre Sachen gepfändet werden.

→ Im Hinblick auf eine mögliche Pfändung genügt es, nur die wertvollen Gegenstände aufzulisten. Gegenstände ohne finanziellen Wert – zum Beispiel Ihre Fotoalben – werden sowieso nicht gepfändet.

Gehen Sie bei der Aufnahme des Inventars Zimmer um Zimmer durch, inklusive Keller, Estrich, Bastelraum und Garage. Aktualisieren Sie das Inventar regelmässig alle zwei Jahre – und wenn Sie grössere Anschaffungen tätigen, sofort. Halten Sie auch fest, wie im Trennungsfall gemeinsam Angeschafftes aufgeteilt werden soll. Und nehmen Sie eine Entsorgungsklausel für zurückgelassene Sachen des ausgezogenen Partners auf.

WOHIN MIT DEN ÜBERFLÜSSIGEN SACHEN?

Verschenken
Vielleicht haben Freunde, Verwandte und Bekannte Verwendung für die nicht mehr benötigten Gegenstände. Vielleicht holen sie den ganzen Plunder bei einem vergnüglichen Abendessen sogar ab.

Verkaufen
Sofern Ihre Wohnung nicht voller Designerstücke ist, wird Ihnen kaum jemand viel Geld für Occasionen bezahlen. Selbstverständlich können Sie dennoch im Supermarkt ein Inserat aufhängen oder Ihren Hausrat im Internet versteigern. Oder Sie beteiligen sich am Flohmarkt der Kirchgemeinde.

Entsorgen

> Vor Zügelterminen sieht man da und dort ganze Wohnungseinrichtungen auf dem Trottoir – «gratis abzugeben». Achtung: das Trottoir ist keine Endlagerung. Wenn die Gegenstände nach einem Tag nicht weg sind, sollten Sie sich um die Entsorgung kümmern.

> Erkundigen Sie sich, ob ein Brockenhaus Verwendung findet und ob Ihre Gegenstände abgeholt werden oder ob Sie sie bringen müssen. Allerdings: Billigen Krimskrams haben die meisten eh schon genug.

> Erkundigen Sie sich bei der Gemeinde, wo Sperrgut beseitigt werden kann und was die Entsorgung kostet.

> Fernseher, Stereoanlagen und ausrangierte Computer gehören weder in den Abfall noch ins Sperrgut: Jeder Händler muss diese Geräte unentgeltlich zurücknehmen.

Zwischenlagern
Lieb gewonnene, aber zurzeit nicht benötigte Gegenstände können Sie gut verpackt und angeschrieben im Estrich oder im Keller lagern. Doch auch wenn Sie ein Sammlertyp sind: Ein Neuanfang ist eine Chance, sich von Altlasten zu befreien. Und wenn Sie bei jedem Umzug ungeöffnete Kisten mitschleppen, ist es Zeit, sie zu entsorgen. Was man länger als ein, zwei Jahre nicht benötigt hat, braucht man in der Regel auch die nächsten Jahre nicht mehr.

> **Im Todesfall** soll für die Erben des verstorbenen Partners klar ersichtlich sein, was ihm gehörte und was nicht.
→ Für diesen Fall nehmen Sie auch die Gegenstände ins Inventar auf, die für Sie einen emotionalen Wert haben.

> **Bei einer Trennung** geht es manchmal gar nicht um die Sache selbst. Verletzte Gefühle können unvernünftigen Streit über die Möbel und den Hausrat provozieren.
→ Diejenigen Gegenstände, die Sie dem Partner, der Partnerin sowieso überlassen würden, können Sie im Inventar weglassen. Diejenigen, die Ihnen am Herzen liegen, müssen rein.

MUSTER FÜR EIN INVENTAR

Inventar
von Karin V. und Urs A. beide wohnhaft in 3400 Burgdorf, Dorfstrasse 20

Karin V. ist Alleineigentümerin der folgenden Gegenstände:

____
____
____
____
____
____
____

Urs A. ist Alleineigentümer der folgenden Gegenstände:

____
____
____
____
____
____
____

Folgende Gegenstände gehören uns gemeinsam. Wir haben daran Miteigentum:

____
____
____
____
____
____

Alle im Inventar nicht aufgeführten Gegenstände in unserer Wohnung, im Keller, Estrich, Bastelraum, auf dem Balkon, der Terrasse und in der Garage mit Ausnahme der Kleider sind Alleineigentum des Partners, der über eine Quittung oder über einen auf ihn ausgestellten Kaufvertrag verfügt. Bei einer Trennung behalten Karin V. und Urs A. diese sowie die im Inventar als ihr Alleineigentum bezeichneten Gegenstände.
Alle anderen nicht im Inventar aufgeführten Gegenstände gelten im Streitfall als Miteigentum. Sollten wir uns über die Aufteilung der im Miteigentum befindlichen Sachen nicht einigen können, entscheidet das Los. Die Losziehung organisiert unser gemeinsamer Bekannter, Franz W.; als Ersatzfrau bestimmen wir Theres B.
Bleibt ein Partner bei einer Trennung in der gemeinsamen Wohnung, hat der ausziehende seine Sachen bis spätestens 14 Tage nach der vereinbarten Kündigungsfrist oder – bei deren Fehlen – nach dem Auszug abzuholen. Nicht fristgerecht Abgeholtes darf auf seine Kosten entsorgt werden.

Burgdorf, 26. Februar 2007

Karin V. Urs A.

Karin V. Urs A.

Gemeinsame Anschaffungen

Öfter als man denkt, schaffen sich Paare Hausratsgegenstände gemeinsam an. Meist handelt es sich um kleinere Geräte: eine neue Espressomaschine, das Bügeleisen, Zimmerpflanzen oder eine neue Wäschegarnitur. Rechtlich begründen die Partner daran gemeinschaftliches Eigentum. Auch wenn ein Paar nicht mehr weiss, wer nun was angeschafft hat, oder wenn eine Seite ihr Eigentum im Streitfall nicht nachweisen kann, wird gemeinschaftliches Eigentum angenommen.

Die juristischen Regeln für eine Teilung im Streitfall sind wenig praxistauglich. Am besten verzichten Sie also auf gemeinsame Anschaffungen, vor allem bei wertvollen Einrichtungsgegenständen oder Liebhabersachen. Sinnvoller ist es zum Beispiel, wenn er die Sofaecke kauft, sie dafür die Schlafzimmereinrichtung.

Geschenke, Darlehen und Leihe

Der Volksmund sagt es richtig: Geschenkt ist geschenkt. Geht die Beziehung auseinander, ist das aus rechtlicher Sicht kein Grund,

MUSTERVERTRÄGE FÜR DARLEHEN UND GEBRAUCHSLEIHE

Darlehen

Carole S. hat Peter N. ein zinsloses Darlehen von 4000 Franken gewährt. Carole kann das Darlehen jederzeit mit einer Kündigungsfrist von drei Monaten zurückfordern.

Wettingen, 14. März 2007

Carole S. Peter N.

Carole S. Peter N

Leihvertrag

Fabian M. überlässt seiner Lebenspartnerin Meret L. sein Auto gratis zum Gebrauch. Meret löst das Auto auf ihren Namen ein und bezahlt sämtliche Versicherungen. Wohnen Fabian und Meret nicht mehr zusammen, ist Meret verpflichtet, Fabian das Auto auf erstes Verlangen herauszugeben.

Sachseln, 23. Januar 2007

Fabian M. Meret L.

Fabian M. Meret L.

Geschenke zurückzufordern. Nicht immer ist aber klar, ob das vermeintliche Geschenk wirklich eines war.

Nina …

… lebt seit sieben Jahren mit Tochter Anna aus erster Ehe und ihrem Lebenspartner Rolf zusammen. Vor einem Jahr hat Rolf einen Computer gekauft und Anna ins Zimmer gestellt. Rolf stirbt nach einem Unfall in den Bergen. Noch vor der Beerdigung lassen seine Erben ein behördliches Inventar aufnehmen und fordern darauf die Herausgabe all seiner Habe – auch Annas Computer. Nina hielt den Computer für ein Geschenk an Anna. Rolfs Erben sagen, er sei nur ausgeliehen gewesen.

Carole …

… überweist ihrem Schatz Peter 4000 Franken, damit er seine Schulden bezahlen kann. Drei Jahre später verliebt sich Peter in Caroles Freundin und zieht aus der gemeinsamen Wohnung aus. Carole will nun ihr Darlehen von 4000 Franken zurück. Peter stellt sich auf den Standpunkt: Geschenkt ist geschenkt.

So vermeiden Sie Ärger

Überlegen Sie sich, bevor Sie dem Partner, der Partnerin einen Gegenstand oder Geld überlassen, was es sein soll:

> **ein Geschenk?**
Sie können Geld oder Gegenstände schenken. Der Beschenkte hat keine Rückgabepflicht.

> **Gebrauchsleihe?**
Sie überlassen der Partnerin einen Gegenstand zum Gebrauch ohne Benutzungsgebühr. Wurde nichts anderes abgemacht, ist eine Rückforderung jederzeit möglich.

> **ein Darlehen?**
Überlassen Sie dem Partner Geld - mit oder ohne Zins -, gewähren Sie ihm ein Darlehen. Wurde nichts vereinbart, können Sie es mit einer Frist von sechs Wochen kündigen.

Entscheiden Sie sich für eine Gebrauchsleihe oder für ein Darlehen, lassen Sie den Partner eine Quittung unterzeichnen (Beispiele im Kasten nebenan). Sie denken, wie unromantisch geschäftlich? Damit kann ich meinem Schatz doch nicht kommen? Probieren Sie es einfach und krönen Sie den «Geschäftsabschluss» mit einem romantischen Dinner!

1.3 Kinder in der Lebensgemeinschaft

> **Karin von Flüe**

Sie wohnen mit Kindern Ihrer Partnerin unter einem Dach? Oder Sie werden bald ein eigenes Kind haben? Ob blutsverwandt oder nicht, Kinder bringen viel Farbe und Freude ins Leben. Unterschiede gibt es aber in der Rechtsbeziehung.

Sind Sie gemeinsam Eltern des Kindes, macht es für seine Rechtsstellung keinen Unterschied, ob Sie verheiratet sind oder nicht. Alle Kinder haben insbesondere Anspruch auf Unterhalt und Pflege sowie regelmässigen Umgang mit beiden Elternteilen. Auch die Rechte unverheirateter Eltern wurden mit der Zulassung des gemeinsamen Sorgerechts im Jahr 2000 verbessert. Kein Gesetz regelt dagegen die Beziehung zwischen einem Kind und dem neuen Partner der Mutter oder der Lebensgefährtin des Vaters. Und eigene Regeln können Sie nur beschränkt aufstellen.

In diesem Kapitel geht es um die Kinder aus früheren Beziehungen, die mehr oder weniger oft in Ihrer Zweisamkeit präsent sind. Was Sie und Ihr Partner, Ihre Partnerin alles organisieren sollten, wenn Sie sich ein gemeinsames Kind wünschen, erfahren Sie in Kapitel 4 (Seite 124).

Kinder aus einer früheren Beziehung

Hat eine verheiratete Frau Kinder aus einer früheren Beziehung, spricht das Gesetz von Stiefkindern und Stiefvater. Zwischen dem Stiefkind und dem Stiefvater besteht dank der Ehe zumindest eine lose Rechtsbeziehung - ebenso zwischen einer Stiefmutter und dem Kind ihres Ehemanns. Insbesondere sind Stiefeltern verpflichtet, den Ehemann oder die Ehefrau bei der Ausübung der elterlichen Sorge zu unterstützen und im Notfall auch für den Unterhalt des Stiefkinds aufzukommen. Möglich ist es zudem, das Stiefkind zu adoptieren.

In der nicht ehelichen Lebensgemeinschaft ist das anders: Die Stiefelternadoption ist verboten und es existiert weder ein gesetzliches Erbrecht noch eine Unterstützungspflicht.

Aber Achtung: Sind das Kind und seine Mutter zum Beispiel auf Sozialhilfe angewiesen, riskieren beide, diese Zahlungen zu verlieren, wenn die Mutter mit einem neuen Partner zusammenlebt. Das Gleiche droht je nach Kanton auch bei der Alimentenbevorschussung (siehe unten). Der Staat kann also auf der einen Seite die Leistungen kappen, wenn ein Lebenspartner finanziell für seine neue «Familie» aufkommen könnte. Auf der anderen Seite haben weder die Mutter noch das Kind einen Rechtsanspruch auf tatsächliche Unterstützung.

Lassen Sie sich Ihre neue Zweisamkeit deswegen nicht vermiesen! Leben Sie noch nicht lange unter einem Dach, hat dies meist noch keine Konsequenzen. Erst wenn eine «stabile Lebensgemeinschaft» vorliegt, sind Sozialhilfeleistungen in Gefahr. Wann ein Konkubinat als stabil gilt, ist allerdings nirgends definiert. In der Praxis wird es heikel, wenn

> Sie länger als drei Jahre zusammenleben oder
> ein gemeinsames Kind auf die Welt kommt oder
> Sie gemeinsam Wohneigentum erwerben.

Der Unterhalt für das Kind

Kinder haben Anspruch auf einen angemessenen Unterhalt. Leben sie nicht mit Vater und Mutter im gleichen Haushalt, leistet der Elternteil, der die Kinder nicht bei sich hat, seinen Beitrag in Form von Geldzahlungen, auch Kinderalimente genannt. Daran ändert sich nichts, wenn ein neuer Partner, eine neue Partnerin in den Haushalt des Elternteils mit den Kindern einzieht.

Ihr Exmann zahlt die Kinderalimente nicht mehr? Wenden Sie sich sofort an Ihre Wohngemeinde und beantragen Sie Inkassohilfe und Alimentenbevorschussung. Die Gemeinden müssen diese Dienste kostenlos erbringen. Einen teuren Anwalt können Sie sich sparen.

Inkassohilfe und Alimentenbevorschussung

Bei der Inkassohilfe übernimmt die Gemeinde das Eintreiben der Unterhaltsbeiträge beim Schuldner. Statt dass sich die Mutter mit dem Exmann herumschlagen muss, fordern neutrale Sachbearbeiter das Geld ein – und sind in der Regel einiges erfolgreicher. Ist kein Geld zu holen oder dauerts zu lange, kann die Mutter Alimentenbevorschussung beantragen. Dann zahlt die Gemeinde den Unterhalt für das Kind aus der Staatskasse und fordert die bevorschussten Beträge anschliessend vom Schuldner zurück.

Wer Alimentenbevorschussung erhält und wie viel das ausmacht, ist in der Schweiz nicht einheitlich, sondern kantonal geregelt. Meist ist die Bevorschussung in der Höhe begrenzt und zudem abhängig von den Einkommens- und Vermögensverhältnissen der Mutter.

Der Kanton Zürich zahlt zum Beispiel maximal 650 Franken pro Monat; die Einkommensgrenze mit einem Kind liegt bei 45 500 Franken. Die meisten Kantone berücksichtigen auch die Finanzen eines Stiefelternteils. Das Bundesgericht hat signalisiert, dass auch die finanziellen Verhältnisse des Lebenspartners berücksichtigt werden dürfen. So heisst es zum Beispiel im St. Galler Gesetz: «Anrechenbar ist das Einkommen des obhutsberechtigten Elternteils, des Konkubinatspartners und des Stiefelternteils.»

Kinderzulagen haben Eltern zugut, ob sie verheiratet sind oder nicht. Wie hoch die Zulagen sind, erfahren Sie in Kapitel 8 (Seite 256). Stellen Sie bei der kantonalen Familienausgleichskasse den Antrag, dass die Beträge direkt an Sie ausgezahlt werden. Dies ist möglich, wenn «wichtige Gründe» vorliegen.

Das Besuchsrecht

Leben die Kinder Ihrer Partnerin in Ihrem gemeinsamen Haushalt, werden sie in der Regel alle 14 Tage das Wochenende beim Vater verbringen. Leben umgekehrt die Kinder Ihres Partners bei der Mutter, werden sie regelmässig bei Ihnen zu Besuch sein. Meist klappt dieses Besuchsrecht ohne Probleme. Sind ausgerechnet Sie von der Ausnahme betroffen, lohnt es sich, den Kindern und Ihrer Partnerschaft zuliebe öfter mal fünf gerade sein zu lassen.

Tom ...

... hat Kathrin wegen Elena verlassen. Kathrin hat zwar keine Probleme, dass Vater Tom den einjährigen Kevin jeden Samstag am Nachmittag zu sich auf Besuch nimmt. Sie kann es aber nicht ertragen, wenn dieses «Luder Elena» auch nur in die Nähe ihres Sohnes kommt.

Aus rechtlicher Sicht kann Kathrin Tom nicht verbieten, dass er den Sohn am Besuchsnachmittag mit der neuen Lebenspartnerin zusammenbringt. Die juristische Schiene hilft hier aber nicht wirklich weiter. Am besten nimmt Tom sein Besuchsrecht vorläufig allein wahr - so lange, bis Kathrin den Schock über die Trennung verarbeiten konnte.

Mike ...

... ärgert sich jedes Besuchswochenende furchtbar, wenn der Exmann seiner Lebensgefährtin Inès die Kinder nicht pünktlich abholt. Inès sieht das nicht so eng, was regelmässig zu Streit zwischen den beiden führt.

Zugegeben, der Vater verhält sich nicht korrekt. Aber wenigstens nimmt er sein Besuchsrecht wahr, was Mike und Inès alle 14 Tage ein Wochenende zu zweit ermöglicht. Da ist die halbe Stunde Warten es doch nicht wert, sich die Freude darauf zu verderben.

Die Kinder wollen nicht

Und wenn die Tochter sich weigert, die Besuchswochenenden beim Vater zu verbringen? Nach Gesetz sind die Eltern verpflichtet, alles Zumutbare vorzukehren, damit das Besuchsrecht stattfinden kann. Der Kontakt mit beiden Elternteilen ist für die Entwicklung der Kinder wichtig. Weigert sich die Tochter trotzdem beharrlich, ist es in der heutigen Zeit nicht mehr denkbar, das Besuchsrecht gewaltsam zu erzwingen.

Die Umteilung der Kinder

Sie leben in einer stabilen neuen Partnerschaft und hätten Platz und Energie für Ihre Kinder. Doch diese sind der Mutter zugeteilt und verbringen nur jedes zweite Wochenende und ein paar Wochen Ferien bei Ihnen. Was können Sie tun?

Sollen die Kinder neu statt bei der Mutter beim Vater leben - oder umgekehrt -, spricht man von der Umteilung der Obhut. Meist wird dann auch das Sorgerecht neu zugeteilt. Weder die Kinder noch die Eltern können jedoch über einen so einschneidenden Wechsel eigenmächtig entscheiden. Die Kinder haben bis zum 18. Geburtstag nur ein Anhörungsrecht. Sind Mutter und Vater sich über eine Neuzuteilung einig, müssen sie die Genehmigung der Vormundschaftsbehörde am bisherigen Wohnort der Kinder einholen. Gegen den Willen des obhutsberechtigten Elternteils ist eine Umteilung der Kinder nur über ein Gerichtsverfahren zu erreichen - oder, wenn die Eltern nie verheiratet waren, über die vormundschaftliche Aufsichtsbehörde.

DEFINITION SORGERECHT UND OBHUT

Das **Sorgerecht** beinhaltet insbesondere Folgendes:

> das Recht und die Pflicht, das Kind zu pflegen und zu schützen sowie für seine Erziehung und Ausbildung zu sorgen
> die gesetzliche Vertretung des Kindes
> die Verwaltung des Kindesvermögens

Wer die **Obhut** über das Kind hat, bestimmt, wo es wohnt, mit wem es Umgang hat, und trifft die alltäglichen Entscheidungen: wann das Kind ins Bett geht, wann es die Hausaufgaben macht, was es essen und trinken darf.

1.4 Der Alltag als Paar

> **Walter Noser**

Alltag ist das Gegenteil von Fest- und Feiertagen oder sonstigen aussergewöhnlichen Zeiten. Romantische Gefühle und blubbernde Hormone passen auf Wolke sieben – für den harmonischen Alltag brauchts zur grossen Liebe noch zwei, drei Ingredienzen mehr.

Ueli der Knecht nahm Vreneli von der Glungge nicht nur wegen ihrer Schönheit und ihrem Liebreiz zur Frau. Er hatte sehr wohl auch ein Auge auf ihre praktischen Tugenden. «Das isch eini, wo cha wärche», war ein wichtiges Argument, sich für sie zu entscheiden. Die heutige Generation hingegen beschränkt sich darauf, im Partner oder in der Partnerin einen zärtlichen, grosszügigen, einfühlsamen, verständnisvollen Menschen gefunden zu haben. Wenn das Gegenüber dann auch noch attraktiv ist, Selbstbewusstsein und Charme hat und beide sich nicht dagegen wehren, dass sie sich mögen, können zwei Menschen zusammenfinden.

Frisch verliebt den Haushalt organisieren

Weil wir nicht mehr wie zu Gotthelfs Zeiten leben, lassen wir uns bei der Partnerwahl kaum noch durch praktische Fähigkeiten wie Häuslichkeit, Sparsamkeit und Fleiss leiten. Doch genau das braucht es, um miteinander den Haushalt zu schmeissen. Mit Liebe allein lässt sich das nicht bewerkstelligen.

Egal, wer in Ihrer Partnerschaft mehr im Haushalt leistet, sprechen Sie sich ab, ob und wie diese Leistung entschädigt sein soll. Und seien Sie ehrlich: Wollen und können Sie wirklich jeden Samstag drei Stunden im Haushalt werkeln? Ist das unrealistisch oder zeigt sich im Nachhinein, dass die guten Vorsätze in der Praxis nicht klappen, passen Sie Ihr Arrangement rasch an. Es gibt unzählige Möglichkeiten.

Elisabeths ...

... Hausarbeit wird mit 25 Franken pro Stunde taxiert und im Haushaltsbudget zu ihren Gunsten berücksichtigt.

Karin **macht den Haushalt gern allein und erwartet keine Entschädigung.**

Tobias **und Birgit teilen die Hausarbeit auf: Eine Woche putzt Tobias, die andere Woche Birgit.**

Daniel **und Cornelia teilen die Aufgaben anders auf: Er ist fürs Putzen und**

Waschen zuständig, sie macht die Einkäufe, kocht und bügelt.
Matthias **und Sandra leisten sich eine Putzfrau.**

Plädoyer für die Putzfrau

«Es ist mir unangenehm, wenn andere meinen Dreck wegputzen», dieses Argument hört man oft. Hier ein Gegenargument, das Ihre Bedenken zerstreuen möge: Wer eine Putzkraft anstellt, schafft einen Arbeitsplatz und hilft so mit, die Wirtschaft in Schwung zu halten. Darum, wenn das Budget es zulässt: Leisten Sie sich diese Hilfe. Für einen durchschnittlichen Zweipersonenhaushalt ist mit wöchentlich drei Stunden oder 300 bis 400 Franken pro Monat zu rechnen.
Achten Sie darauf, dass Ihre Putzkraft eine Arbeitsbewilligung hat, und dulden Sie keine Schwarzarbeit. Das bisschen Papierkram zahlt sich aus. Das brauchen Sie:

> **Arbeitsvertrag:** Fragen Sie bei der Kantonsverwaltung nach dem Normalarbeitsvertrag oder setzen Sie selbst eine Vereinbarung auf.
> **Versicherung** gegen Betriebsunfall (Kosten: 100 Franken pro Jahr)
> **Anmeldung bei der AHV** (Details auf www.ahv.ch)
> **Einmal jährlich** die AHV-Beiträge abrechnen und den Lohnausweis für die Steuern ausfüllen (Formulare bei der AHV und beim Steueramt)
> **Einmal monatlich** die Lohnabrechnung abgeben

WAS IST HAUSHALTSARBEIT WERT?

Wenn der Partner und die Partnerin berufstätig sind, kann die Hausarbeit geteilt werden. Wer jedoch stärker belastet ist, kann und soll vom anderen eine angemessene Entschädigung verlangen. Budgetberatungsstellen empfehlen einen Ansatz von 20 bis 25 Franken pro Stunde. Bezieht die Partnerin Sozialhilfe, muss sie vom Partner gar eine Entschädigung für die Haushaltsführung von 550 bis 900 Franken pro Monat verlangen – und umgekehrt.

Was liebe ich mehr – den Partner oder die Ordnung?

Wer sich kennenlernt, zeigt dem Partner, der Partnerin stets das Sonntagsgesicht und nur selten das Alltagsgrau. Wenn der oder die Geliebte zu Besuch kommt, hat man sich meistens schön gemacht und die Wohnung aufgeräumt. Dem Gast kommt es nicht in den Sinn, bei Ihnen zu Hause ein bisschen Hand anzulegen, den Staubsauger hervorzunehmen, die Wohnung umzustellen oder die Bettwäsche zu wechseln. Selbst wenn sein Rasierzeug im auswärtigen Badezimmer einen festen Platz hat und sie ihre Schminkutensilien nicht mehr jeden Morgen in die Handtasche packt, kommt keiner von beiden auf die Idee, das fremde Bad auch mal zu putzen oder sich darüber zu beklagen, dass die Zahnpastatube immer offen herumliegt. Schliesslich ist man Gast und findet sich mit der vorgefundenen Ordnung ab. Das ändert sich beim Zusammenleben.

Ordnung muss sein!

Frauen sehen ihre Rolle nicht mehr nur am Herd, sondern wollen auch im Beruf erfolgreich sein. Doch die Männer drängen keineswegs darauf, mehr Aufgaben im häuslichen Bereich zu übernehmen. So leisten Schweizer Männer im Durchschnitt pro Woche während gut 7 Stunden Hausarbeit, die Frauen aber während über 20 Stunden, wie aus einer aktuellen Umfrage des Gottlieb Duttweiler Instituts hervorgeht. Am ehesten beteiligen sich die Männer in der Küche. Putzen, Waschen und Bügeln ist nach wie vor Frauensache. Was, wenn man mit dieser Rollenverteilung nicht (mehr) zufrieden ist?

Am Anfang einer grossen Liebe wischen Sie vielleicht mal Staub, auch wenn Sie es noch gar nicht nötig finden - Sie tuns, um dem andern eine Freude zu bereiten. Schön, wenn man auch später dem Partner, der Partnerin ab und zu einen solchen Gefallen tut. Tatsache ist aber, dass die meisten diese Aufmerksamkeiten im Lauf der Jahre gern vergessen und deshalb Spannungen entstehen. Es passiert eben nicht bloss in Boulevardschwänken, dass sich Paare wegen falsch aufgehängter Jacken oder der falsch ausgequetschten Zahnpastatube in die Haare geraten. Das ist Alltag! Paare tun gut daran, sich immer wieder vor Augen zu führen, dass sie zusammenleben, weil sie miteinander den Alltag verbringen wollen.

Klar, Konflikte um Ordnung und Sauberkeit lassen sich umschiffen, indem ein Putzdienst angestellt, statt Selbstgekochtem Junkfood aufgetischt und die Toleranzschwelle für Unordnung erhöht wird. In der Regel funktioniert das alles aber nicht auf Dauer. Auch wenn es für manche lächerlich und bieder wirken mag: Wünsche und Vorstellungen punkto Ordnung und Sauberkeit müssen mit der nötigen Portion Selbstkritik und Toleranz ausdiskutiert werden.

Sie finden Ämtli kindisch? Spätestens dann, wenn Satzfetzen fliegen wie: «Könntest du eigentlich nicht mal...», oder: «Warum muss eigentlich dauernd ich...», ist ein Ämtliplan ein hilfreiches Instrument. Er muss ja nicht gleich an die Wand gehängt werden, wo ihn jeder Besuch sehen kann.

Nicht nur Alltag: lebendige Freizeit zu zweit und allein

Wer kennt das nicht! Zu Beginn der Beziehung kauft man sich ganze Sportausrüstungen, um mit der neuen Liebe in schwindelerregende Höhen zu kraxeln. Sie begleitet den Lover zum Squashen, obwohl sie sich am Ende der Schulzeit geschworen hat, nie mehr einen Ball zu werfen. Er lässt sich in Konzerte und Ausstellungen schleppen, obwohl er mit Kunst und Kultur nicht eben viel am Hut hat. Zynische und spitze Bemerkungen von Kollegen ignorieren Sie in dieser Phase am besten oder tun sie getrost als Neid ab. Und wer weiss, vielleicht werden ja durch den Partner, die Partnerin neue Interessen geweckt!

Was aber, wenn dieses Interesse mit der Zeit verflacht? Halb so schlimm – gemeinsam leben heisst nicht, jeden Weg gemeinsam zu gehen und jede freie Minute miteinander zu verbringen. Und der Partner soll schliesslich in der Partnerin nicht sein Spiegelbild sehen. Zudem steht die Liebe auf wackligen Füssen, wenn Sie glauben, sich für den Partner ändern zu müssen. Niemand kann verlangen, dass Sie sich selber aufgeben, genauso wie sich auch die Partnerin nicht aufgeben soll.

Die eigenen Bedürfnisse nicht vergessen

Wer von der rosa Wolke hinuntersteigt, tut gut daran, sich wieder mal einen gemütlichen Abend allein vor dem Fernseher zu gönnen, auch wenn die Partnerin dies das Langweiligste auf der ganzen Welt findet. Und wer früher lieber Jazzkonzerte besucht hat, statt an Schlagerpartys zu gehen, soll sich diese Freiheit auch weiterhin nehmen. Wichtig ist, die eigenen Interessen in der Freizeitgestaltung wahrzunehmen und dem anderen seine Bedürfnisse zuzugestehen. Wem dies gelingt, der fühlt sich nicht festgebunden, aber beim anderen aufgehoben.

Wenn Ihr Partner, Ihre Partnerin allein oder in fremder Gesellschaft einem Hobby frönt, sollten Sie nicht zu Haus Trübsal blasen. Gehen Sie mit Freunden aus, sehen Sie sich einen Film an, besuchen Sie ein Konzert. Dann können sich beide auf die Heimkehr des anderen freuen. «Wie wars bei dir? Hattest du einen schönen Abend?» – und schon sind Sie mitten im Gespräch und haben sich was zu sagen.

Möglichst viel Autonomie kann sogar das Rezept für eine königliche Beziehung sein: «Das Geheimnis einer glücklichen Ehe ist, unterschiedliche Interessen zu haben», sagte kürzlich der Gatte der britischen Königin in einem Interview. Er muss es wissen, denn er ist seit 1947 glücklich mit Ihrer Majestät verheiratet.

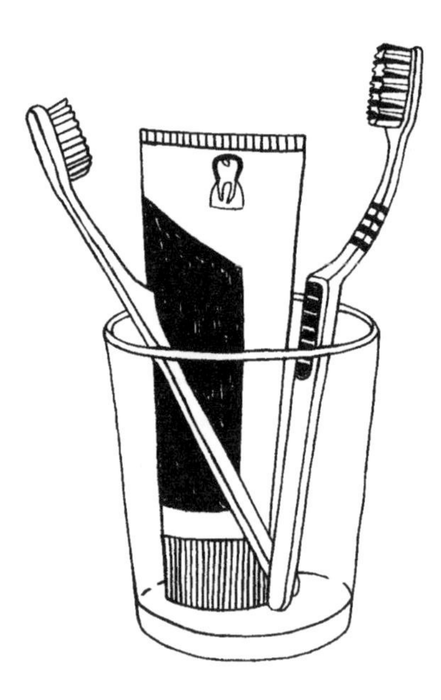

Die Beziehung zur Familie und zu Freunden aufrechterhalten

Die Freunde des Partners müssen nicht Ihre Freunde sein - und Ihre nicht seine. Wenn die Partnerin vor dem Zusammenziehen von «meinen Freunden» sprach, gibt es keinen Grund, ab jetzt von «unseren Freunden» zu sprechen.

Wer alles teilen will, immer und überall füreinander da sein will, läuft Gefahr, dass die Beziehung keine frische Luft bekommt und erstickt. Auch wenn Ihre Liebste Ihr Ein und Alles ist, kann sie nicht jeden Wunsch befriedigen. Das Bedürfnis nach Anerkennung, zwischenmenschlichen Kontakten, Bestätigung und Zuneigung kann nicht von einer Person allein gestillt werden.

Seien Sie nicht gekränkt, wenn Ihr Partner von seinen alten Freunden allein eingeladen wird. Im Gegenteil, ermuntern Sie seinen Freundeskreis, ihn nach wie vor als eigenständige Person wahrzunehmen. Er ist nämlich mehr als bloss Ihr Partner, und Sie sind mehr als nur sein Anhang.

Gönnen Sie sich Zeit allein. Achten Sie aber darauf, dass Sie nicht bloss dann zusammen sind, wenn Sie selbst oder der andere gerade nichts Besseres los haben.

Nähe und Distanz

Partnerbeziehung und Selbstverwirklichung sind keine Gegensätze, denn Verschmelzung, Einswerden und Alles-teilen-Wollen sind nur eine Seite der Liebe. Unabhängigkeit, Mei-

nungsverschiedenheiten und Distanz sind die andere. Ohne beide Pole kommt die Liebe bald aus dem Gleichgewicht.
Es ist schön und jedem Paar zu gönnen, wenn es sich selber genügt. Doch Vorsicht! Die Energie der Liebe ist keine unerschöpfliche Ressource, die endlos geplündert werden kann. In einem zu engen System wird es schnell mal langweilig, weil die Anregung der Aussenwelt fehlt.

Die Leidenschaft ist kein Massstab für die kommenden Jahre

Als der schöne Prinz die schlafende Prinzessin küsste, erhellten die Strahlen der Sonne den jungen Morgen, die Hofhunde bellten und wedelten, die Rosen verloren ihre Dornen, die Tauben auf dem Dach zogen das Köpfchen unterm Flügel hervor, in der Küche begann der Braten zu brutzeln, die Magd rupfte mit einem Lied auf den Lippen das Suppenhuhn und der Koch gab dem Knappen eine Ohrfeige. Und so wurde alsbald mit Pauken und Trompeten die Hochzeit des Königssohns mit Dornröschen gefeiert und die beiden lebten glücklich bis an ihr Ende. Wie machten sie das bloss?

Von der Romantik in den Alltag: All you need is love

Weil Dornröschen und der Prinz bis an ihr Lebensende vergnügt lebten, ist davon auszugehen, dass sie ein erquickendes Sexleben hatten. Sie wussten wohl, dass die Sexualität in einer Beziehung nicht von selbst schlecht wird, sondern nur, wenn man Sexualität und Beziehung vernachlässigt.
Schon Sigmund Freud stellte fest, dass die Sexualität im Leben eines Menschen eine grosse Rolle spielt – insbesondere dann, wenn sie nicht ausgelebt wird. Er sah die Sexualität als Antriebskraft des ganzen menschlichen Lebens. Freud hin oder her: Sex hat in einer Partnerschaft einen hohen Stellenwert. Doch viele Paare haben sexuelle Probleme. Der Blick durchs Schlüsselloch ist ernüchternd: Schon im zweiten Jahr hat ein durchschnittliches Paar nur noch halb so viel Sex wie in den ersten zwölf Monaten – und die Häufigkeit nimmt stetig ab. Das Problem ist erkannt und heisst *inhibited sexual desire* (gehemmtes sexuelles Verlangen). Einige Paare suchen Hilfe bei Sexualtherapeuten, doch die meisten verschweigen die Probleme. Andere gehen fremd.
Der spontane, leidenschaftliche, lustvolle Sex, von dem man in den Flitterwochen nicht genug bekommen konnte, ist kein Massstab für die kommenden Jahre – wer das glaubt, wird von einem Partner zum anderen hetzen. Im Lauf der Beziehung wird man vom sexuellen Verlangen nicht mehr einfach überfallen, deshalb muss die Entscheidung für Sex der Lust vorausgehen. Und nicht mehr jede Begegnung ist knisternd, es sei denn, man schafft eine erotische Atmosphäre. Alle Zeit der Welt hat man nur noch, wenn man sie sich nimmt. Und weil man sich nicht mehr alle Wünsche von den Augen abliest, muss jeder dem anderen sagen, was der Körper gerne hat und was weniger.

Fremdgehen

Manche Menschen finden, dass ein einmaliger Seitensprung eine Beziehung durchaus kitten könne und dass Sex zwar etwas mit Liebe zu tun haben kann, aber nicht muss. Für andere ist ein Seitensprung ein so grosser Vertrauensbruch, dass sie die Beziehung nicht mehr weiterführen können.

Zur Frage, wie man mit Seitensprüngen umgehen soll, gibt es vermutlich so viele Antworten, wie es Paare gibt - wenn nicht gar doppelt so viele, denn jeder Mensch hat seine eigenen Empfindungen und Wertvorstellungen. Vier Dinge sollten bei und nach sexueller Untreue aber immer gelten:

> **Beim Seitensprung** im Minimum 'nen Gummi drum.

> **Tun Sie sich** und dem Partner, der Partnerin den Gefallen und gestehen Sie den Seitensprung nicht, wenn Ihr *einziger* Beweggrund ist, dass Sie Ihr schlechtes Gewissen reinwaschen wollen und sich Absolution erhoffen.

> **Denken Sie darüber nach,** wie es zum Seitensprung kam und was die Folgen sind.

> **Haben Sie den Mut,** Ihre Wünsche Ihrem Partner, Ihrer Partnerin zu sagen! Sie bringen sich sonst um die Chance, Ihre Fantasien in der Partnerschaft zu leben.

Sachliche Romanze

Als sie einander acht Jahre kannten
(und man darf sagen: sie kannten sich gut),
kam ihre Liebe plötzlich abhanden.
Wie andern Leuten ein Stock oder Hut.

Sie waren traurig, betrugen sich heiter,
versuchten Küsse, als ob nichts sei,
und sahen sich an und wussten nicht weiter.
Da weinte sie schliesslich. Und er stand dabei.

Vom Fenster aus konnte man Schiffen winken.
Er sagte, es wäre schon Viertel nach Vier
und Zeit, irgendwo Kaffee zu trinken. -
Nebenan übte ein Mensch Klavier.

Sie gingen ins kleinste Cafe am Ort
und rührten in ihren Tassen.
Am Abend sassen sie immer noch dort.
Sie sassen allein, und sie sprachen kein Wort
und konnten es einfach nicht fassen.

Erich Kästner

Miteinander gehts leichter: besser reden

Glauben Sie nicht, dass Ihre Partnerin, Ihr Partner doch von sich aus merken müsse, was Sache ist, wenn sie oder er Sie nur wirklich liebt. Reden Sie lieber Klartext. Spre-

SPIELREGELN FÜR AUSEINANDERSETZUNGEN

Regel 1: Zurücklehnen und entspannen

> Wenn von beiden oder von einer Seite die Bereitschaft fehlt, den Konflikt auf friedliche Art zu lösen, gehen Sie am besten spazieren, bis sich das erhitzte Gemüt abgekühlt hat.

Regel 2: Zeit und Ort festlegen

> Vielleicht ist es nicht ideal, den Konflikt an Ort und Stelle zu regeln.

> Wo fühlen sich beide wohl? Auf einem Spaziergang, daheim oder in einem Restaurant?

Regel 3: Sagen, was Sache ist

> Was ist das Problem?

> Wer hält das Problem für (k)ein Problem?

> Suchen Sie nach einem gemeinsamen Nenner!

> In welchen Punkten bestehen unterschiedliche Meinungen?

> Wer würde sich am ehesten damit abfinden, wenn das Problem nicht behoben werden könnte?

Regel 4: Eins nach dem andern

> Einigen Sie sich im ersten Durchgang auf ein einziges Thema. Problem B, Problem C und alle weiteren verschieben Sie auf den nächsten Durchgang.

> Beginnen Sie mit dem kleinsten Problem!

Regel 5: Zuhören

> Beide schildern ihre Sicht der Dinge. Streichen Sie das Wort «aber» aus Ihrem Wortschatz.

> Wie ist das Problem entstanden?

> Was ist kränkend und verletzend?

> Ist das Problem für beide verständlich und klar (ohne Verstehen kein Verzeihen)?

Regel 6: Lösung gemeinsam suchen

> Was spricht für und was gegen eine konkrete Lösung?

> Herrscht Übereinstimmung bei einer Lösung?

> Wer muss wie viele Kompromisse eingehen?

> Können beide mit der gefundenen Lösung leben?

Regel 7: Abmachungen festhalten

> Wie lange soll die Abmachung gelten?

> Muss sie schriftlich festgehalten werden oder genügt ein Handschlag?

chen Sie in Ich-Botschaften und nicht in Du-Botschaften, denn diese können leicht als Anschuldigungen und Vorwürfe verstanden werden. Statt Gesprächsbereitschaft rufen Du-Botschaften bloss Widerstand hervor. Auch Wir-Botschaften sind nicht geeignet, wenn vorher nicht geklärt worden ist, was jede Seite will, sollte oder müsste.

Was ist eine Ich-Botschaft?

Eine Ich-Botschaft beschreibt erstens eine Situation, zweitens Ihre Gefühle und drittens die Auswirkung. Hier ein Beispiel:

> **die Situationsbeschreibung**
«Wenn du mit deiner Bekannten und ihren Freundinnen ausgehst ...

> **Ihre Gefühle**
... bin ich gekränkt und verletzt ...

> **die Auswirkung**
... weil ich mich ausgestossen fühle und Angst habe, dass du nicht zu mir stehst.»

Zuerst denken, dann verhandeln

Wenn ein Wort das andere ergibt, können Worte wie Pfeile sein. Vor allem, wenn man darüber streitet, wer an was Schuld hat. Eine Beziehung findet jedoch nicht im Gerichtssaal statt, deshalb ist die Frage nach der Schuld gar nicht so wichtig - mögen Sie selbst oder Ihr Partner, Ihre Partnerin noch so stur, uneinsichtig, hinterlistig und verletzend sein. Wichtiger ist, wie Sie aus dem Konflikt wieder herauskommen. Streit soll nicht «dem Frieden zuliebe» verhindert werden. Doch die Kunst von Auseinandersetzungen besteht darin, konstruktiv zu streiten, die eigenen Interessen zu vertreten und eine gemeinsame Lösung zu finden. Das Gegenüber kann kritisiert werden, aber es ist ihm immer Respekt und Achtung zuzusichern und zu zeigen.
Die Spielregeln des Streitens können Sie nicht mitten in der Auseinandersetzung abmachen. Die müssen schon vorher klar sein. Wir planen so vieles im Leben - warum nicht auch den Streit?

Links und Adressen

Arbeits- und mietrechtliche Informationen

www.aeis.ch
Stiftung Auffangeinrichtung BVG
Birmensdorferstrasse 198
8003 Zürich
Tel. 043 333 36 98
Informationen zur beruflichen Vorsorge, Anmeldung des haushaltführenden Partners

www.ahv.ch
Informationen, Merkblätter und Formulare für die Anmeldung des haushaltführenden Partners bei den Sozialversicherungen; Formulare für die Anstellung einer Haushaltshilfe

www.mieterverband.ch
Mieterinnen- und Mieterverband
Postfach
8026 Zürich
Tel. 043 243 40 40
Formulare für einen Miet- oder Untermietvertrag

Paarberatung

www.143.ch
Tel. 143
Die Dargebotene Hand; eine erste Anlaufstelle rund um die Uhr, nicht nur in akuten Krisensituationen, sondern auch für alltägliche Sorgen

www.kummernetz.ch
Online-Beratung per Chat und Mail, Forum für den direkten Kontakt mit anderen Besuchern der Website

www.paarberatung.ch
Online-Paarberatung und Liste von Paartherapeuten, die nach FSP- oder SPV-Standard anerkannt sind

www.psychologie.ch
Föderation der Schweizer Psychologinnen und Psychologen FSP mit Listen von Mitgliedern, die zu unterschiedlichen Bereichen Hilfe anbieten

www.sbap.ch
Schweizerischer Berufsverband für angewandte Psychologie mit Mitgliederlisten nach Themen gegliedert

www.v-e-f.ch
Verband für systemische Paar- und Familientherapie/-beratung mit Online-Beratung und Listen von Beratungsstellen mit VEF-Mitgliedern

2. Wir wünschen uns ein Kind

Die einen wissen schon als Kind, dass sie selber wieder Kinder wollen, andere sind mit 30 noch unschlüssig. Wieder andere möchten Kinder, bekommen aber keine. In diesem Kapitel finden Sie Entscheidungshilfen sowie Informationen zur Familienplanung.

2.1 Was Kinder bedeuten

> **Urs Zanoni**

Mit der Geburt eines Kindes verändert sich fast alles im Leben eines Paares: der Tagesablauf, die Partnerbeziehung, die Sexualität, das Selbstverständnis. Deshalb will der Entscheid, ob und wann man Nachwuchs möchte, gut bedacht sein.

Mit Kindern bekommt das Leben eine völlig neue Dimension. Auf der einen Seite ist vieles nicht mehr so leicht zu bewerkstelligen wie zuvor: ein Wochenende in London, ein Kinobesuch, einen ganzen Tag im Bett herumlümmeln. Andererseits öffnen sich neue Welten: Kinder bedeuten Neugier, Kreativität und Zuversicht. Sie sind Brücken in die Welt von morgen, Zukunftsmusik - sie sind Lebensinhalt.

Weshalb wollen wir ein Kind?

Die Motive, ein Kind zu bekommen, haben sich grundlegend verändert. Früher hatten Kinder vor allem eine ökonomische Funktion - sie dienten der Absicherung des Alters. Seit die staatlichen Sozialversicherungen diesen Part übernehmen, fand eine Entkoppelung statt: Männer und Frauen wollen heute vor allem die Erfahrung machen, ein Kind aufwachsen zu sehen. Doch die Geburtenrate sinkt - nicht nur in der Schweiz - seit Jahrzehnten (siehe Kasten).

Die Gründe dafür sind vielfältig: Frauen sind besser ausgebildet als Mitte des letzten Jahrhunderts und möchten dies auch nutzen. So kommt der Kinderwunsch bei vielen gar nicht auf - oder erst dann, wenn die Fruchtbarkeit bereits am Abnehmen ist. Zudem tut sich die Schweiz sehr schwer damit, Arbeitswelt, Schule und Kinderbetreuung familienfreundlich zu gestalten: Teilzeit arbeitende Männer und Frauen gelangen nur selten in verantwortungsvolle Positionen, Tagesschulen sind erst am Entstehen, und wer einen Krippenplatz sucht, landet häufig auf einer Warteliste. Letztlich spielt auch das Geld eine Rolle: Kinder kosten - jedes einzelne mehrere hunderttausend Franken (siehe Seite 248). Deshalb werden Eltern, die die eigenen Bedürfnisse nicht einschränken möchten, kaum mehrere Kinder grossziehen.
Wünschen Sie sich ein Kind, empfiehlt es sich, als Erstes mit dem Partner oder der Partnerin darüber zu diskutieren. Gehen Sie die folgenden Fragen durch und machen Sie sich möglichst viele Notizen:

> **Was spricht für** eigene Kinder? Was spricht dagegen?
> **Weshalb** wollen wir selber Kinder?
> **Welche Ansprüche** haben wir an unsere Kinder?
> **Welche Ansprüche** werden unsere Kinder haben?
> **Welche wollen** und können wir als Eltern erfüllen? Welche nicht?

Je früher Sie Gemeinsamkeiten, aber auch Divergenzen erkennen, desto bewusster werden Sie sich auf die eigene Familie einlassen können.

GEBURTENRATEN IN EUROPA

Land	Kinderzahl pro Frau
Irland	1,98
Frankreich	1,89
Norwegen	1,8
Holland	1,75
Schweden	1,71
Grossbritannien	1,71
Belgien	1,62
Portugal	1,44
Schweiz	1,42
Österreich	1,38
Deutschland	1,3
Spanien	1,3
Italien	1,26

Quelle: Ecopop (2002 bis 2004)

Vom Paar zur Familie

Was verändert sich, wenn Sie vom Paar zur Familie mit Kleinkind werden? Fast alles, könnte man sagen - der Lebensrhythmus, der Tagesablauf, die Beziehungen zwischen Frau und Mann, die Sexualität, das Selbstverständnis. Sich völlig auf das Baby einzustellen, rund um die Uhr verfügbar zu sein, das Fehlen gewohnter Kontakte oder der Wegfall von Aktivitäten ausser Haus - das alles fordert die jungen Eltern, besonders die Mütter. Natürlich wird vieles durch die Glücksmomente mit dem Kind ausgeglichen, aber längst nicht alles.
Hier gilt es auch, gegen ein weit verbreitetes Missverständnis anzutreten: Junge Mütter sind grundsätzlich glücklich! Dies ist schlicht unmöglich, allein schon wegen des Hormonhaushalts, der «ausser Kontrolle» ist. Zudem sind in unserer individualisierten und mobilen Gesellschaft viel seltener Grosseltern, Nachbarn oder Freundinnen da, die Entlastung schaffen.
Deshalb sollten sich werdende Eltern - trotz der grossen Vorfreude auf das Kind - auch intensiv mit möglichen Problemen beschäftigen. Nur so lassen sich spätere Konflikte leichter vermeiden. Dabei stehen drei Fragen im Mittelpunkt.
Erstens: Wie schaffen wir es, Eltern zu werden und doch ein Paar zu bleiben? In der kindzentrierten Familie rückt die Paarbeziehung an den Rand. Es bleiben oft wenig Zeit und Energie, sie zu pflegen oder sogar zu entwickeln. Sexualität und Zärtlichkeiten nehmen ab. Wenn Sie dies frühzeitig einbe-

FAMILIENMODELLE IN DER SCHWEIZ

Modell	Erwerbstätigkeit des Mannes	Erwerbstätigkeit der Frau	Anteil (in Prozent)
traditionell bürgerlich	Vollzeit	keine	37
modernisiert bürgerlich	Vollzeit	Teilzeit	36
gleichgestellt erwerbsbezogen	Vollzeit	Vollzeit	12
gleichgestellt familienbezogen	Teilzeit	Teilzeit	4
restliche Kombinationen			11

Grundlage: Familien mit Kindern unter 7, Volkszählung 2000

ziehen, steigen die Chancen, dass Sie Ihre Rollen als Eltern und als Mann und Frau vereinen können.

Die zweite zentrale Frage lautet: Welche Erziehungsideale haben wir? Im Alltag mit Kindern stehen ständig Entscheidungen an: Was tun bei Trotzanfällen? Wann müssen die Kleinen ins Bett? Wie wichtig sind gute Noten? Für die Eltern bedeutet dies viel Zündstoff: Nicht selten haben die Eltern bei solchen Meinungsverschiedenheiten das Gefühl, den anderen nicht wieder zu erkennen. Kommt hinzu, dass unterschwellig oft schöne und weniger erfreuliche Kindheitserlebnisse mitschwingen. Überlegen Sie sich, wie Sie im Alltag damit umgehen werden (mehr dazu auf Seite 306).

Schliesslich das dritte wichtige Thema: Wie werden wir die Aufgaben aufteilen? Die oben stehende Tabelle zeigt die aktuelle Situation in der Schweiz. Ebenso aufschlussreich ist die Entwicklung: Allein zwischen 1990 und 2000 sank der Anteil des Klassikers «Vollzeit/keine Erwerbstätigkeit» von 60 auf 37 Prozent. Umgekehrt stieg der Anteil des modernisiert bürgerlichen Modells (Vollzeit/Teilzeit) von 23 auf 36 Prozent. Was immer Sie wählen, sprechen Sie darüber. Übrigens: Ihr Modell wird sich, je nach Alter der Kinder, auch verändern (mehr zur Rollenverteilung in der Familie auf Seite 132).

Keine Kinder ohne Notfallplanung

Zu einer seriösen Familienplanung gehört auch, sich zu überlegen, was im Fall einer Trennung oder Scheidung mit den Kindern geschehen soll. Gewiss: Es ist unangenehm, dies zu thematisieren, wenn man verliebt ist, wenn einen der Anblick eines Säuglings völlig verzückt oder die Vorfreude auf das Baby erst am Reifen ist. Doch die Scheidungsraten - in städtischen Gebieten mittlerweile 50 Prozent - machen es ratsam, frühzeitig darüber zu reden.

Ein gutes Hilfsmittel, um das Risiko einer gehässigen Auseinandersetzung auf dem Rücken des (Klein-)Kindes zu reduzieren, ist eine Eltern-Kind-Vereinbarung. Darin verpflichten sich die Eltern, im Notfall den eigenen Konflikt in den Hintergrund zu stellen und zum Wohl des Kindes gemeinsam für eine gute Lösung zu sorgen. Schliesslich basiert der Wunsch, ein Kind zu zeugen und aufzuziehen, in aller Regel auf Liebe und gegenseitiger Achtung. Und genau dies soll eine solche Vereinbarung in Erinnerung rufen - auch dann, wenn Bitterkeit und Enttäuschung im Vordergrund stehen.

Natürlich ist eine solche Vereinbarung keine Garantie für eine dauerhafte Beziehung der Eltern. Wer sie aber im Falle eines Falles zu Hand nimmt, dürfte eher bereit sein, nach einer konstruktiven Lösung zu suchen.

MUSTER ELTERN-KIND-VEREINBARUNG

Formuliert aus der Sicht des Kindes:

> Weder mein Vater noch meine Mutter haben versagt, wenn es zu einer Trennung oder Scheidung kommt. Vielmehr setzen sie sich gemeinsam und respektvoll für mein Wohl ein.

> Mir zuliebe werden Vater und Mutter weiterhin einen elterlichen Kontakt pflegen, damit ich nicht als Briefträger, Informant oder gar als Erpressungspfand eingesetzt werde.

> Vater und Mutter werden mich nicht für ihre Trennung oder Scheidung verantwortlich machen.

2.2 Kinder planen

> **Urs Zanoni**

Das Alter von Frauen wie Männern bei der Geburt ihres ersten Kindes nimmt stetig zu – was der natürlichen Fruchtbarkeit entgegen läuft. Deshalb ist oft mehr als der blosse Geschlechtsakt nötig, bis «es» klappt.

Den idealen Zeitpunkt für ein Kind gibt es wahrscheinlich nicht – zumal zwischen 25 und 35, wenn der Wunsch immer stärker wird, viele andere Entscheidungen anstehen: Das Jobangebot annehmen und die nächsten fünf Jahre voll auf die Karriere setzen? Ein Jahr aussetzen und auf Weltreise gehen? Eine mehrjährige Zweitausbildung starten, um die Chancen auf dem Arbeitsmarkt zu verbessern? Ausserdem steht über allem die Ungewissheit, ob und wann es mit dem Kinderwunsch klappt.

Ich will, er (sie) will nicht

Am Anfang steht das Gespräch. Zumindest darüber sollten Sie sich einig sein, dass eine Schwangerschaft gewünscht ist und Sie deshalb auf Verhütung verzichten. Andernfalls sind die Voraussetzungen für ein befriedigendes Familienleben eher ungünstig: «Weshalb soll ich Teilzeit arbeiten? Du wolltest schwanger werden!» Oder noch schlimmer: «Lass abtreiben! Ich setze meine Karriere nicht für einen solchen Schreihals aufs Spiel.» Aussagen dieser Art dürften gar nicht so selten sein. Denn der Kinderwunsch ist bei Frauen, so zeigen die meisten Untersuchungen, ausgeprägter als bei Männern – was nicht nur biologische Gründe hat. Männer haben mehr Angst, sich auf ein «Langzeitprojekt» wie Kinder einzulassen und Verantwortung zu übernehmen. Und sie sind zwischen 25 und 35, wenn der Entscheid fürs erste Kind am häufigsten gefällt wird, vor allem mit der eigenen Karriere beschäftigt.
Was aber ist zu tun, wenn Sie nicht einig sind mit Ihrem Partner oder Ihrer Partnerin?

> **Sprechen Sie darüber** – aber mit Regeln: Jeder hat gleich viel Redezeit. Legen Sie Gesprächsfenster fest, statt bei jeder Gelegenheit ein paar Sätze zu verlieren. Der andere wird nie entwertet («Tu doch nicht so emotional»). Drohungen sind tabu («Wenn du nicht mitmachst, sehe ich keine Zukunft für uns»).

> **Gehen Sie gemeinsam** in eine Paarberatung. Hier werden die richtigen Fragen gestellt, damit Sie die Gefühle und

Argumente Ihres Partners, Ihrer Partnerin besser verstehen und einordnen können.

> **Fragen Sie Bekannte,** die einen Geburtsvorbereitungskurs besuchen, ob Sie einmal mitkommen dürfen (selbstverständlich nur mit dem Einverständnis der Kursleiterin und der Teilnehmenden). Im Gespräch mit den angehenden Eltern können Sie herausfinden, ob es bei diesen auch Phasen der Uneinigkeit gab und wie sie damit umgingen.

> **Für Männer:** Suchen Sie das Gespräch mit Kollegen. Darunter hat es mit Sicherheit einige, die ebenfalls lange unschlüssig waren – und heute überzeugte Väter und Familienmenschen sind.

Wenn dies alles nichts bringt und der Kinderwunsch bei einer Seite sehr gross ist, müssen Sie allenfalls auch eine Trennung ins Auge fassen. Auf keinen Fall sollte die Frau einfach schwanger werden und davon ausgehen, der Mann werde sich dann schon damit zurechtfinden. Schlimmstenfalls kommt sogar der Verdacht auf, das Kind sei von einem anderen.

Die Fruchtbarkeit von Frau und Mann

Wie immer Sie zum Entscheid kommen, Ihren Kinderwunsch zu erfüllen: Er sollte nicht zu spät fallen. Denn die natürliche Fruchtbarkeit der Frau sinkt mit steigendem Alter markant. Von 100 Frauen zwischen 20 und 24 werden ohne Empfängnisverhütung und bei regelmässigem Geschlechtsverkehr 86 innerhalb eines Jahres schwanger. Von 100 Frauen zwischen 35 und 39 sind es nur noch 52. Die sinkende Fruchtbarkeit ist ein natürlicher Vorgang, da die Funktionsfähigkeit der Eierstöcke nachlässt und die Qualität der Eizellen abnimmt. Gleichwohl nimmt das Alter der «Jungmütter» - wie auch der Väter - laufend zu: In den letzten 30 Jahren ist in der Schweiz das Durchschnittsalter der Erstgebärenden von gut 27 auf 31 Jahre angestiegen.

Bei Männern spielt das Alter für die Fruchtbarkeit eine weniger grosse Rolle: Die Hoden produzieren bis zum Tod Spermien. Doch die Spermienzahl pro Samenerguss hat sich - unabhängig vom Alter - im Lauf der vergangenen 50 Jahre halbiert. Und die Qualität des Spermas ist wegen Umweltbelastungen, Stress und schlechter Ernährung am Abnehmen. Das bedeutet: Auch beim Mann lässt die Fruchtbarkeit laufend nach.

Früher überwog die Meinung, ungewollte Kinderlosigkeit sei immer die «Schuld» der Frau. Heute weiss man, dass die Ursachen bei Männern und Frauen fast gleich häufig auftreten. In etwa 30 Prozent der Fälle liegen sie ausschliesslich bei der Frau, in weiteren 30 Prozent ausschliesslich beim Mann und in nochmals 30 Prozent bei beiden. Bei den restlichen Paaren mit unerfülltem Kinderwunsch lässt sich trotz intensiver medizinischer Abklärungen keine Ursache für die Unfruchtbarkeit finden.

Methoden der natürlichen Familienplanung

Sie beide wünschen sich ein Kind, Sie haben ausgiebig über Ihre Vorstellungen gesprochen, Sie empfinden tiefe Liebe füreinander. Und jetzt? Jetzt können Sie sich nach Lust und Laune dem Geschlechtsverkehr hingeben. Parallel dazu sollten Sie sich allerdings mit den Methoden der natürlichen Familienplanung (NFP) beschäftigen. Denn damit lassen sich die fruchtbaren Tage mehr oder weniger zuverlässig ermitteln. Und das ist nicht nur für die Verhütung interessant, für die die meisten Methoden entwickelt wurden, sondern genauso für die Empfängnis eines Kindes.

Der richtige Zeitpunkt

Am höchsten ist die Chance einer Befruchtung kurz vor und nach dem Eisprung. Davor, weil die Spermien in der Regel drei bis fünf Tage im weiblichen Geschlechtstrakt überleben können. Danach, weil die Eizelle nach dem Eisprung 12 bis 24 Stunden befruchtbar ist. Diese fruchtbaren Tage können Sie mit verschiedenen Methoden bestimmen - hier diejenigen, die bei einem Kinderwunsch im Vordergrund stehen:

VOR- UND NACHTEILE DER NATÜRLICHEN FAMILIENPLANUNG

VORTEILE

- Preiswert, frei von Nebenwirkungen, jederzeit und überall anwendbar
- Sehr sicher, wenn die Regeln richtig angewendet werden
- Eröffnet das Verständnis und fördert das Wissen über die Fruchtbarkeitsvorgänge im weiblichen wie im männlichen Körper
- Fördert das Bewusstsein für die gemeinsame, partnerschaftliche Verantwortung für die Fruchtbarkeit

NACHTEILE

- Muss erlernt werden (mindestens drei Zyklen für die Lern- und Erprobungsphase)
- Der Zyklus und die gemeinsame Fruchtbarkeit geben den Takt an.
- Gelegentlich wirken sich Stress, Erkrankungen und ungesunde Lebensweise ungünstig auf die Zyklusbeobachtung aus.

- **Basaltemperaturmethode**
- **Zervixschleimbeobachtung**
- **Symptothermale Methode** (Rötzer-Methode)
- **Mikrocomputer** zur Bestimmung der fruchtbaren Tag
- **Kalendermethode** (Knaus-Ogino-Methode)

Detaillierte Informationen zu den einzelnen Methoden finden Sie im Internet; geben Sie in einer Suchmaschine einfach «Natürliche Familienplanung» ein. Dabei werden Sie auf eine Reihe weiterer Hilfsmittel stossen, zum Beispiel Fruchtbarkeitskalender.

Am meisten Spass macht die Suche zu zweit. Und wenn Sie das Gefundene auch gemeinsam sichten, verbindet das zusätzlich.

Methoden der künstlichen Befruchtung

Der gemeinsame Kinderwunsch, die verbindende Liebe und eine erfüllte Sexualität sind beste Voraussetzungen, damit Eizelle und Spermium auf natürlichem Weg verschmelzen. Und doch geht der Kinderwunsch für etliche Paare nicht in Erfüllung. Wie viele es sind, lässt sich kaum sagen. Denn die Zahlen, die genannt werden, sind stark geprägt

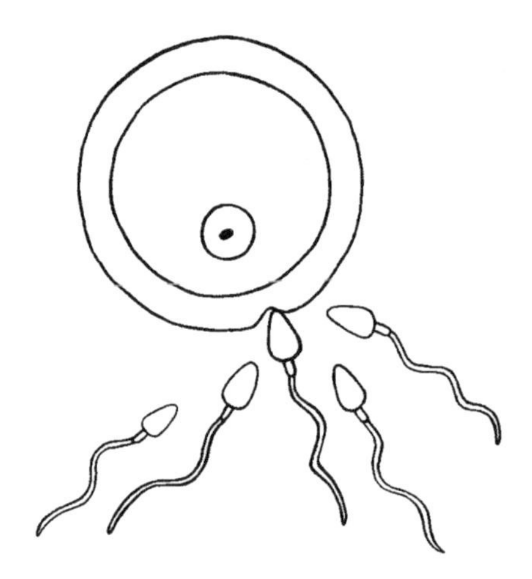

von den Interessen der Reproduktionsmedizin (Kliniken, Ärzte). Das beginnt schon mit der Definition der «ungewollten Kinderlosigkeit»: Weniger interessengebundene Ärztinnen und Ärzte sprechen erst von «ungewollt kinderlos», wenn eine Frau nach zwei Jahren mit regelmässigem Geschlechtsverkehr nicht schwanger ist. Die Reproduktionsmediziner hingegen stellen die Diagnose schon nach einem Jahr.

Der Entscheid für oder gegen die Nutzung der Reproduktionsmedizin will gut bedacht sein. Denn die Erfolgsaussichten sind mässig und die Kosten hoch; ebenso hoch sind die psychischen und physischen Belastungen. Deshalb gilt:

> **Wenn «es» nicht klappt,** sollten Sie als Erstes Ihren Lebensstil überprüfen. Hatten Sie in den letzten Monaten eine ausserordentliche Stressphase? Sind Sie zu stark auf den Kinderwunsch fixiert? Kommen regelmässig Zweifel auf, ob Sie tatsächlich Mutter oder Vater werden möchten?

> **Sprechen Sie** mit Ihrem Partner, Ihrer Partnerin nochmals eingehend über den Kinderwunsch. Gehen Sie allenfalls in eine psychologische Beratung.

> **Suchen Sie Leute,** die sich in einer ähnlichen Situation befanden. Sprechen Sie mit ihnen darüber, wie sie vorgegangen sind und welche Lösungen sie gefunden haben.

> **Diskutieren Sie** mit Ihrem Partner, Ihrer Partnerin, ob sich der Kinderwunsch auch mit einer Adoption, einem Pflegekind oder einer Patenschaft erfüllen liesse (siehe Seite 64).

Nach solchen Gesprächen und Gedankengängen werden Sie viel besser einschätzen können, wie wichtig Ihnen das eigene Kind ist – und ob Sie die nachfolgend genannten Methoden zur künstlichen Befruchtung nutzen wollen. Damit Sie dafür überhaupt in Frage kommen, müssen Sie als Paar in der Regel zwei Voraussetzungen erfüllen: Sie und Ihr Partner, Ihre Partnerin müssen verheiratet sein, und die Kinderlosigkeit darf sich nicht mit anderen Massnahmen beheben lassen.

Hormonbehandlung der Frau

Hormone werden einerseits verabreicht, um einen unregelmässigen Zyklus zu stabilisieren. Andererseits sollen sie die Reifung der Eizellen unterstützen und den Eisprung auslösen. Die Behandlung beginnt üblicherweise am dritten Tag der Monatsblutung. Meist werden die Hormone in die Bauchdecke gespritzt. Anschliessend kann es zur Befruchtung kommen – durch Geschlechtsverkehr oder manuelle Übertragung des Samens (Insemination). Stellt sich nach vier bis sechs Zyklen kein Erfolg ein, wird meist der nächste Schritt in der Sterilitätsbehandlung begonnen, die In-vitro-Fertilisation (IVF).

Samenübertragung (Insemination)

Diese Methode wird vor allem dann angewandt, wenn die Zahl der Spermien zu tief und ihre Beweglichkeit eingeschränkt ist. Dabei werden die Spermien speziell aufbereitet und zum Zeitpunkt des Eisprungs mit einem Katheter in die Gebärmutter oder den Eileiter übertragen. Auch bei ungünstigen Verhältnissen im Gebärmutterhals kann mit einer Insemination der Weg zur Eizelle verkürzt, Hindernisse können umgangen werden. Da die Erfolgschance pro Zyklus zwischen 5 und 15 Prozent schwankt, sind drei bis vier Wiederholungen sinnvoll.

WAS ZAHLT DIE KRANKENKASSE?

Ob die Krankenkassen die Behandlungen bei Unfruchtbarkeit übernehmen sollen, wird so heftig diskutiert wie kaum etwas in der Grundversicherung. Denn in letzter Konsequenz geht es um die Frage: Muss die Gemeinschaft der Krankenversicherten für den unerfüllten Kinderwunsch von einzelnen Paaren aufkommen? Heute deckt die Grundversicherung folgende Leistungen zur Behandlung von Unfruchtbarkeit:

- Diagnostische Massnahmen bei Mann und Frau
- Hormonbehandlung der Frau: In der Regel sind die Untersuchungen und Medikamente für ein Jahr bezahlt.
- Insemination: Bezahlt sind höchstens drei Behandlungszyklen pro Schwangerschaft. Der Samen muss vom Lebenspartner stammen.

Sterilitätsabklärungen und -behandlungen bei Frauen, die älter als 40 sind, muss die Grundversicherung nicht übernehmen. Ebenfalls keine Pflichtleistung ist die In-vitro-Fertilisation.

In-vitro-Fertilisation (IVF)

Bei der künstlichen Befruchtung ausserhalb der Gebärmutter werden Ei- und Samenzelle in einer Glasschale (lateinisch: *in vitro*) zusammengebracht und wenige Stunden nach der Befruchtung mit einem Katheter zurück in die Gebärmutter gegeben. Befruchtete Eizellen, die überzählig sind, können gefroren und für weitere Zyklen verwendet werden. Die Angaben zu den Erfolgsraten der IVF gehen weit auseinander; es ist davon auszugehen, dass maximal die Hälfte aller Paare, die sich darauf einlassen, auf diesem Weg zu einem Kind kommen - und auch dies erst nach mehreren Versuchen.

Braucht ein Kind Geschwister?

Was war in den letzten Jahrzehnten nicht alles zu lesen und zu hören über das Wesen von Einzelkindern: egoistisch, verwöhnt, asozial. Mittlerweile haben fast 40 Prozent aller Familien nur ein Kind. Und die Wissenschaft hat reichlich Belege geliefert, dass die meisten Vorurteile gegenüber Einzelkindern unbegründet sind. Das bedeutet: Sie brauchen sich keine Sorgen zu machen, wenn Ihre Familienplanung nur ein Kind vorsieht. Andererseits ist ebenso belegt, dass Eltern von Einzelkindern dazu neigen, übervorsorglich und damit einschränkend zu sein.
Oft ist die Zahl der Kinder auch schlicht und einfach eine Geldfrage. Ein zweites oder drittes Kind zu haben, kann den Alltag zusätzlich bereichern. Doch wenn das Geld knapp wird, ist der Stress rasch grösser als die Freude. Deshalb sollten Sie sich ähnliche Gedanken machen wie vor dem ersten Kind: Weshalb wollen wir ein weiteres Kind? Verlangt ein weiteres Kind nach grösseren Umstellungen, zum Beispiel mehr Erwerbstätigkeit oder mehr Wohnraum? Sind wir bereit, zugunsten eines nächsten Kindes auf das eine oder andere zu verzichten, beispielsweise auf ein teures Hobby?

Den idealen Altersabstand gibt es nicht

Genauso, wie es keine ideale Kinderzahl gibt, gibt es auch keinen idealen Altersabstand. Kommen die Kinder sehr dicht hintereinander zur Welt, stellt das Ihre Belastbarkeit als Eltern in den ersten Jahren auf eine harte Probe. Andererseits fangen die Kinder bald an, sich als echte Spielgefährten zu entdecken; das bedeutet dann eine grosse Entlastung für Sie.
Als problematisch gilt ein Abstand von etwa zwei Jahren, weil das ältere Kind zwischen zwei und drei ohnehin in einer schwierigen Phase steckt (erste Ablösung, Trotzanfälle). Deshalb werden Sie nur sehr begrenzt verlangen können, dass es auf das Baby Rücksicht nimmt. Andererseits ist der Abstand so gering, dass die Kinder viel gemeinsam spielen und erleben werden.
Bei einem Altersabstand von drei und mehr Jahren gibt es offenbar am wenigsten Kon-

flikte. Ihr älteres Kind ist relativ selbständig, hat eigene Freunde und kann auf sein Glas Tee auch mal warten, bis das Baby gewickelt ist. Allerdings dürfte die Bindung der Geschwister nicht so eng werden.

Die meisten Erstgeborenen reagieren mit Eifersucht auf das neue Geschwister. Sie befürchten, das Baby nehme ihnen einen Teil der elterlichen Liebe weg. Eine Hilfe können Geschwisterkurse sein, die einige Spitäler anbieten. Dort lernen Kleinkinder, angeleitet von erfahrenem Fachpersonal, den Umgang mit einem Säugling. Mehr Informationen finden Sie im Internet unter dem Suchbegriff «Geschwisterkurse».

Der Kinderwunsch in Folgefamilien

Je mehr Elternpaare sich trennen oder scheiden lassen, desto mehr Fortsetzungs- oder Folgefamilien entstehen. Das Wort «Patchwork-Familie» ist mittlerweile sogar im Duden zu finden. Ob die Tochter, der Sohn aus der früheren Beziehung mit in der neuen Familie leben oder jeweils bloss zu Besuch kommen, der Wunsch, das bunte Patchwork mit einem gemeinsamen Kind zu ergänzen, liegt nicht fern.

Doch dieser Wunsch will besonders gut bedacht sein, besonders des Geldes wegen: Hat der Mann bereits Kinder aus einer früheren Ehe – was die Regel ist –, bestehen meist beträchtliche Alimentenverpflichtungen. Oft muss dann die neue Partnerin ein hohes Teilzeitpensum bewältigen oder sogar Vollzeit arbeiten, damit das Haushaltsbudget im Lot bleibt. Daneben gibt es weitere Konfliktherde im Alltag, zum Beispiel die Besuchszeiten und Ferien der Kinder aus erster Ehe. Konflikte können auch entstehen, wenn die Kinder der Frau aus einer früheren Beziehung mit im gleichen Haushalt leben. Wie werden sie auf ein neues Geschwister reagieren, das das «richtige» Kind des Stiefvaters ist?

Dies alles sind keine hinreichenden Gründe gegen gemeinsame Kinder in einer Folgefamilie. Doch ist es ratsam, im Voraus das Für und Wider sorgfältig abzuwägen. Reden Sie ausgiebig über den Kinderwunsch, mit Ihrem Partner oder Ihrer Partnerin, aber auch mit anderen Menschen in ähnlichen Situationen.

Hilfreiche Bücher zum Thema: Doris Früh, «Im Schatten der Ersten. Partnerschaft mit einem geschiedenen Mann», Kösel-Verlag, und Adrian Urban, «Liebe mit Anhang. Wenn der Partner Kinder hat», Ariston Verlag.

2.3 Es braucht nicht das eigene Kind zu sein

> Walter Noser

Sie und Ihr Partner, Ihre Partnerin können kein Kind bekommen. Oder Sie haben sich bewusst gegen eigenen Nachwuchs entschieden. Wenn Sie trotzdem einem Mädchen oder Buben ein Daheim geben möchten – es gibt Möglichkeiten dazu.

Schätzungen gehen davon aus, dass jedes sechste Paar ungewollt kinderlos ist. Zählt man die gleichgeschlechtlichen Paare dazu, dann sind es noch viel mehr. Doch während gleichgeschlechtlichen Paaren dieser Weg gesetzlich verwehrt ist, können Mann und Frau ihren Kinderwunsch mit einer Adoption verwirklichen. Eine weitere Möglichkeit ist es, einem Pflegekind ein Zuhause zu bieten – sei es als Vollzeit-Eltern für Monate oder Jahre oder nur für einige Stunden und Tage pro Woche.

Wenn Sie ein Kind adoptieren wollen, wird es in der Regel zuerst ein Jahr lang als Pflegekind in Ihrem Haushalt leben. In dieser Zeit werden Sie von der Vormundschaftsbehörde begleitet. Wenn das Pflegeverhältnis gut verläuft, ist der Weg zur eigentlichen Adoption frei.

Leben mit adoptierten Kindern

Das Gesetz macht keinen Unterschied, ob Ihr Sohn, Ihre Tochter adoptiert wurde oder ein leibliches Kind ist. Die Adoptiveltern sind sorgeberechtigt, ihre Verwandtschaft wird zur Verwandtschaft des Kindes, das Kind ist erbberechtigt, trägt den Namen der Adoptiveltern und diese kommen für seinen Unterhalt allein auf – genau wie leibliche Eltern auch. Doch die psychische Realität ist nicht identisch mit der rechtlichen Situation. Adoptierte haben nämlich vier Elternteile: zwei leibliche und zwei Adoptiveltern. Zumindest genetisch leben im Adoptivkind die leiblichen Eltern weiter. Und irgendwann wollen fast alle Adoptierten ihre Herkunftseltern sehen.

Fast immer ist eine Adoption zweite Wahl. Lieber hätte man ein eigenes Kind. Daran ist nichts Schlechtes zu sehen. Wer ein Kind haben möchte, träumt meist davon, dass ein Teil von ihm selbst und ein Teil des Partners vereinigt wird und daraus ein neuer Mensch entsteht, der wiederum ein Teil von einem selbst ist. Es ist mit viel Schmerzen, Trauer und Tränen verbunden, wenn dies nicht möglich ist. Doch wenn Sie diese Gefühle zulassen, kann die ursprüngliche zweite Wahl für Sie zur ersten werden und Sie können sich auf ein Adoptivkind freuen wie auf ein eigenes.

ALLEIN ODER GEMEINSAM ADOPTIEREN

Gemeinschaftliche Adoption

Sind Sie verheiratet, können Sie nur zusammen mit Ihrem Mann oder Ihrer Frau adoptieren.

> Sie müssen 5 Jahre verheiratet oder beide 35 Jahre alt sein.
> Sie müssen mindestens 16 Jahre älter als das Kind sein.

Einzeladoption

Auch unverheiratete Personen können adoptieren. Sie müssen mindestens 35 Jahre alt und mindestens 16 Jahre älter als das Kind sein.

Adoptivkinder sind wie andere Kinder auch

Kann man ein Adoptivkind lieben wie ein eigenes Kind? Selbstverständlich! Adoptivkinder sind ja eigene Kinder - wenn auch nicht genetisch. Die Liebe kümmert sich um andere Dinge als um Blutsverwandtschaften. Sonst könnte eine Stiefmutter ihren Stiefsohn nicht lieben oder ein Vater, der nur meint, er sei Vater, könnte nichts für seine Tochter empfinden. Und es ist keineswegs so, dass nur bei einer natürlichen Geburt die Liebe zum Kind entsteht. Adoptivkinder werden nicht weniger geliebt als leibliche Kinder. Adoptiveltern können oder wollen keine leiblichen Kinder bekommen, aber auf ihre Liebesfähigkeit hat diese biologische Tatsache keinen Einfluss.

So läuft eine Adoption ab

Eine Adoption kann sich über Monate, wenn nicht sogar Jahre hinwegziehen. Möchten Sie ein Kind adoptieren, schlagen Sie das Telefonbuch auf oder suchen im Internet nach einer anerkannten Vermittlungsstelle. Vor diesem ersten Schritt sollten Sie sich aber viele Fragen überlegen, denn zu all diesen Fragen werden Sie im Lauf des Adoptionsverfahrens Auskunft geben müssen:

> **Warum will ich,** wollen wir ein Kind? Kann ich mir ein Leben ohne Kind vorstellen?
> **Weshalb können** oder wollen wir keine leiblichen Kinder bekommen?
> **Was wird ein Kind** an der Beziehung zum Partner ändern? Was bedeutet ein Kind für meine Partnerschaft? Was bedeutet es für mein Selbstwertgefühl?

> **Was für ein Kind** soll adoptiert werden (Alter, Geschlecht, Herkunft, Temperament, Interessen)?
> **Bin ich in der Lage,** ein adoptiertes Kind wie ein leibliches anzunehmen und in seiner Entwicklung zu fördern und zu unterstützen?
> **Bieten wir** mit unserer persönlichen, gesundheitlichen, familiären und sozialen Situation Gewähr für eine langfristig gute Betreuung? Können wir für Unterhalt und Ausbildung des Kindes aufkommen? Wo liegen unsere Stärken und Schwächen in der Kindererziehung?
> **Bin ich mir bewusst,** dass eine Adoption von Gesetzes wegen im Interesse des Kindes liegen muss?

Wenn Sie sich für eine Adoption interessieren, erhalten Sie alle Informationen bei der Schweizerischen Fachstelle für Adoption (www.adoption.ch). Anerkannte Vermittlungsstellen für internationale Adoptionen finden Sie unter www.adoption.admin.ch.

Nur über eine anerkannte Vermittlungsstelle

Wenn Sie ohne die erforderlichen behördlichen Bewilligungen ein Kind aus dem Ausland zu sich in die Schweiz nehmen, um es später zu adoptieren, machen Sie sich strafbar. Sie verstossen gegen das «Bundesgesetz zum Haager Adoptionsübereinkommen und über Massnahmen zum Schutze des Kindes». Sie riskieren, dass Ihnen das Kind weggenommen und auf Ihre Kosten fremdplatziert wird.

Aber nicht nur deswegen sollten Sie die Finger von wilden Adoptionen lassen. Wer auf eigene Faust – etwa via Internet oder mit der Hilfe dubioser Vermittlungsstellen – zu einem Kind kommen will, unterstützt eines der widerwärtigsten Geschäfte: Kinderhandel! Wenden Sie sich also unbedingt an eine anerkannte, legale Vermittlungsstelle.

Leben mit Pflegekindern

Pflegeeltern sind Eltern auf Zeit, die ein Kind entweder ganz oder nur für einige Stunden am Tag oder in der Woche betreuen. Die Betreuung kann sich über einige Wochen erstrecken, kann aber auch Monate oder Jahre dauern. Wie lange das Kind bei Pflegeeltern lebt, bestimmen die Behörden oder in Einzelfällen die sorgeberechtigten Eltern. Hat ein Kind über längere Zeit bei Pflegeeltern gelebt, kann die Behörde den leiblichen Eltern die Rücknahme untersagen.

Möchten Sie ein Pflegekind aufnehmen, sollten Sie sich über Ihre Beweggründe im Klaren sein. Warum wollen Sie einen Pflegeplatz anbieten? Nach Ihrer Motivation werden Sie von der Behörde genauso befragt wie nach Ihren pädagogischen Fähigkeiten und Ihrer familiären Situation.

> **Möchten Sie einem Kind** seine eigenen Eltern ersetzen oder möchten Sie die Erziehungsverantwortung mit diesen teilen?
> **Geht es Ihnen** vor allem um die Lösung bestimmter Schwierigkeiten des Kindes?
> **Soll das Pflegekind** vielleicht Ihre eigenen familiären Probleme beheben?

Ohne behördliches Zutun geht eine Pflegekinderplatzierung nicht, denn wie sie zustande kommt, ist gesetzlich geregelt. Die Behörde muss genau Bescheid wissen über die Pflegeeltern. Es geht nämlich nicht darum, dass jemand ein Pflegekind bekommt, sondern, dass ein Kind in einer geeigneten Familie oder bei einer geeigneten alleinerziehenden Person leben kann. Eine Bewilligung darf nur erteilt werden, wenn die Pflegeeltern aufgrund ihrer Persönlichkeit, Gesundheit und erzieherischen Eignung Gewähr für eine gute Pflege, Erziehung und Ausbildung bieten. Auch während des Pflegeverhältnisses haben Pflegeeltern einen Ansprechpartner bei der Behörde, der bei Problemen Unterstützung bietet und sich periodisch davon überzeugt, dass alles gut läuft.

Pflegeeltern sind in ihrer Erziehungsfreiheit eingeschränkt

Pflegekinder wachsen mit zwei Familien auf; sie leben in der Pflegefamilie und haben in der Regel auch Kontakt zu den leiblichen Eltern. Für das gute Gelingen einer Platzierung ist die Zusammenarbeit aller Beteiligten sehr wichtig: Kind, Herkunftsfamilie, Pflegefamilie und Behörde oder Sozialdienst.
Frei entscheiden können Sie als Pflegeeltern in allen alltäglichen Angelegenheiten: wann das Kind ins Bett soll, ob und wann es Freunde besuchen darf, wohin es in die Ferien geht, ob bei Grippe ein Arzt aufgesucht werden muss, wie die Freizeit gestaltet wird. Bei nicht alltäglichen Angelegenheiten haben die gesetzlichen Vertreter – die leiblichen Eltern oder ein Vormund – das Sagen. Diese

entscheiden über die religiöse Erziehung, die Anmeldung an eine bestimmte Schule, längere Auslandaufenthalte, Operationen und Ähnliches.

Pflegekinder brauchen besondere Zuwendung

Pflegekinder kommen oft aus belasteten Familien. Sie blicken zurück auf Krisen, auf finanzielle Not, Krankheiten, schlechte Wohnverhältnisse, seelische Erkrankungen, Suchtprobleme, Misshandlungen, Überforderung in der Haushaltsführung, die trotz der Hilfsangebote der Vormundschaftsbehörde nicht behoben werden konnten. Kinder aus solchen Verhältnissen sind oft verunsichert und sehr misstrauisch. In der Pflegefamilie brauchen sie deshalb Zuwendung und Verständnis von belastbaren Menschen, die keinen Helfertick haben, sondern bereit sind, sie ein Stück auf dem Lebensweg zu begleiten.

Interessieren Sie sich für ein Pflegekind, wenden Sie sich am besten an Ihre Gemeindeverwaltung. Sie wird Sie an die zuständige Stelle weiterleiten. Die Pflegekinderaktion Schweiz unterstützt Pflegeeltern bei ihrer anspruchsvollen Aufgabe mit Informationen, Merkblättern und Kursen (www.pflegekinder.ch).

Links und Adressen

www.adoption.ch
Schweizerische Fachstelle für Adoption
Hofwiesenstrasse 3
8042 Zürich
Tel. 044 360 80 90

www.adoption.admin.ch
Bundesamt für Justiz
Dienst für internationalen Kindesschutz
Bundesrain 20
3003 Bern
Tel. 031 323 88 64
Internationale Adoptionen

www.pflegekinder.ch
Pflegekinderaktion Schweiz
Bederstrasse 105a
8002 Zürich
Tel. 044 205 50 40
Informationen für Pflegeeltern

3. Verliebt, verlobt, verheiratet

Sie kennen und lieben sich, leben vielleicht schon einige Zeit zusammen und wollen Ihr Zusammensein jetzt mit dem Bund der Ehe besiegeln.
Sie freuen sich aufs Hochzeitsfest. Und Sie fragen sich: Was bedeutet Verheiratetsein eigentlich in rechtlicher Hinsicht?

3.1 Vom Konkubinat zur Ehe – was ändert mit der Heirat?

> **Katja Rauch**

Wenn Sie schon zusammenleben, ändert sich im Alltag wenig. Aber rechtlich hat die Heirat einige Konsequenzen: Etwa, dass Sie einander nun Auskunft über Ihre finanziellen Angelegenheiten schulden. Oder dass Sie nicht mehr allein über die Wohnung verfügen können.

Heiraten oder nicht? Das ist zuerst ein Gefühlsentscheid. Empfinden Sie die Ehe als ein Besiegeln Ihrer Gemeinsamkeit, als noch deutlicheres Ja zueinander? Ist es Ihnen wichtig, Ihren Bund auch rechtlich - und kirchlich - zu bestätigen? Dann werden Sie beim Zivilstandsamt vorbeigehen und Ihr Eheversprechen anmelden. Vielleicht aber möchten Sie zuerst nochmals überprüfen, was in rechtlicher Hinsicht ändert, wenn Sie sich für die Ehe entscheiden.

Dieses Kapitel gibt Antwort auf Fragen, die sich jungen Paaren zu Beginn ihrer Ehe stellen. Möchten Sie ausführlichere Informationen über den rechtlichen Hintergrund einer Ehe, finden Sie diese im Beobachter-Ratgeber «Eherecht. Was Paare heute wissen müssen».
(www.beobachter.ch/buchshop)

Vor- und Nachteile im Konkubinat

Sie verdienen beide gut und wollen nicht mehr Steuern bezahlen? Dann sollten Sie möglicherweise mit dem Heiraten noch zuwarten. Sie möchten sich und Ihren Partner, Ihre Partnerin rechtlich und finanziell besser absichern? Dann spricht viel für den Trauschein - besonders, wenn Sie Kinder haben oder planen und deshalb jemand von Ihnen Teilzeit arbeiten oder die Berufstätigkeit für eine Weile ganz aufgeben will. Die folgenden Abschnitte helfen Ihnen, das Für und Wider abzuwägen.

Gegenseitige Unterstützung

Das Gesetz sagt zum Konkubinat herzlich wenig. Natürlich werden Sie einander emotional beistehen, wenn Ihr Partner, Ihre Partnerin das braucht. Was hätten Sie sonst für eine Beziehung? Vielleicht werden Sie sich gegenseitig auch finanziell unterstützen, wenn Not am Mann oder der Frau ist. Gesetzlich verpflichtet sind Konkubinatspartner nicht dazu.

Was gilt bei einer Trennung?

Falls Sie jemals genug haben sollten voneinander, ist es ganz allein Ihre Sache, wie Sie Ihr Konkubinat auflösen. Sie brauchen dazu weder Richterin noch Anwalt. Aber gerade das kann heikel sein. Selbst wenn zum Beispiel die Frau jahrelang den Haushalt besorgt hat und ihr eigenes Einkommen nicht zum Leben reicht, schuldet ihr der Partner gesetzlich gesehen nichts.
Auch im Alter können nach einer Trennung empfindliche Lücken drohen: Anders als nach einer Ehe werden nach einem Konkubinat die AHV-Beiträge und Pensionskassenguthaben beider Seiten nicht geteilt. Die Seite mit dem tieferen Einkommen - oder sogar mit gar keinem - ist dann massiv benachteiligt.

Im Konkubinatsvertrag können Sie Unterhaltszahlungen nach einer Trennung im Voraus regeln. Und mit einem Arbeitsvertrag für die Partnerin, die die Kinderbetreuung und Haushaltsarbeit übernimmt, sorgen Sie für Gerechtigkeit auch bei der Altersvorsorge (mehr dazu auf Seite 22).

Steuern

Der Partner und die Partnerin zahlen je ihre Steuern für sich allein. Anders als in der Ehe werden ihre Einkommen nicht zusammengezählt. So bleibt die Progressionsstufe und damit der Steuersatz niedriger. Möglicherweise wird sich dies jedoch bald ändern: Es gibt gegenwärtig einige politische Vorstösse, die die steuerlich ungleiche Behandlung von Ehe- und Konkubinatspaaren beseitigen wollen.

Was gilt im Todesfall?

Stirbt ein Konkubinatspartner, erbt seine Lebensgefährtin von Gesetzes wegen nichts - und umgekehrt. Mit einem Testament können Sie Ihren Partner zwar als Erbe einsetzen. Doch je nach familiärer Situation können Sie ihm nicht alles vererben: Ihre Kinder aus einer früheren Beziehung oder - wenn Sie keine Kinder haben - Ihre Eltern erhalten zwingend den Pflichtteil. Für Kinder bedeutet das drei Viertel Ihres Nachlasses, für Eltern die Hälfte. Zudem müssen Konkubinatspartner in vielen Kantonen hohe Erbschaftssteuern zahlen (in der Regel rund 40 Prozent).
Doch nicht nur das: Bei der Witwen- oder Witwerrente der AHV gehen Konkubinatspartner leer aus. Und auch in der beruflichen Vorsorge gibt es keine automatischen Renten für langjährige Lebensgefährten. Verschiedene

Pensionskassen sehen immerhin die Möglichkeit einer Begünstigung des Konkubinatspartners vor; dazu verpflichtet sind sie aber nicht (mehr dazu auf Seite 285).

Welche Möglichkeiten bei Ihrer Pensionskasse bestehen, erfahren Sie aus dem Reglement. Oder Sie können bei der Pensionskasse direkt nachfragen.

Wenn Kinder auf die Welt kommen

Sind die Eltern nicht verheiratet, verlangt die Vormundschaftsbehörde in der Regel einen Unterhaltsvertrag für das Kind. Darin wird festgehalten, wie viel der Vater während des Zusammenlebens und bei einer allfälligen Trennung für sein Kind bezahlt.

Wenn Sie als Eltern nichts unternehmen, liegt das Sorgerecht für das Kind laut Gesetz allein bei der Mutter. Das bedeutet: Wenn wichtige Entscheidungen anstehen - ein Schulwechsel, die Unterschrift unter den Lehrvertrag, eine Wahloperation, eine grössere Zahnkorrektur -, muss der Vater zwar informiert und angehört werden, aber mitentscheiden darf er nicht. Nicht einmal dann, wenn er das Kind häufiger betreut als die Mutter. Stirbt die Mutter, klärt die Vormundschaftsbehörde ab, ob das Kind einen Vormund erhält oder ob dem Vater die elterliche Sorge übertragen werden kann.

Das lässt sich aber auch im Konkubinat ändern: Mutter und Vater können bei der Vormundschaftsbehörde das gemeinsame Sorgerecht beantragen (mehr dazu in Kapitel 4, Seite 129).

Auskunft von Ärzten und im Spital

Ärztinnen und Ärzte sind an die Schweigepflicht gebunden. Sie geben nur nahen Angehörigen Auskunft, wenn ein Patient nicht mehr ansprechbar ist und über die weitere Behandlung entschieden werden muss. Ob Konkubinatspartnerinnen und Lebensgefährten als nahe Angehörige gelten, ist in den kantonalen Patientengesetzen geregelt. Vielerorts erhalten Konkubinatspartner heute Auskunft. Wirklich sicher sein können Sie jedoch nur mit einer schriftlichen Patientenverfügung, in der Sie die behandelnden Ärzte von der Schweigepflicht gegenüber Ihrem Partner, Ihrer Partnerin entbinden.

Alimente von einem Exmann

Wenn Sie von Ihrem früheren Ehemann - oder Ihrer Exfrau - Unterhaltsbeiträge für sich selbst erhalten, fahren Sie möglicherweise im Konkubinat besser. Wenn Sie wieder heiraten, erlischt nämlich Ihr Anspruch darauf.

Allerdings kann das auch passieren, wenn Sie schon länger im Konkubinat leben und dieses «eheähnlich» wird. Dann kann Ihr

	Vorteile im Konkubinat	Nachteile im Konkubinat
Trennung	> Normalerweise schnell, unkompliziert und gebührenfrei	> Bei Uneinigkeit und ohne Konkubinatsvertrag oft teurer und komplizierter als die Trennung von Verheirateten > Eine Seite kann leicht den Kürzeren ziehen.
Steuern	> In der Regel tiefer, wenn beide Partner berufstätig sind	
Absicherung im Todesfall	> **Erbschaft:** Je nachdem können Sie es auch als Vorteil sehen, dass Sie beim Erstellen des Testaments freier sind als in der Ehe. Konkubinatspartner sind keine pflichtteilsgeschützten Erben.	> **Erbschaft:** nur mit Testament und nur die verfügbare Quote; in der Regel zudem hohe Erbschaftssteuern > **AHV:** keine Witwen- oder Witwerrente > **Pensionskasse:** keine Witwen- oder Witwerrente; Begünstigung nur, wenn es das Reglement vorsieht
Kinder		> Nur mit einem Antrag auf gemeinsame elterliche Sorge erhalten Vater und Mutter die gleichen Rechte und Pflichten. > In der Regel wird vom Vater ein Unterhaltsvertrag für das Kind verlangt.
Spital/Arzt		> Auskünfte an den Partner, die Partnerin je nach Kanton nur mit schriftlicher Patientenverfügung
Ehegattenalimente aus früherer Ehe	> Fallen bei neuer Heirat weg; im Konkubinat erst, wenn es als «eheähnlich» eingestuft wird	

früherer Ehemann eine Klage einreichen und die Sistierung, Herabsetzung oder Streichung der Alimente verlangen. Aber wann ist ein Konkubinat «eheähnlich»? Noch unter altem Recht hat das Bundesgericht befunden, das sei nach fünf Jahren der Fall und rechtfertige eine Streichung der Alimente.

Die Unterhaltsbeiträge für Ihre Kinder aus der ersten Ehe bleiben weiterhin geschuldet, auch wenn Ihr Konkubinat als eheähnlich eingestuft wird. Das gilt im Übrigen auch, wenn Sie heiraten.

Heute können Alimente auch sistiert, das heisst vorübergehend aufgehoben werden. Dies kann schon nach drei Jahren Zusammenleben passieren oder sogar noch früher, wenn ein Konkubinatspaar gemeinsame Kinder hat oder zusammen ein Eigentheim erwirbt. Auch enthalten viele Scheidungsvereinbarungen eine sogenannte Konkubinatsklausel, die sagt, wann und unter welchen Umständen Alimente wie abgeändert werden können. Generell sehen die Gerichte heute bei einer Neubeurteilung der Alimente das Konkubinat vermehrt als «Solidargemeinschaft» und neigen dazu, die durch das Zusammenleben eingesparten Kosten schon recht früh zu berücksichtigen.

Eheleute bilden eine Gemeinschaft

Was Sie als Paar sowieso vorhaben, wird Eheleuten auch vom Gesetz vorgeschrieben: Mit der Unterschrift auf dem Standesamt verpflichten sie sich, einander zur Seite zu stehen. Das ist finanziell, aber auch emotional gemeint. Sie sind mitverantwortlich dafür, dass es Ihrem Partner, Ihrer Partnerin gut geht. Mit der Heirat verpflichten Sie sich auch zur Treue, das heisst dazu, keine Beziehungen zu anderen Männern oder Frauen einzugehen, die Ihre Ehe gefährden könnten. Mindestens von der Idee her hält das Recht dies immer noch so, auch wenn zum Glück kein Richter mehr in die Ehebetten schaut: Seit im neuen Scheidungsrecht die Schuldfrage abgeschafft wurde, spielt Untreue als Scheidungsgrund keine Rolle mehr.

Das sagt das Gesetz (Art. 159 des Zivilgesetzbuchs): «Durch die Trauung werden die Ehegatten zur ehelichen Gemeinschaft verbunden. Sie verpflichten sich gegenseitig, das Wohl der Gemeinschaft in einträchtigem Zusammenwirken zu wahren und für die Kinder gemeinsam zu sorgen. Sie schulden einander Treue und Beistand.»

Auch in der Sorge um Ihre Kinder werden - und müssen - Sie zusammenstehen. Das gilt nicht nur für gemeinsame Kinder, Sie sind auch mitverantwortlich für den Sohn oder die Tochter, die Ihr Partner, Ihre Partnerin mit in die Ehe bringt. Das heisst: Sie sollen sich an der Betreuung und Erziehung beteiligen. Und wenn nötig, müssen Sie auch mehr an die gemeinsamen Haushaltskosten beitragen.

Arztgeheimnis und Information

Das Arztgeheimnis gilt auch in der Ehe. Wie gegenüber allen anderen Leuten sind Ärzte, Psychiaterinnen und andere therapeutische Fachpersonen auch gegenüber Ehepartnern verpflichtet, Verschwiegenheit zu wahren. Würden sie den Mann über einen heimlichen Schwangerschaftsabbruch seiner Ehefrau oder über eine Schönheitsoperation informieren, würden sie sich strafbar machen. Gerade deshalb müssen Sie darauf vertrauen können, dass der Partner, die Partnerin Sie selber über eine schwere Krankheit informiert, die sich auf die eheliche Gemeinschaft auswirken könnte. Auch diese Information gehört zur gegenseitigen Treue- und Beistandspflicht. Ganz besonders gilt dies natürlich bei ansteckenden Krankheiten.

Ob mit oder ohne Trauschein: Strafbar macht sich, wer beispielsweise eine HIV-Infektion verschweigt und seine Liebespartnerin wissentlich der Gefahr einer Ansteckung aussetzt.

Finanzielle Unterstützung in der Ehe

Was im Konkubinat ganz auf freiwilliger Basis beruhte, ist jetzt Pflicht: Mit dem Jawort bilden Frau und Mann eine wirtschaftliche Gemeinschaft. Sie sind nun gemeinsam dafür verantwortlich, dass Ihre Haushaltskasse genügend gefüllt ist, dass sie die Rechnungen bezahlen können und dass jedes Familienmitglied genügend Geld für den persönlichen Gebrauch erhält.

Jede Seite soll dazu so viel beitragen, wie sie kann - wer mehr verdient, leistet mehr, wer weniger verdient, weniger. Und wenn Sie ausschliesslich den Haushalt besorgen und die Kinder betreuen, ist Ihr Partner bzw. Ihre Partnerin verpflichtet, Ihnen und der Familie einen angemessenen Unterhalt zu bezahlen. Sofern es die Finanzen erlauben, haben Sie zudem Anspruch auf einen besonderen Betrag zur freien Verfügung, der mehr als bloss ein Taschengeld ist (mehr zu den ehelichen Finanzen und zum Güterrecht ab Seite 100).

Die Auskunftspflicht

Für die meisten Ehepaare ist es eine Selbstverständlichkeit, dass sie sich gegenseitig in die finanziellen Karten gucken lassen und voneinander wissen, was jeden Monat hereinkommt und was auf den Konten liegt.

Dennoch wollte der Gesetzgeber hier ganz sicher gehen: Eheleute sind verpflichtet, einander jederzeit Auskunft darüber zu geben, wie gross ihre Einkünfte und ihr Vermögen sind und ob sie irgendwo Schulden gemacht haben.

Gemeinsame Steuererklärung

Die Steuererklärung ist jedes Jahr wieder eine lästige Pflicht. Bisher haben Sie sie je für sich allein ausgefüllt. Nach der Heirat werden Sie das gemeinsam tun. Immerhin nur noch ein Papier statt zwei; dafür wird es je nach Situation komplizierter - und je nach Kanton auch um einiges teurer. Im Internet-Steuerrechner des kantonalen Steueramts können Sie prüfen, wie viel mehr Sie nach der Heirat bezahlen werden. Wenn das steuerbare Einkommen der Frau zum Beispiel 70 000 Franken beträgt, dasjenige des Mannes 90 000 Franken, sieht das folgendermassen aus:

> **In den Kantonen Aargau und St. Gallen** macht es für die Staats- und Gemeindesteuer praktisch keinen Unterschied, ob die beiden ledig bleiben oder heiraten.
> **In den Kantonen Basel Stadt und Luzern** zahlen Verheiratete bereits rund 1200 bzw. 1300 Franken mehr.
> **Im Kanton Zürich** sind es sogar fast 2300 Franken mehr.

Am Jahresende zu heiraten ist steuertechnisch gesehen ungünstig. Wenn Sie Ihre Hochzeit auf den Anfang des nächsten Jahres verschieben, gilt der tiefere Tarif für Ledige noch ein ganzes Jahr länger.

Auch bei der direkten Bundessteuer ist die «Heiratsstrafe» momentan noch hoch. Ein Paar mit den oben genannten Einkommen liefert dem Bund pro Jahr rund 4500 Franken mehr ab, wenn es heiratet. Bereits hat der Bundesrat allerdings einen konkreten Vorschlag ausgearbeitet, um diese Ungleichbehandlung zu beseitigen.

Bitte wählen: der Familienname

Der eigene Name gehört fast so sehr zur Identität wie das eigene Gesicht. Die ganze Kindheit und Jugend hindurch hat er Sie begleitet. Wenn Sie damit angesprochen werden, hören Sie automatisch hin, und die Unterschrift geht Ihnen leicht von der Hand. Mit der Heirat wird sich Ihr Name nun möglicherweise ändern.

Als gesetzlicher «Normalfall» gilt heute immer noch, dass der Nachname des Mannes zum Familiennamen des Ehepaars und seiner (zukünftigen) Kinder wird. Dies als Normalfall zu behandeln widerspricht allerdings der Gleichberechtigung von Frau und Mann. Deshalb gibt es Bestrebungen, das Namensrecht so zu revidieren, dass der Nachname der Frau in Zukunft ebenso selbstverständlich als Familiennamen gewählt werden kann wie derjenige des Mannes.

Es gibt viele Gründe, dies zu tun: Weil Sie den Namen der Frau einfach schöner finden. Weil es ein seltener, spezieller Name ist, derjenige des Mannes hingegen ein ganz gewöhnlicher. Weil der Name des Mannes zu Spott- und Spitznamen reizt, sodass Ihre Kinder vielleicht gehänselt würden ... Möchten Sie den Frauennamen als Familiennamen wählen, teilen Sie dies bei der Anmeldung der Ehe auf dem Zivilstandsamt mit. Dann erhalten Sie ein Formular, mit dem Sie Ihre Namenswahl bei der Regierung Ihres Wohnkantons beantragen können. Diese Gesuche sind gebührenfrei und werden in aller Regel bewilligt.

WIE BEGRÜNDEN?

Wenn Sie den Namen der Frau als Familiennamen wählen wollen, müssen Sie dafür einen «achtenswerten» Grund anführen. Halten Sie die Begründung möglichst einfach. Es genügt zu schreiben, dass Sie den Frauennamen schöner finden.

Den eigenen Namen voranstellen

Für einen gemeinsamen Familiennamen - sei dies derjenige des Mannes oder der Frau - müssen Sie sich entscheiden. Das heisst aber nicht, dass die andere Seite ihren bisherigen Namen aufgeben muss. Sie kann ihn voranstellen und von nun an einen Doppelnamen - ohne Bindestrich - führen.

Der Doppelname muss in amtlichen Dokumenten zwingend so verwendet werden. Im Alltag ist es aber gut möglich, sich weiterhin mit dem bisherigen einfachen Namen zu nennen. Antonio Caminazza zum Beispiel ist Journalist. Nach der Heirat heisst er zwar

DIE NAMENSWAHL AN EINEM BEISPIEL

Andreas Frei und Barbara Berger heiraten – sie haben folgende Wahlmöglichkeiten beim Nachnamen.

Familienname	Der Mann heisst	Die Frau heisst	Die Kinder heissen
Frei	Andreas Frei (oder Frei-Berger)	Barbara Frei (oder Frei-Berger) oder Barbara Berger Frei	Frei
Berger	Andreas Berger (oder Berger-Frei) oder Andreas Frei Berger	Barbara Berger (oder Berger-Frei)	Berger

offiziell Caminazza Huber. Doch weil man ihn unter seinem alten Namen kennt, zeichnet er seine Artikel weiterhin lieber als Antonio Caminazza.

Bei der traditionellen Schreibweise mit Bindestrich – dem sogenannten Allianznamen – handelt es sich nicht um einen offiziellen amtlichen Namen. Dennoch wird er auch in amtlichen Dokumenten wie Stimmausweis oder Steuerrechnung oft verwendet, um Verwechslungen auszuschliessen: zum Beispiel Fritz Müller-Kundert. Neuerdings kann man den Allianznamen auch in Pass und Identitätskarte eintragen lassen.

Wenn Sie einen Doppelnamen führen wollen, müssen Sie dies *vor* der Trauung dem Zivilstandsbeamten melden. Nachher wäre es zu spät. Dann könnte höchstens noch ein kompliziertes, gebührenpflichtiges Namensänderungsgesuch beim Regierungsrat Ihres Wohnkantons weiterhelfen – mit unsicheren Erfolgschancen.

Ausländer können vor der Heirat beim Zivilstandsamt erklären, dass sie den Namen nach ihrem Heimatrecht führen wollen. Der gewählte Name wird so im Schweizer Zivilstandsregister eingetragen.

Sollte es einst zur Scheidung kommen, bleiben die amtlichen Namen zwar zunächst so, wie sie während der Ehe lauteten. Diejenige Seite, die ihren Namen bei der Heirat geändert hat, kann aber innerhalb eines Jahres auf dem Zivilstandsamt erklären, dass sie wieder ihren früheren Namen führen will.

Die eheliche Wohnung

Früher durfte der Ehemann frank und frei darüber bestimmen, wo «seine» Familie wohnen sollte. Doch diese Zeiten sind vorbei; nach heutigem Eherecht wählen Mann und Frau ihre eheliche Wohnung gemeinsam. Beide miteinander bestimmen, wo das Zuhause liegen soll, wie gross und wie teuer es sein darf und ob noch andere Mitbewohner aufgenommen werden sollen oder nicht.
Sogar wenn die Wohnung oder das Haus beispielsweise der Ehefrau ganz allein gehört, darf sie nicht selbstherrlich darüber bestimmen, wie die Räume zu benutzen sind. Ob Wohn- oder Schlafzimmer, Bibliothek oder Gymnastikraum, Designersofa oder Möbel aus dem Brockenhaus - wenn ein Ehepaar eine Wohnung gemeinsam bewohnt, haben beide Seiten zu all diesen Dingen genau gleich viel zu sagen.

Zwei Wohnsitze

Auch wenn Sie heiraten, brauchen Sie Ihre Wohnsitze nicht zwingend zusammenzulegen. Das Gesetz erlaubt Ihnen, je einen eigenen Wohnsitz zu behalten oder zu gründen. Das kann etwa sinnvoll sein, wenn Sie beide in verschiedenen Städten - zum Beispiel in Lausanne und in St. Gallen - arbeiten, unter der Woche dort auch wohnen und nur die Wochenenden zusammen in St. Gallen oder Lausanne verbringen.
Dort, wo Ihr Wohnsitz ist, sind Sie auch steuerpflichtig (für die Bundessteuern gilt der Wohnsitz des Ehemanns). Haben Sie getrennte Wohnsitze füllen Frau und Mann je eine Steuererklärung aus, in der Sie beide auch das Einkommen und Vermögen des anderen angeben müssen. So spüren Sie beide trotzdem die Progression - je nach Steuerdomizil mehr oder weniger -, weil Ihr Einkommensanteil zu dem Satz besteuert wird, der für das Gesamteinkommen gilt.
Aus steuerlichen Gründen kann es interessant sein, den günstigeren Ort als gemeinsamen Wohnsitz zu melden. Dann ist einer von Ihnen Wochenaufenthalter in seiner Wohngemeinde. Einige Gemeinden schauen dem

vorderhand zu und klären erst nach einer gewissen Zeit ab, wo der effektive Lebensmittelpunkt des Wochenaufenthalters liegt – und wo dieser folglich besteuert wird.

Celine …

… arbeitet in Genf, ihr Mann Thomas im steuergünstigen Freienbach SZ. Obwohl Celine die Woche über in Genf lebt, beschliessen die beiden, Freienbach als ihren gemeinsamen Wohnsitz anzugeben. Celine meldet sich in Genf als Wochenaufenthalterin. Die Steuerbehörde will von ihr den Nachweis, dass sie die Wochenenden wirklich immer bei ihrem Mann in Freienbach verbringt und dort auch ihren Freundeskreis hat. Kann sie dies nicht belegen, nimmt die Behörde getrennte Wohnsitze an und besteuert Celine in Genf.

Die Familienwohnung ist speziell geschützt

Als Familienwohnung gilt diejenige Wohnung, in der der Lebensmittelpunkt des Ehepaars oder der Familie ist.

Anton …

… und Annelies haben ihre Familienwohnung klar in Zürich. Dies, obwohl Annelies vier Tage pro Woche in Bern lebt, wo sie eine 80-Prozent-Stelle in der Bundesverwaltung hat. Freitag bis Sonntag verbringt sie jeweils zusammen mit ihrem Mann Anton und den beiden Kindern in Zürich.

Egal, ob sie gemietet ist oder einer Seite allein gehört, die Familienwohnung wird vom Gesetz speziell geschützt: Der Ehemann kann eine Mietwohnung nicht ohne Zustimmung seiner Frau kündigen. Ist die Frau Alleineigentümerin der Familienwohnung, kann sie trotzdem nicht eigenmächtig darüber verfügen. So soll sichergestellt sein, dass nicht ein Teil der Familie plötzlich ohne Dach über dem Kopf dasteht. Übrigens: Auch der Vermieter muss eine Kündigung beiden Eheleuten separat zustellen, damit sie gültig ist – selbst wenn nur eine Seite den Mietvertrag unterschrieben hat.

Myriam und Bernhard …

… erwarten ein Kind und suchen deshalb eine grössere Wohnung. Als sie die Zusage für eine neue, lichtdurchflutete Genossenschaftswohnung erhalten, sind sie überglücklich. Doch bald merken sie, dass die Genossenschaft nicht ganz so modern ist wie ihre Wohnungen: Der Mietvertrag ist nur auf Bernhard ausgestellt. Als die beiden einen Vertrag mit beiden Namen wünschen, heisst es, man mache das immer so, alles andere sei zu kompliziert. Wohl oder übel lässt Myriam ihren Mann allein unterschreiben, obwohl sie sich nicht wohlfühlt dabei. Ihre neue Nachbarin,

eine Rechtsanwältin, beruhigt sie: «Mein Mann hat auch allein unterschrieben. Trotzdem darf er die Wohnung nicht allein kündigen. Wenn ich nicht mit unterschreibe, ist seine Kündigung null und nichtig.»

Auch gemeinsam benutzte Zweit- oder Ferienwohnungen gelten als eheliche Wohnung. Doch sie sind keine Familienwohnungen. Deshalb besteht dafür kein besonderer Schutz.

Einen Ausländer, eine Ausländerin heiraten

Die Schweiz ist multikulturell: Jede dritte Ehe ist heute eine schweizerisch-ausländische Verbindung. Jährlich geben sich rund 12 000 Paare das Jawort, bei denen eine Seite aus dem Ausland stammt. Und in binationalen Ehen kommen pro Jahr gegen 30 000 Babys zur Welt - das sind fast 47 Prozent aller Geburten von verheirateten Frauen.

Viele binationale Paare heiraten, damit der ausländische Teil überhaupt in der Schweiz bleiben darf. Denn Ausländerinnen und Ausländer können nur mit Bewilligung der kantonalen Fremdenpolizei in der Schweiz wohnen und arbeiten. Es kommt sehr darauf an, woher Ihr Partner, Ihre Partnerin stammt. Staatsangehörige von EU- und EFTA-Ländern können mit dem Pass oder Personalausweis in die Schweiz einreisen und erhalten relativ schnell eine Aufenthaltsbewilligung. Oft brauchen sie die vom schweizerischen Partner abgeleitete Bewilligung gar nicht. Wer nicht aus einem EU- oder EFTA-Staat stammt, benötigt dagegen je nach Land schon für die Einreise ein Visum. Und ohne Heirat mit einem Schweizer oder einer Schweizerin ist eine Aufenthaltsbewilligung schwierig oder gar nicht zu haben.

Wohnt Ihr Partner noch im Ausland, kann er bei der Schweizer Vertretung in seinem Heimatland ein Visumsgesuch «zur Heirat in der Schweiz» stellen. Oder er kann versuchen, mit einem dreimonatigen Touristenvisum in die Schweiz einzureisen. Wenn die Ehe innert dieser drei Monate nicht möglich ist - zum Beispiel weil Papiere fehlen -, kann man eine Verlängerung des Aufenthalts beantragen. Ein Recht darauf besteht jedoch nicht, und je nach Situation müssen Sie sich auf einen Hürdenlauf bei der kantonalen Ausländerbehörde gefasst machen.

Der Familiennachzug

Ist eine Schweizerin mit ihrem ausländischen Partner verheiratet (oder umgekehrt), kann sie ein Gesuch um Familiennachzug stellen. Darauf erhält der Partner eine Aufenthalts- und Arbeitsbewilligung: den sogenannten Ausweis B. Allerdings nur, wenn seine Frau für ihn finanziell aufkommen kann und er sich an die hiesigen Gesetze hält und gehalten hat. Bei Drogenhändlern und Wirtschaftskriminellen hilft auch eine Hochzeit nicht

gegen eine drohende Ausweisung. Die Aufenthaltsbewilligung muss jedes Jahr erneuert werden.

Hat Ihre ausländische Ehefrau Kinder aus einer früheren Beziehung, die in Ihrem Haushalt leben sollen? Die Heirat ermöglicht es ihr unter Umständen, diese in die Schweiz zu holen – vorausgesetzt, sie sind noch nicht zwölfjährig und Ihre Frau kann belegen, dass sie auch bisher für die Kinder gesorgt hat. Am besten stellen Sie, um Probleme zu vermeiden, ein solches Gesuch unmittelbar nach der Hochzeit.

Die Niederlassungsbewilligung

Die Niederlassungsbewilligung – den Ausweis C – erhält die ausländische Ehepartnerin eines Schweizers (und umgekehrt), wenn sie sich nach der Hochzeit mindestens fünf Jahre ununterbrochen in der Schweiz aufgehalten hat. Dieses Recht gilt dann auch für die eigenen ausländischen Kinder unter 18 Jahren, die im gleichen Haushalt leben. Mit dem Ausweis C haben Ausländerinnen und Ausländer das Recht, in der Schweiz zu wohnen

Kürzere Ferien ausserhalb der Schweiz unterbrechen die fünfjährige Frist bis zur Niederlassungsbewilligung nicht. Möchten Sie sich länger im Ausland aufhalten, sollten Sie sich vorher mit der Ausländerbehörde in Verbindung setzen und die Möglichkeiten abklären. Sonst riskieren Sie, den Anspruch auf die Bewilligung C zu verlieren.

und zu arbeiten, ganz unabhängig davon, ob sie mit einem Schweizer oder einer Schweizerin verheiratet sind.

Wann wird der ausländische Partner eingebürgert?

Die Zeiten, als Ausländerinnen automatisch Schweizerinnen wurden, wenn sie einen Schweizer heirateten, sind vorbei. Heute gilt für ausländische Männer und Frauen das Gleiche: Nach drei Ehejahren und insgesamt fünf Jahren Wohnsitz in der Schweiz können sie ein Gesuch um erleichterte Einbürgerung stellen. Verlangt wird dafür eine ungetrennte, intakte Ehe. Auf dem Fragebogen wird ausdrücklich danach gefragt. Wer hier schwindelt, riskiert sogar noch nach fünf Jahren, dass ihm das Bürgerrecht wieder entzogen wird mit dem Argument, es sei mit falschen Angaben erschlichen worden. Das Ehepaar darf aber durchaus unterschiedliche Wohnsitze haben, wenn das aus beruflichen Gründen nötig ist.

Achtung Scheinehe

Scheinehen werden nicht nur wegen des Geldes eingegangen, sondern mitunter aus ganz idealistischen Motiven: Man möchte einen anderen Menschen davor bewahren, dass er die Schweiz verlassen muss. Dazu gibts nur eines zu sagen: Hände weg! Können die Behörden mit Indizien die Scheinehe nachweisen, wird dem Ausländer oder der Ausländerin das Aufenthaltsrecht entzogen. Und neu wird sich auch die schweizerische «Ehehälfte» mit einer Scheinehe strafbar machen – so das Ausländergesetz (AuG), das im September 2006 vom Volk angenommen wurde.

Ihre Partnerin möchte zwar Schweizerin werden, aber gleichzeitig ihre bisherige Staatsbürgerschaft behalten? Klären Sie ab, ob das Herkunftsland Doppelbürgschaften akzeptiert. Deutschland zum Beispiel tut das nicht. Da will die Frage, ob man den EU-Pass abgeben soll, gut überlegt sein: Was hat die Partnerin im Gegenzug für Vorteile bei einer Schweizer Einbürgerung?

Weitere Informationen zu Aufenthaltsbewilligung und Einbürgerung erhalten Sie bei der kantonalen Ausländerbehörde und beim Bundesamt für Migration in Bern (www.auslaender.ch, mit Liste der Ausländerbehörden). Alles über die Rechte von Ausländerinnen und Ausländern in der Schweiz erfahren Sie auch im Beobachter-Ratgeber «Ausländerrecht. Leben, lieben und arbeiten in der Schweiz».
(www.beobachter.ch/buchshop)

Neben dem Risiko aufzufliegen besteht noch ein zweites: Auch einem Schein-Ehemann oder einer Schein-Ehefrau schulden Sie Beistand und Unterstützung. Sollte Ihr Partner von Sozialhilfe abhängig werden, müssen Sie mit Ihrem Geld für seinen Unterhalt aufkommen. Im schlimmsten Fall so lange, bis Ihr Vermögen aufgebraucht ist.

WELCHES RECHT GILT FÜR BINATIONALE PAARE?

Welches staatliche Recht für Sie und Ihren ausländischen Ehepartner gilt, hängt davon ab, wo Sie wohnen. Liegt Ihr ehelicher Wohnsitz in der Schweiz, unterstehen Sie grundsätzlich dem Schweizer Recht. Das gilt beispielsweise in Bezug auf die elterliche Sorge oder beim Güter- und Erbrecht. Ein binationales Paar kann aber in einem Ehevertrag erklären, dass die Ehe güterrechtlich dem Heimatrecht des ausländischen Partners unterstellt werden soll.

Bevor Sie ausländisches Recht wählen, sollten Sie sich genau informieren. Würde ein solcher Wechsel wirklich Ihnen beiden mehr Vorteile als Nachteile bringen? Lassen Sie sich von einem spezialisierten Anwaltsbüro beraten.

Bei einzelnen Rechtsfragen, die binationale Ehen betreffen, spielen auch Staatsverträge eine Rolle. Insgesamt sind die Regelungen sehr kompliziert. Informationen erhalten Sie bei den Zivilstandsämtern, beim Bundesamt für Migration (www.bfm.admin.ch) und beim Eidgenössischen Amt für das Zivilstandswesen (www.eazw.admin.ch).

3.2 Hochzeit feiern

> Walter Noser

Die wenigsten Leute gehen aufs Standesamt und danach, wie wenn nichts gewesen wäre, wieder zur Arbeit. Die Hochzeit ist für die meisten ein grosser Festtag. Da braucht es einiges an Vorbereitung – auch wenn man schliesslich nur noch das Wörtchen Ja sagen muss.

Prinzessinnen und Könige haben früher bloss aus politischen Gründen geheiratet, nicht aus Liebe. Für unsere Grossväter und Grossmütter spielten bei der Vermählung nebst der Liebe vor allem wirtschaftliche Überlegungen eine Rolle. Und es ist noch gar nicht so lange her, dass ein Katholik nur eine Katholikin, eine Protestantin nur einen Protestanten heiraten konnte. Im 21. Jahrhundert kann man heiraten wen, wann und weshalb man will – und es gibt ebenso viele Gründe, es nicht zu tun. Deshalb wird man heute manchmal am Arm beiseite genommen und gefragt: «Warum heiratest du eigentlich?» Hauptsache, Sie wissen warum!

Wer in den Hafen der Ehe segelt, muss ausser dem Wetter am grossen Tag nichts dem Zufall überlassen. Zu den wichtigsten Punkten der Vorbereitung gehören die Festlegung der Örtlichkeiten, die Gästeliste und das Unterhaltungsprogramm (wenn überhaupt im grossen Stil gefeiert werden soll). Das Brautpaar muss sich im Klaren sein, ob es nur eine standesamtliche Trauung will oder auch eine kirchliche.

Auf dem Standesamt: die zivile Trauung

Sobald man sich die Ehe verspricht, ist man verlobt – im Vergleich zur Eheschliessung eine ganz formlose Sache. Heiraten darf, wer

> **mündig,** also mindestens 18, und urteilsfähig ist,
> **nicht in direkter Linie verwandt** mit dem Partner oder der Partnerin und
> **nicht schon verheiratet ist.**

Der Gang aufs Amt

In der Schweiz geht man die Ehe auf dem Zivilstandsamt ein.

> **Als Erstes** melden Sie Ihr Eheversprechen an: Dazu gehen Sie gemeinsam beim Zivilstandsamt am Wohnsitz der

VERLOBUNG – GIBT ES DAS NOCH?

Die grosse Verlobungsfeier mit geladenen Gästen ist selten geworden, doch rechtlich ist die Verlobung nicht verschwunden: Sobald Sie sich gegenseitig die Ehe versprochen haben, sind Sie laut Zivilgesetzbuch verlobt.
Wer später aus einem gebrochenen Heiratsversprechen finanzielle Ansprüche ableiten will, muss die Verlobung allerdings beweisen können. Und das ist ohne Zeugen schwierig. Selbst wenn ein Paar jahrelang zusammengelebt und sogar gemeinsame Kinder hat, gilt dies nicht als Beweis, dass die beiden sich auch die Ehe versprochen haben.
Müssen bei einer Trennung die Geschenke zurückgegeben werden? Diese Frage stellt sich jedem Paar, das auseinandergeht. Für Verlobte gibt es eine gesetzliche Antwort: Grössere Geschenke müssen zurückgegeben werden, ebenso persönliche Fotos und Briefe. Den Harry-Potter-Band, den Sie zu Weihnachten erhalten haben, und andere Gelegenheitsgeschenke dürfen Sie dagegen behalten.

Braut oder des Bräutigams vorbei. Erkundigen Sie sich vorher, welche Dokumente Sie mitbringen müssen.

> **Nach der Anmeldung** läuft das Vorbereitungsverfahren: Geprüft wird, ob Sie tatsächlich heiraten dürfen. In der Regel ist das schnell erledigt. Müssen jedoch zuerst im Heimatland des ausländischen Partners die nötigen Papiere beschafft werden, kann das rasch ein halbes Jahr oder mehr in Anspruch nehmen.

> **Die zivile Trauung** findet im amtlichen Trauungslokal des Zivilstandsamts statt, und zwar frühestens zehn Tage und spätestens drei Monate, nachdem Ihnen mitgeteilt wurde, dass der Heirat nichts im Weg steht. Sie können frei wählen, welches Zivilstandsamt Sie trauen soll.

Bei der Zeremonie auf dem Zivilstandsamt können nebst den geladenen Gästen auch ungebetene Personen dabei sein, denn die Trauung ist öffentlich. Anwesend sein müssen ein Zivilstandsbeamter, das Brautpaar und zwei Trauzeugen. Nachdem Braut, Bräutigam und die Trauzeugen im Eheregister unterzeichnet haben, übergibt der Zivilstandsbeamte dem Paar das Familienbüchlein und den für eine kirchliche Trauung notwendigen Eheschein.

Wenn Sie einem anderen Ort heiraten wollen als dort, wo das Vorbereitungsverfahren durchgeführt wurde, brauchen Sie eine Trauungsermächtigung. Diese erhalten Sie vom Zivilstandsbeamten, der das Verfahren bisher betreut hat.

Das alles ist nicht gratis. Was das Ganze wo kostet, erfahren Sie aus der Gebührenverordnung oder direkt beim Zivilstandsamt.

Viva Las Vegas

Wenn Sie als Schweizerin im Heimatland Ihres ausländischen Partners heiraten oder wenn ein Schweizer Paar sich in Amerika das Jawort gibt, gelten trotz Schweizer Pass die Gesetze des Landes, in dem die Hochzeit stattfindet. Was das ausländische Recht genau beinhaltet und welche Dokumente Sie für die Eheschliessung benötigen, erfahren Sie bei der Botschaft oder beim Konsulat des betreffenden Staates.

Damit Ihre Ehe in der Schweiz anerkannt werden kann, müssen Sie die Heirat dem schweizerischen Konsulat oder der Botschaft mitteilen oder direkt die für Ihren Heimatort zuständige kantonale Aufsichtsbehörde im Zivilstandswesen benachrichtigen. Das muss innerhalb von sechs Monaten seit der Ausstellung der ausländischen Heiratsdokumente geschehen. Unter Umständen müssen Sie die Dokumente zudem auf eigene Kosten übersetzen und beglaubigen lassen. Was in Ihrer Konstellation gilt, erfahren Sie auf dem Zivilstandsamt.

In der Kirche heiraten

Die kirchliche Trauung ist in der Schweiz erst nach der zivilen möglich. Die katholische Kirche versteht die Trauung als Sakrament, worin Mann und Frau die Liebe und Treue Gottes zugesprochen wird. In der reformierten Kirche ist die Trauung ein Segensgottesdienst für den gemeinsamen Lebensweg, der in guten wie in schlechten Zeiten von Gott gestützt und begleitet werden soll.

WER MUSS BESCHEID WISSEN?

Eine sorgfältig ausgesuchte Karte oder eine selber gestaltete Hochzeitsanzeige - all Ihren Freunden, Bekannten und Verwandten werden Sie das freudige Ereignis sicher gern mitteilen. Weniger lustbetont ist es, die Heirat auch sämtlichen «offiziellen» Stellen zu melden. Und doch ist das nötig, da die Zivilstandsänderung auch in vielen anderen Bereichen Veränderungen nach sich zieht. Wer alles muss Bescheid wissen?

> Versicherungen
> Krankenkasse
> Arbeitgeber
> Pensionskasse (in der Regel meldet dies der Arbeitgeber)
> AHV (auch das meldet meist der Arbeitgeber)
> Vermieterin
> falls Sie bereits Kinder haben: die Schule

Wenn Sie bei der Heirat den Namen wechseln, müssen Sie zudem folgende Ausweise ändern lassen:

> Pass und Identitätskarte
> Fahrausweis
> Kreditkarten
> Kontokarten

MIT ODER OHNE BABYBAUCH?

Sie erwarten ein Kind? Wie schön! Aber Sie sind unschlüssig, ob Sie noch vor der Geburt heiraten sollen oder erst, wenn der Babybauch wieder verschwunden ist? Hier eine kleine Entscheidungshilfe aus rechtlicher Sicht:
Wenn Sie sich erst nach der Geburt trauen lassen, gilt für das Kind nach der Heirat das Gleiche, wie wenn Sie schon vorher geheiratet hätten: Hat der Vater das Kind bereits anerkannt, erhält es den Familiennamen des Paares und das Kantons- und Gemeindebürgerrecht des Vaters. Bis zur Heirat ist das Kind jedoch unehelich und übernimmt daher den Namen und das Bürgerrecht der Mutter. Damit Sie bei der Geburt bereits verheiratet sind, können Sie sich vorerst nur zivil trauen lassen und die kirchliche Hochzeit auf später verschieben. Es spielt nämlich keine Rolle, wie viel Zeit zwischen zivilem und kirchlichem Jawort liegt. Dann brauchen Sie nur noch eine vertraute Person, die sich um Ihr Baby kümmert, und Sie können Ihr Fest unbeschwert ohne Babybauch geniessen.

FREI FÜR DIE HOCHZEIT

Der Arbeitgeber muss Ihnen – und auch Ihren nahen Verwandten – für die Hochzeit freigeben. Allerdings legt das Gesetz nicht fest, wie viel Freizeit zu gewähren ist. Es spricht lediglich von den «üblichen freien Stunden und Tagen». Die meisten Firmen regeln die Absenzenfrage im Personalreglement oder direkt im Arbeitsvertrag. Auch vielen Gesamtarbeitsverträgen ist zu entnehmen, wer wann wie lange freimachen darf. Ist in Ihrem Betrieb nichts geregelt, können Sie sich an folgende Richtlinien halten:

- **eigene Heirat: 2 bis 3 Tage**
- **Heirat eines nahen Verwandten: 1 Tag**

Heirat zwischen den Konfessionen

Früher war es praktisch undenkbar, dass ein Katholik eine Reformierte ehelichte (oder umgekehrt). Heute ist dies gang und gäbe. Eine ökumenische Trauung dagegen gibt es nach wie vor nicht; denn ein Pfarrer ist entweder reformiert oder katholisch und traut entsprechend seiner Konfession. Es ist zwar möglich, dass sowohl ein katholischer Pfarrer wie auch eine reformierte Seelsorgerin in der Kirche anwesend sind, doch weil beide Konfessionen jeweils die andere Trauung anerkennen, lässt sich kaum ein Paar von zwei Seelsorgern trauen.

Ein wesentlicher Unterschied zwischen reformierter und katholischer Hochzeit ist, dass man im Lauf des Lebens mehrmals vor den reformierten Traualtar treten kann. Bei den Katholiken ist dies nicht möglich. Es sei denn, nicht nur der Scheidungsrichter, sondern auch die Kirchenoberen heben die frühere Ehe auf.

Dass Mann und Frau nicht der gleichen Kirche angehören, ist in der reformierten Kirche kein Problem. In der katholischen ist es eins, wenn auch nur ein kleines: Der nichtkatholische Partner braucht einen sogenannten Ehedispens, was eine simple Formalität

Sind Sie aus der Kirche ausgetreten? Dann sollten Sie sich gute Argumente überlegen, warum Sie trotzdem kirchlich heiraten wollen. Es dürfte schwierig sein, einen Pfarrer zu finden, der seine Kirche nur für Showeffekte und schöne Fotos zur Verfügung stellt.

ist, die Sie beim katholischen Pfarramt beantragen können.

Bis dass der Tod euch scheidet?

Kennen Sie diese Szene? Braut und Bräutigam stehen nervös vor dem Traualtar und der Geistliche sagt mit erhabener Stimme, dass erst der Tod die beiden scheiden soll. Der eine oder andere Hochzeitsgast wischt verstohlen eine Träne der Rührung weg. Dann wird es in der Kirche mucksmäuschenstill, weil der Bräutigam die Ringe nicht findet oder vielleicht sogar daheim vergessen hat, doch zu guter Letzt findet er immer die Lippen seiner Angebeteten, wenn es heisst: *kiss the bride*. Das ist Hollywood, in der Kirche muss es nicht so sein. Wenn Sie keine Ringe tauschen wollen, lassen Sie es bleiben. Und wenn Sie sich küssen wollen, müssen Sie die Pfarrerin im Vorgespräch bitten, dass sie zum Kuss auffordert. Ansonsten wird nicht geküsst. Auch müssen Sie sich nicht Treue und Liebe bis zum Lebensende schwören. Manches Paar verspricht sich dies lediglich für die Zeit, die ihm gegeben ist.

Andere Religionen, andere Bräuche

Eine Trauung ist im **Islam** ein sehr schlichter Akt: Mann und Frau erklären vor einer theologisch bewanderten Persönlichkeit und in der Anwesenheit von mindestens zwei Zeugen ihren Willen, miteinander die Ehe einzugehen. Ansonsten kennt der Islam keine Hochzeitszeremonie als rituelles Muss. Hochzeiten werden jedoch meist mit farbenfrohen Feierlichkeiten begangen, bei denen kulturelle und nicht religiöse Aspekte im Vordergrund stehen. Im Islam ist die Ehe kein Sakrament und eine Scheidung kein Sakrileg.

Im **Judentum** fastet das Paar bis nach der Trauungszeremonie, um sich würdig auf das Ereignis vorzubereiten. Die Zeremonie wird von einem Rabbiner geleitet und es braucht zwei nicht verwandte Trauzeugen. Die Feierlichkeit muss nicht unbedingt in einer Synagoge stattfinden, sondern wird meist im Freien durchgeführt. Sie wird unter der Chuppa abgehalten, einem von vier Stangen getragenen Baldachin aus verzierter Seide, Satin oder Samt. Nach der Trauung trinkt das Brautpaar einen Schluck Wein und der Bräutigam zertritt mit dem rechten Fuss ein Glas. Dann

WO HEIRATEN?

Viele Paare möchten dem Himmel besonders nahe sein und sich in einer Bergkirche das Jawort vor Gott geben. Andere suchen eine besonders schöne Kappelle auf dem Land. Doch diese speziellen Trauungsorte sind oft auf Monate oder sogar Jahre hinaus reserviert – vor allem, wenn das Hochzeitsdatum beispielsweise der 20.07.2007 sein soll. Auch sind diese Gotteshäuser nicht gratis. Einfacher ist es, in der Kirche Ihrer Gemeinde zu heiraten. Diese steht Ihnen normalerweise kostenlos zur Verfügung.

rufen alle Gäste: «Masel tov!», was so viel bedeutet wie: «Ein guter Stern sei über euch!» - und dann wird gesungen, gelacht, getanzt, gegessen und getrunken.

Buddha hat keine Ratschläge gegeben, wie man in buddhistischer Weise Hochzeiten feiert. Bei Hochzeitsfeierlichkeiten handelt es sich stets um die Bräuche eines Landes und deshalb sind diese überall auf der Welt sehr unterschiedlich.

Ein Fest ganz nach Ihrem Geschmack

Hochzeiten können in Kirchen oder Kapellen stattfinden, müssen aber nicht. Das Eheversprechen kann vor Gott abgegeben werden, muss aber nicht. Individuell und alternativ gestaltete Hochzeiten gibt es heutzutage immer häufiger, sei es, dass ein Paar verrückte Ideen hat, die sich im kirchlichen Rahmen nicht realisieren lassen, oder dass man seine Liebe nicht vor Gott, sondern nur vor Freunden und Verwandten bezeugen will.

Im Internet und im Telefonbuch finden Sie unzählige Ritualberaterinnen und freischaffende oder konfessionslose Theologen, die Ihnen bei einer persönlichen Gestaltung behilflich sind.

Wer will, kann sich das Jawort unter Wasser, auf den höchsten Bergen, in der Luft, im Wald, in einer Berghütte oder an einer grossen Party geben. Der Fantasie sind keine Grenzen gesetzt - nur sollten Sie sich bewusst sein, dass Sie mit einer allzu ausgefallenen Feier vielleicht viele Freunde und Verwandte vor den Kopf stossen.

Die Finanzen

Sollen die Brautleute ihr Hochzeitsfest selber bezahlen? Oder ist es üblich, dass die Eltern als Hochzeitsgeschenk die Kosten übernehmen? Wenn ja, haben dann die Eltern ein Mitspracherecht bei der Gestaltung und Grösse des Festes? Was vor ein paar Jahrzehnten noch gang und gäbe war, ist heute eher ein alter Brauch.

Unverändert ist, dass viele Paare den Hochzeitstag als unvergesslichen, wenn nicht gar als schönsten Tag in ihrem Leben gestalten wollen. Das hat seinen Preis: Eine Hochzeit mit allen Gebühren, Blumensträussen, Einladungen, Essen und Unterhaltungsprogramm kostet schnell mal eine vierstellige Summe. Wie teuer das Fest zu stehen kommt, hängt davon ab, wie viele Gäste Sie wohin und wie einladen. Ein Picknick im Grünen kostet weniger als ein Anlass, für dessen Berichterstattung sich die Boulevardpresse um die Exklusivrechte streiten würde.

Hochzeitsgeschenke

Eine Hochzeit ohne Geschenke ist wie ein Geburtstagskuchen ohne Kerzen. Doch in Zeiten, wo jeder alles hat, sind gute Ideen oft Mangelware. Ihr Umfeld wird froh sein, wenn Sie bekannt geben, was Sie sich wünschen - sei es Geld für den Honeymoon, einen Beitrag ans Fest oder an die «Aussteuer».

Viele Brautpaare erstellen selber oder in einem Warenhaus eine Wunschliste, die sie ihren Verwandten, Bekannten und Freunden in Papierform zukommen lassen. Praktisch ist es jedoch, wenn Sie das Ganze per Internet abwickeln: Wenn Sie in einer Suchmaschine die Begriffe «heiraten», «Hochzeit» oder «Wunschliste» eingeben, wimmelt es von Firmen und Warenhäusern, die solche Listen anbieten. In diese können sich dann alle Leute einklicken, Ihnen ein passendes Geschenk aussuchen und es gleich online bezahlen.

Einem geschenkten Gaul schaut man zwar nicht ins Maul und wie teuer ein Geschenk ist, fragt man nicht, wenn man eine einigermassen gute Kinderstube genossen hat. Aber wenn Sie eine Wunschliste zusammenstellen oder sich die Hochzeitsreise bezahlen lassen wollen, müssen Sie trotzdem ein bisschen budgetieren. Wer wird wohl wie viel beisteuern, wie viel müssen Sie selber noch übernehmen?

Warenhäuser und Internetanbieter helfen beim Budgetieren und zeigen den Brautpaaren Listen, auf denen steht, wer erfahrungsgemäss wie viel für ein Hochzeitsgeschenk ausgibt. Allerdings sind die Zahlen, die dort genannt werden, meist recht hoch. Realistischer dürften die folgenden Beträge sein:

- **Geladene Gäste**
  - Eltern: ab Fr. 400.- pro Person
  - nahe Familienangehörige (Geschwister, Gotte, Götti, Grosseltern): ab Fr. 200.- pro Person
  - Verwandte und enge Freunde: ab Fr. 100.- pro Person
- **Nicht eingeladene Personen**
  - Nahestehende Arbeitskollegen: bis Fr. 50.- pro Person
  - Nachbarin, Vereinskollege, Sportskollegin: bis Fr. 50.- pro Person

Sie finden diese Zahlen zu niedrig oder zu hoch? Dies ist durchaus möglich. Sie sollen Ihnen lediglich beim ungefähren Budgetieren helfen. In Ihrem Bekanntenkreis wird es Leute geben, die in guten finanziellen Verhältnissen leben, und andere, die nicht auf Rosen gebettet sind. Diese sollten sich nicht unter Druck gesetzt fühlen.

CHECKLISTE: SO ORGANISIEREN SIE IHRE HOCHZEIT

Sechs Monate vorher

- ☐ Hochzeitstermin mit den wichtigsten Freunden, Angehörigen und Familien koordinieren
- ☐ Rahmen des Festes festlegen (Standesamt und Kirche oder nur Standesamt? Ort der Feier, Programm?)
- ☐ Papiere fürs Standesamt zusammenstellen
- ☐ Eheschliessung beim Standesamt anmelden
- ☐ Gespräch mit der Pfarrerin vereinbaren, Kirche reservieren und die Hochzeitszeremonie vorbesprechen
- ☐ Vorläufige Gästeliste aufstellen
- ☐ Lokalität für die Hochzeitsfeier auswählen und Offerten fürs Essen einholen
- ☐ Musiker oder DJ engagieren

Fünf Monate vorher

- ☐ Hochzeitsanzeigen in Auftrag geben (wer wird ans Fest eingeladen, wer bloss zum Apéro?)
- ☐ Hochzeitsreise buchen
- ☐ Hochzeitsauto, Car, Schiff oder Kutsche bestellen

Vier Monate vorher

- ☐ Einladungskarten verschicken
- ☐ Wunschliste zusammenstellen und den geladenen Gästen zukommen lassen
- ☐ Trauzeugen auswählen und klären, was ihre Aufgabe sein soll
- ☐ Hochzeitskleid mit passenden Accessoires und Anzug kaufen (oder mieten)
- ☐ Unterkunft für auswärtige Gäste organisieren
- ☐ Wenns einen geben soll: Apéro organisieren

Sechs Wochen vorher

- ☐ Ablauf der Trauung mit dem Pfarrer besprechen
- ☐ Ringe kaufen
- ☐ Termin mit dem Fotografen vereinbaren
- ☐ Garderobe fürs Standesamt aussuchen
- ☐ Polterabend planen

Vier Wochen vorher

- ☐ Termin beim Coiffeur vereinbaren
- ☐ Brautstrauss, Tischdekoration und Blumenbouquet für die Trauzeugin vorbestellen
- ☐ Lagebesprechung mit den engsten Angehörigen und den Trauzeugen

Zwei Wochen vorher

- ☐ Tischordnung festlegen und Tischkarten schreiben
- ☐ Bei allen Reservationen nochmals Bestätigung einholen
- ☐ Falls jemand einen Schlüssel Ihrer Wohnung hat, empfiehlt es sich, diesen zurückzuverlangen, wenn Sie bei der Heimkehr vom Fest keine Überraschung vorfinden wollen.

Eine Woche vorher

- ☐ Polterabend vorbereiten oder vorbereiten lassen
- ☐ Hochzeitsschuhe einlaufen – oder Blasenpflaster kaufen
- ☐ Koffer für die Hochzeitsreise packen

Einen Tag vorher

- ☐ Früh ins Bett gehen, Tee trinken, abwarten und auf schönes Wetter hoffen

Am Hochzeitstag

- ☐ Wohnung abschliessen. Es könnte ja jemandem in den Sinn kommen, Ihre Räume mit roten Herzen oder Ballons zu füllen, den Schlüssel zum Schlafzimmer im Gefrierfach einzufrieren oder den Eingangsbereich mit bis zum Rand gefüllten Wasserbechern zu verstellen.

Nach der Hochzeit

- ☐ Geschenke und Glückwünsche verdanken
- ☐ Namensschilder an Hausglocke und Briefkasten ändern
- ☐ Versicherungen, Banken und Ämter kontaktieren (siehe Seite 91)

Honeymoon: Lassen Sie sich nicht über den Tisch ziehen

Sie wollen unvergessliche Flitterwochen verbringen? Viele Reisebüros bieten exklusive Honeymoon-Arrangements an. Wer in den Katalogen blättert oder auf Internetseiten surft, wird mit Superlativen überhäuft. Venedig wird schöner gemalt, als es je war, und Traumstrände sind weisser als Schnee. Und natürlich zählen die Veranstalter darauf, dass das trübste Wasser durch die rosarote Brille der Jungvermählten türkisfarben wirkt. Drum gilt wie immer:

> **Schauen Sie** nicht nur die Fotos an, lesen Sie auch das Kleingedruckte. Prüfen Sie Angebote verschiedener Veranstalter. Findet sich das gleiche Hotel auch in anderen Prospekten?
> **Fragen Sie** den Veranstalter, ob er das Reiseziel persönlich kennt oder woher er seine Referenzen hat.
> **Kümmern Sie** sich frühzeitig um Ihren Honeymoon. Je mehr Sie über Ihr Traumziel wissen, desto seltener sind Enttäuschungen.
> **Gibt es** Flitterwochen-Rabatt? Und wenn ja: Ist dieser mehr als nur Kundenfängerei?

Hochzeitsbräuche und ihre Bedeutung

Die Braut heiratet in Weiss - ist ja klar. Vielleicht würde sie, wenn sie die Bedeutung dahinter wüsste, lieber eine andere Farbe wählen. Und weshalb wird das Brautpaar, wenn es aus der Kirche kommt, mit Reis überschüttet? Ein Streifzug durch hiesige Bräuche rund ums Hochzeitsfest.

Der Polterabend

Der Polterabend findet am Vorabend der Hochzeit statt, am letzten Abend in Freiheit. Der Bräutigam verbringt ihn mit seinen Freunden, die Braut mit ihren Freundinnen. Am Polterabend wird viel Geschirr (meist Porzellan) zerschlagen, denn Scherben bringen Glück.

Die Eheringe

Ringe sind Sinnbilder für die Ewigkeit - bis dass der Tod euch scheidet. Dass der Ring am Ringfinger getragen wird, ist vermutlich darauf zurückzuführen, dass man früher glaubte, eine Vene führe von da direkt zum Herzen und somit zur Liebe.

Das Hochzeitskleid

Die Farbe Weiss steht für Friede, Freude und Vollkommenheit, aber auch für Reinheit, womit nichts anderes als sexuelle Keuschheit gemeint ist. Zumindest in Europa ist Weiss die klassische Farbe für Brautkleider. Auch der Brautschleier symbolisierte ursprünglich die Unberührtheit, heute ist er nur noch modisches Accessoire.

Brautstrauss werfen

Die frisch vermählte Braut dreht sich nach der Trauung vor der Kirche um, wirft noch einmal einen Blick hinein und wirft ihren Brautstrauss hinter sich in die Menge der ledigen Frauen. Diejenige, die ihn fängt, kommt als Nächste unter die Haube.

Das Strumpfband der Braut

Der Bräutigam schiebt den Rocksaum am Kleid seiner Braut langsam bis zum Oberschenkel - Achtung, Kamera! -, nimmt ihr das Strumpfband ab und wirft dieses in die Menge der anwesenden Junggesellen. Wer es fängt, wird als Nächster eine Braut zum Traualtar führen.

Manchmal wird das Strumpfband auch versteigert. Derjenige Junggeselle, der am meisten dafür bietet, ist für alle erkennbar die beste Partie.

Blüten streuen und Reis werfen

Wenn Blumenkinder nach der Hochzeit Blüten streuen, soll dies dem Brautpaar reichen Kindersegen bescheren. Dieser Brauch ist eine Art Fruchtbarkeitsritual.

Eine ähnliche Bedeutung hat das Reis-Werfen: Reiskörner sind in Asien Symbol für neu entstehendes Leben. Statt Reis werfen die Gäste heute aber eher Konfetti oder die angesagten *wedding bubbles*: simple Seifenblasen mit Glückssujets.

Spalier stehen

Nach der Kirche muss man da durch. Wichtig ist, dass das Brautpaar zuerst ein Band durchschneidet, denn das Durchtrennen bedeutet Beginn von etwas Neuem und ist ein Sinnbild für das mutige Überwinden von Schwierigkeiten.

Süssigkeiten

Sie dürfen an keiner Hochzeit fehlen - die «Füürschtei» in den Papierchen mit Sinnsprüchen! Das Brautpaar wirft sie in die Menge, und die Kinder sammeln sie auf.

Dosen am Auto und Hupkonzert

Hupen ist nicht nur ein Zeichen der Freude, etwa nach einem gewonnenen Fussballmatch. Lärm soll böse Geister vertreiben. Und last but not least sollen alle sehen, dass hier eine Hochzeit stattfindet.

Die Braut über die Schwelle tragen

Weil es die Dämonen unter der Türschwelle auf die Braut abgesehen haben sollen, muss der Mann seine Frau über die Schwelle tragen. Nur zu: Wer wird nicht gern auf Händen getragen?

3.3 Geld verdienen und aufteilen

> **Katja Rauch**

Ehepaare teilen Tisch und Bett, Freud und Leid – und die Finanzen. Mein und Dein erhalten mit der Heirat neue Dimensionen, und damit alles mit gerechten Dingen zu- und hergeht, braucht es einige Absprachen.

Vieles in diesem Kapitel wird Ihnen selbstverständlich vorkommen: Wahrscheinlich haben Sie sich schon vor dem Gang zum Standesamt über die Rollenverteilung in Ihrer Familie abgesprochen. Sie wissen, wer wie viel verdient, und haben abgemacht, wer was an den gemeinsamen Lebensunterhalt beiträgt – jetzt und wenn das erste Kind da ist. Das Gesetz hält auch diese Selbstverständlichkeiten fest: als Leitplanke, wenn sich Eheleute in einer Frage nicht einig sind.

Berufstätigkeit absprechen

Grundsätzlich ist es Ihre Sache, wie Sie Ihr Berufsleben gestalten. Sie können die Stelle annehmen, die Sie wollen, Ihre Ehepartnerin darf Ihnen das nicht verbieten. Ebenso wenig kann ein Ehemann verlangen, dass seine Frau zum 100-Prozent-Pensum noch einen Nebenjob annimmt, damit man sich das Traumhaus möglichst bald leisten kann. Jede Seite soll das arbeiten können, was sie will, und zwar in einem zumutbaren Mass.

Freiheit heisst indes nicht Freipass. Egoistische Karriereplanung ohne Zeit für den Partner oder die Partnerin und die Kinder bekommt einer Ehe nicht gut. Und umgekehrt gilt auch Faulenzen nicht. Teilen Sie Lohnarbeit und Haushalt so auf, dass Sie beide sich gut entfalten können. Das Gesetz sagt dazu: «Bei der Wahl und Ausübung seines Berufes oder Gewerbes nimmt jeder Ehegatte auf den andern und das Wohl der ehelichen Gemeinschaft Rücksicht.» Besprechen Sie folgende Fragen:

> **Welchen Lebensstandard** stellen wir uns vor?
> **Wer von uns** kann dazu welche Einkünfte beitragen?
> **Soll jemand** von uns allein das nötige Geld verdienen, während die andere Seite sich um die Kinder und den Haushalt kümmert?
> **Wollen wir** Erwerbs- und Familienarbeit untereinander aufteilen? Fifty-fifty oder in einem anderen Verhältnis?

Welches Modell Sie wählen, ist allein Sache von Ihnen beiden. Nur etwas macht das Gesetz klar: Ob Sie mehr Familien- oder mehr Erwerbsarbeit verrichten - als Beitrag zum Familienunterhalt ist beides gleich wertvoll.

Wem gehört das Erwerbseinkommen?

Auch das Eherecht hält fest: Die Ehe ist partnerschaftlich, Mann und Frau sind gleichberechtigt. Daraus folgt, dass alle in der Familie - Mann, Frau und Kinder - den gleichen Lebensstandard geniessen können. Derjenige, der mehr (oder alles) Geld verdient, darf deshalb nicht einfach den grössten Teil für sich und seine Hobbys behalten und den Rest der Familie mit «Peanuts» abspeisen.
Zuerst wird aus dem Erwerbseinkommen der Eheleute - und wenn nötig aus dem Ertrag ihrer Vermögen - der Lebensunterhalt gedeckt. Reichen Einkommen und Vermögensertrag nicht aus, müssen die Vermögen angezehrt werden. Zum Lebensbedarf gehören:

> Miete und Nahrung
> Ärztin und Zahnarzt
> Krankenkassen- und Versicherungsprämien
> Kleider, Coiffeur, Kosmetik etc.
> Beruf und Ausbildung
> Sport, Freizeit und Kultur
> Einkommens- und Vermögenssteuern
> Ferien
> Altersvorsorge
> Rücklagen für Unvorhergesehenes

Mit einem Budget gehts einfacher. Mehr dazu erfahren Sie in Kapitel 8 (Seite 262). Die Adressen von Budgetberatungsstellen in Ihrer Region finden Sie im Internet unter www.budgetberatung.ch.

Der Betrag zur freien Verfügung

Wenn nach den Ausgaben für den Familienunterhalt noch etwas übrig bleibt, haben Frau und Mann Anspruch auf einen «Betrag zur freien Verfügung», auf Geld also, das sie für sich brauchen dürfen, ohne dem anderen Rechenschaft abzulegen.
Auch hier gilt: Erwerbsarbeit ist nicht mehr wert als Kinderbetreuung und Haushalt. Auch wenn Sie das Familieneinkommen allein verdienen, hat Ihr Partner, Ihre Partnerin gleich viel Geld zugut, wie Sie für sich selber brauchen. Ist eine Alleinverdienerin allerdings mit sich selbst geizig und gönnt sich nichts, obwohl das Einkommen komfortabel ist, muss dies für den Partner nicht als Massstab gelten. Er darf ruhig etwas mehr Geld verlangen.
Wie hoch dieser Betrag zur freien Verfügung sein soll, lässt sich logischerweise nicht allgemein sagen. Das hängt einerseits vom Einkommen und Vermögen ab, andererseits aber auch davon, welchen Lebensstandard ein Paar sich wünscht, wie hoch die festen Kosten sind und welche gemeinsamen Sparziele es sich gesetzt hat.

Der Betrag zur freien Verfügung muss laut Gesetz regelmässig und bar ausbezahlt werden. Aber vielleicht möchten Sie nicht jeden Monat Geld hin und her schieben. Eine gute Möglichkeit ist ein Konto, auf das beide Ehegatten Zugriff haben. Machen Sie ab, welchen Betrag beide für sich abheben dürfen.

Unterhaltszahlungen aus einer früheren Ehe

Wenn ein Mann seiner Exfrau und den Kindern aus erster Ehe Alimente schuldet, wird das Budget der neuen Ehe unter Umständen sehr eng. Dies betrifft auch seine zweite Frau ganz direkt: Je nach Situation wird verlangt, dass sie mehr Geld zum gemeinsamen Lebensbedarf beisteuert, um den Ehemann zu entlasten und ihm so zu ermöglichen, seinen Verpflichtungen nachzukommen. Auch das gehört zur ehelichen Beistandspflicht.

Anschaffungen: Wer darf für wie viel Geld einkaufen?

Im Möbelgeschäft haben Sie einen wunderbar bequemen, nur leider sündhaft teuren Relax-Sessel gesehen. Genüsslich stellen Sie sich vor, wie Sie darauf am Abend die Beine hoch lagern und sich entspannen. Oder der Sportwagen, den Sie kürzlich beim Garagisten bewunderten, als Sie Ihren Wagen in den Service brachten. Sie sehen sich schon über die Passstrassen flitzen. Dürfen Sie sich solche Wünsche auch nach der Heirat noch erfüllen, ohne den Partner, die Partnerin zu fragen?

Wenn Sie beide Ihr eigenes Geld verdienen, ist die Antwort einfach: Sobald die Kosten für den gemeinsamen Alltag gedeckt sind, können Sie mit dem Rest Ihres Einkommens schalten und walten, wie Sie wollen (ausser Sie hätten Gütergemeinschaft vereinbart, siehe Seite 107).

Wenn Sie kein eigenes Einkommen haben, können Sie für persönliche Anschaffungen einerseits natürlich den Betrag zur freien Verfügung verwenden. Wenn der nicht reicht, besprechen Sie sich mit Ihrem Ehemann, Ihrer Ehefrau, ob die gemeinsamen Finanzen die Anschaffung zulassen.

Die laufenden Bedürfnisse

Egal, ob Sie erwerbstätig sind oder nicht, für die Alltagsausgaben Ihrer Familie müssen Sie nicht jedesmal den Ehepartner um Erlaubnis fragen. Für die sogenannten laufenden Bedürfnisse der Familie können beide Seiten selbständig handeln und einkaufen. Vorausgesetzt natürlich, dass die Ausgaben das Haushaltsbudget nicht sprengen. Zu den laufenden Bedürfnissen gehören:

> **typische Haushaltseinkäufe** wie Lebens- und Putzmittel, Kleider, Medikamente, Kosmetika, günstige Kleinmöbel und Haushaltsgeräte
> **kleinere Reparaturarbeiten**
> **laufende Mietkosten**
> **Auslagen für die Ausbildung** und Erziehung der Kinder
> **Kranken- und Unfallversicherungen** im Rahmen der finanziellen Möglichkeiten
> **bei guten finanziellen Verhältnissen** auch grössere Ausgaben: beispielsweise der Kauf eines Geschirrspülers oder der Vertrag für einen Weiterbildungskurs

Grössere Geschäfte - etwa der Abschluss eines Mietvertrags für Wohn- oder Geschäftsräume, der Kauf teurer Möbel oder die Anschaffung eines Autos - gehören hingegen nicht zu den laufenden Bedürfnissen. Darüber müssen Sie und Ihr Partner, Ihre Partnerin sich absprechen.

Wer haftet für Schulden?

Für Alltagsausgaben - die laufenden Bedürfnisse der Familie - haften Frau und Mann solidarisch. Anders wäre dies nur, wenn Sie nicht (mehr) im gleichen Haushalt leben. Der Lebensmittelhändler, von dem die Frau jeweils die grösseren Einkäufe nach Hause liefern lässt, kann sich mit der Monatsrechnung also sowohl an sie wie auch an den Ehemann wenden.

Eheleute können sich gegenseitig Darlehen geben, sei dies für eine teure Anschaffung, eine Weiterbildung oder als Beitrag zum Aufbau der eigenen Firma. Falls Sie dieses Geld nicht verschenken, sondern eines Tages zurückerhalten möchten, sollten Sie einen schriftlichen Darlehensvertrag aufsetzen (Muster auf Seite 34). Das ist keineswegs ein Misstrauensbeweis, sondern eine weise Vorsorge für alle Fälle.

Für alle anderen Anschaffungen, die über die laufenden Bedürfnisse hinausgehen, haftet nur der Ehepartner, der das Geschäft abgeschlossen hat. Wenn Sie also für den schnittigen Sportwagen ein Darlehen aufnehmen, können die Gläubiger nur auf Sie allein zurückgreifen.
Was aber, wenn eine Seite das Haushaltsbudget arg überstrapaziert und für Alltagsanschaffungen mehr ausgibt, als Sie sich leisten können? Dann dürfen Sie von ihr (oder ihm) zurückverlangen, was Sie deswegen an

Dritte zahlen mussten. Wiederholt sich dies, könnten Sie im schlimmsten Fall sogar ans Eheschutzgericht gelangen. Aber besser ist es wohl, zuerst einmal Rat bei einer Budgetberatungsstelle zu holen (siehe Seite 264).

Für Geschäftsschulden Ihres Partners oder Ihrer Partnerin haften Sie nicht mit, wenn Sie sich nicht ausdrücklich mit verpflichtet haben. Achten Sie jedoch darauf, Ihr eigenes Vermögen vom Geschäfts- und Privatvermögen Ihres Partners getrennt zu halten.

Güterrecht oder: Was gehört wem?

Dass Frau und Mann nun eine finanzielle Gemeinschaft bilden, bedeutet nicht, dass mit dem Jawort alles Vermögen zusammengelegt wird. Im Gegenteil: Was Sie schon vor der Heirat besessen haben, ist weiterhin Ihr Eigentum. Was wem während der Ehe gehört und wie das eheliche Vermögen bei einer Scheidung oder dem Tod eines Ehepartners aufgeteilt wird, bestimmt das Güterrecht im schweizerischen Zivilgesetzbuch. Ehepaare können aus drei möglichen Güterständen wählen:

- Errungenschaftsbeteiligung
- Gütergemeinschaft
- Gütertrennung

Errungenschaftsbeteiligung: der Normalfall

Der Normalfall, der ordentliche Güterstand, ist die Errungenschaftsbeteiligung. Wer nicht selbst aktiv wird, lebt automatisch unter diesem Güterstand. Nur mit einem Ehevertrag können Sie einen anderen Güterstand wählen oder einzelne Bestimmungen der Errungenschaftsbeteiligung an Ihre persönliche Situation anpassen.

Die allermeisten Ehepaare in der Schweiz «haben» Errungenschaftsbeteiligung. Und für die meisten ist dies auch der richtige Güterstand; er entspricht der heutigen Ansicht von der Ehe als Gemeinschaft gleichberechtigter, eigenständiger Partner. Die Ehefrau und der Ehemann besitzen je ihr Eigengut und ihre Errungenschaft (siehe Kasten auf Seite 105 unten). Sowohl das Eigengut wie auch die Errungenschaft können sie selbständig nutzen und verwalten – immer mit der

Eheverträge müssen öffentlich beurkundet werden, damit sie gültig sind. Auch für spätere Abänderungen oder für die Aufhebung des Vertrags ist dies nötig.

Einschränkung, dass sie auf die eheliche Gemeinschaft Rücksicht nehmen und sich gegenseitig unterstützen.

Auf Ihren Alltag als Ehepaar haben die güterrechtlichen Bestimmungen wenig Einfluss. Wichtig wird die Unterscheidung in Eigengut und Errungenschaft aber bei einer Scheidung oder wenn ein Ehepartner stirbt. Dann nämlich werden die Errungenschaften von Mann und Frau - respektive, was davon übrig ist - zusammengezählt und dieser «Vorschlag» wird hälftig geteilt.

VERMEIDEN SIE UNKLARHEITEN VON ANFANG AN

> Legen Sie Ihre eingebrachten Vermögen nicht zusammen, sondern behalten Sie dafür eigene Konten. Für die Haushaltsausgaben können Sie separat ein gemeinsames Konto einrichten.
> Bewahren Sie die Bankauszüge zum Zeitpunkt Ihrer Heirat auf.
> Behalten Sie auch wichtige Kaufverträge und Quittungen.
> Erstellen Sie ein Inventar, wer welche Gegenstände in die Ehe gebracht hat. Dies hilft nicht nur, unnötige Streitereien bei einer Scheidung zu vermeiden. Es kann auch von Vorteil sein, falls jemand von Ihnen sterben sollte. Oder möchten Sie mit anderen Erben herumstreiten müssen, ob Ihnen Ihr Computer ganz oder nur zur Hälfte gehört?

EIGENGUT UND ERRUNGENSCHAFT

Zum **Eigengut** werden gezählt:

> Vermögen, das Ihnen schon vor der Ehe gehörte
> Gegenstände für den persönlichen Gebrauch wie Kleider, Schmuck oder eine Hobbyausrüstung
> Erbschaften und Geschenke
> Genugtuungsansprüche (Entschädigungszahlungen wegen Körperverletzung oder Ehrverletzung)

Zur **Errungenschaft** gehört alles, was Sie während der Ehe erwirtschaften:

> Einkommen und Arbeitslosentaggelder
> Pensionskassengelder, Renten und Versicherungsleistungen
> Erträge des Eigenguts wie Sparzinsen oder Zinsen für ein vermietetes Haus

Die Errungenschaftsbeteiligung abändern

Die Bestimmungen der Errungenschaftsbeteiligung stellen nicht für alle Ehepaare eine gute Lösung dar. Ein Beispiel:

Sandra und Reto …

… haben in den ersten Jahren ihrer Ehe beide voll gearbeitet und sich damit ein bescheidenes Vermögen erspart. Nun, mit zwei kleinen Kindern, arbeiten beide nur noch 50 Prozent. Das reicht gerade. Falls aber jemand von ihnen sterben sollte, würde es eng und es müsste wohl auch das Vermögen angebraucht werden, um die Lebenskosten der Familie zu bestreiten. Doch das Vermögen besteht zum grössten Teil aus Errungenschaft, also würde nur die Hälfte davon dem Witwer oder der Witwe gehören. Die andere Hälfte würde in den Nachlass des Verstorbenen fallen und daran erben auch die Kinder ihren Teil. Und Kindesvermögen dürfen die Eltern nur mit Zustimmung der Vormundschaftsbehörde verbrauchen.

Möchten Sie für einen solchen Fall vorsorgen, können Sie einen Ehevertrag abschliessen und darin vereinbaren, dass im Todesfall der oder die Überlebende die ganze gemeinsame Errungenschaft erhalten soll.
Eine andere Konstellation, in der häufig ein Ehevertrag abgeschlossen wird: Der Mann hat seine Ersparnisse in ein eigenes Geschäft gesteckt. Um von vornherein zu verhindern, dass die Firma bei einer Scheidung in Gefahr gerät, weil er seine Frau am Erfolg beteiligen müsste, schliesst er mit ihr einen Ehevertrag ab, der ihren Beteiligungsanspruch einschränkt. Auch wenn Sie in Ihre Ehe ein Kind aus einer früheren Beziehung mitbringen, können Sie mit einem Ehevertrag für eine gerechte Lösung sorgen (Beispiel siehe Seite 112).

Wenn es um ein eigenes Geschäft geht oder wenn Kinder aus einer früheren Beziehung da sind, ist eine tragfähige Lösung wichtig. Lassen Sie sich von einer Anwältin oder auf dem Notariat beraten.

Mit dem Ehevertrag regeln Sie die Aufteilung des Vermögens zwischen sich und Ihrem Partner, Ihrer Partnerin – nicht aber die Ansprüche weiterer Erben. Dazu braucht es zusätzlich ein Testament oder einen Erbvertrag (siehe Seite 109).

SELTEN: GÜTERTRENNUNG UND GÜTERGEMEINSCHAFT

Mit einem amtlich beurkundeten Ehevertrag können Eheleute zwei weitere Güterstände wählen:

Bei der **Gütertrennung** ist jede Seite alleinige Besitzerin ihres ganzen Vermögens und Einkommens. Es gibt keine Errungenschaft, die irgendwann geteilt werden müsste. Dieses Modell wird etwa gewählt, wenn Frau und Mann je eine eigene Firma führen und finanziell selbständig bleiben wollen. Nicht geeignet ist dieser Güterstand, wenn sich eine Seite ganz um Kinder und Haushalt kümmert und kein eigenes Erwerbseinkommen hat. Sie wäre bei einer Scheidung, aber auch beim Tod des Partners massiv benachteiligt.

Die **Gütergemeinschaft** ist im Alltag unpraktisch. Denn der grösste Teil der Einkünfte und Vermögen des Ehepaars ist im Gesamtgut zusammengefasst: Erwerbs- und Renteneinkommen, in die Ehe eingebrachte und später ersparte Vermögenswerte, Erbschaften und Schenkungen. Über dieses Gesamtgut dürfen Frau und Mann nur gemeinsam entscheiden. Macht eine Seite Schulden, ist die andere viel stärker mitbetroffen.

3.4 Gut vorgesorgt dank der Ehe

> Katja Rauch

Nichts liegt einem beim Eintritt ins Eheleben ferner als der Gedanke an den Tod. Und doch: Ein, zwei Überlegungen ist das Thema schon wert. Was wäre, wenn? Wie ist finanziell für die Witwe oder den Witwer gesorgt?

Eines vorweg: Sind Sie verheiratet, ist in finanzieller Hinsicht auch für später vieles schon für Sie geregelt. Das Erbrecht zählt den Ehepartner - anders als die Konkubinatspartnerin - zu den gesetzlichen Erben, die in jedem Fall einen Pflichtteil zugut haben. Und auch die Sozialversicherungen (AHV, berufliche Vorsorge und Unfallversicherung) haben ihre Leistungen weitgehend auf das Modell Ehe ausgerichtet.

Alle Informationen über die Sozialversicherungen finden Sie im Kapitel zum Thema Finanzen und Vorsorge (siehe Seite 272). Auf den folgenden Seiten erhalten Sie einen kurzen Überblick über das Erbrecht und über Ihre Möglichkeiten, mit Testament, Erb- und Ehevertrag füreinander vorzusorgen.

Was Sie über das Erbrecht wissen müssen

Das schweizerische Erbrecht stellt eine gesetzliche Erbfolge auf, die gilt, wenn Sie nicht in einem Testament oder Erbvertrag etwas anderes vereinbart haben. Zu den gesetzlichen Erben zählt immer der überlebende Ehemann oder die Ehefrau. Wie gross ihr Erbteil ist, hängt davon ab, ob auch Kinder da sind:

- **Der Verstorbene hinterlässt keine Kinder**: Die Ehepartnerin erbt $\frac{3}{4}$ des Nachlasses. Je $\frac{1}{8}$ geht an die Eltern des Verstorbenen. Leben diese nicht mehr, kommen ihre Anteile den Geschwistern des Verstorbenen oder deren Kindern zu. Nur wenn auch keine Geschwister und keine Nichten oder Neffen vorhanden sind, erbt die Ehefrau die ganze Hinterlassenschaft.
- **Die Verstorbene hinterlässt Kinder:** Der Ehepartner erbt die Hälfte der Erb-

masse. Die andere Hälfte geht an die Kinder. Erbberechtigt sind zu gleich grossen Teilen eheliche und aussereheliche Kinder sowie Adoptivkinder. Stiefkinder sind nicht erbberechtigt.

Wichtig zu wissen: Auch minderjährige Kinder erben. Zwar hat dann die überlebende Mutter das Recht und die Pflicht, dieses Kindesvermögen zu verwalten. Aber sie darf es nicht einfach anbrauchen, um sich und die Kinder über die Runden zu bringen (siehe auch Seite 122).

Wenn Sie einen solchen Engpass vermeiden wollen, können Sie Ihre Kinder im Testament oder in einem Erbvertrag auf den Pflichtteil setzen (siehe Kasten) und den damit freigewordenen Teil Ihres Nachlasses - die verfügbare Quote - Ihrer Ehepartnerin bzw. Ihrem Partner zuweisen. Auch die eigenen Eltern können auf den Pflichtteil beschränkt, Geschwister und deren Kinder ganz von der Erbschaft ausgeschlossen werden. So stellen Sie sicher, dass der überlebende Ehegatte einen möglichst grossen Teil des Nachlasses erhält.

DER PFLICHTTEIL

Die gesetzlichen Erbteile gelten, wenn der oder die Verstorbene nichts anderes bestimmt hat. Zwar dürfen Sie die gesetzlichen Erben nicht ganz leer ausgehen lassen, im Testament können Sie sie aber auf den Pflichtteil setzen. Dieser beträgt:

- **für Ehegatten:** $\frac{1}{2}$ des gesetzlichen Erbanspruchs
- **für Nachkommen:** $\frac{3}{4}$ des gesetzlichen Erbanspruchs
- **für die Eltern:** $\frac{1}{2}$ des gesetzlichen Erbanspruchs
- **Geschwister und ihre Kinder** haben keinen Pflichtteil.

Je nachdem, wer sonst noch zu den Erben gehört, ist der Pflichtteil unterschiedlich hoch. Hinterlässt ein Verstorbener seine Ehefrau und Kinder, beträgt der Pflichtteil der Kinder $\frac{3}{8}$ ($\frac{1}{2} \times \frac{3}{4}$).

Testament und Erbvertrag

Ein Testament, mit dem Sie die freie Quote Ihrem Ehemann, Ihrer Ehefrau zuweisen, setzen Sie ganz allein auf. Sie müssen es auch nicht öffentlich beurkunden lassen. Allerdings sind Sie dann auch selber dafür verantwortlich, dass es an einem sicheren Ort aufbewahrt ist und nach Ihrem Tod gefunden werden kann. Eine gute Möglichkeit ist es, das Testament auf dem Notariat oder bei der Bank zu hinterlegen.

Statt eines eigenhändigen können Sie auch die Form des öffentlichen Testaments wählen. Dieses wird von einer Urkundsperson verfasst und von Ihnen im Beisein zweier Zeugen unterschrieben. Anschliessend wird das Original oder eine Abschrift öffentlich aufbewahrt. Ein solches Testament ist gebührenpflichtig, bietet aber den Vorteil, dass Sie beim Abfassen fachkundig beraten werden.

Das eigenhändige Testament muss von A bis Z von Hand geschrieben und mit dem Errichtungsdatum versehen sein. Und natürlich muss Ihre Unterschrift darunter stehen.

Beim eigenhändigen Testament redet Ihnen niemand drein. An sich könnten Sie also Ihre Ehefrau oder Ihren Mann auch als Alleinerben einsetzen. Doch ein solches Testament können die pflichtteilsgeschützten Erben anfechten. Mit erwachsenen Kindern - oder den Eltern - lässt sich ja informell abmachen, dass diese aus Goodwill auf die Anfechtung verzichten. Wenn Sie aber minderjährige Kinder hinterlassen, wird der Beistand den Pflichtteil für sie auf jeden Fall einfordern.

Der Erbvertrag

Sie möchten sich gegenseitig, so weit es geht, begünstigen und denken: Wozu zwei Testamente? Wir können doch gleich alles in einem Dokument festhalten und gemeinsam unterschreiben. Ein solches Gemeinschaftstestament ist ungültig. Jede Seite muss ein eigenes Testament verfassen - und kann dieses auch jederzeit wieder eigenmächtig abändern.

Möchten Sie die gegenseitige Erbbevorzugung gemeinsam festhalten, können Sie einen Erbvertrag errichten. Dieser muss öffentlich von einem Notar beurkundet werden. Einmal abgeschlossen, lässt sich ein Erbvertrag nur noch ändern oder aufheben, wenn alle Beteiligten einverstanden sind. In einem solchen Vertrag können Sie Ihre Erbregelung ganz individuell bestimmen und beispielsweise auch einen Verzicht Ihrer Eltern auf den Pflichtteil vereinbaren. Am besten lassen Sie sich beim Aufsetzen von einer Notarin beraten.

Mehr Hinweise, wie Ehepaare in verschiedenen Familienkonstellationen ihre Erbfolge günstig regeln können, und viele weitere Informationen ums Erben und Vererben finden Sie im Beobachter-Ratgeber «Testament, Erbschaft».
(www.beobachter.ch/buchshop)

Der Ehevertrag spielt eine wichtige Rolle

Mit dem Testament (oder dem Erbvertrag) tun Sie einen ersten Schritt, um Ihren überlebenden Ehepartner, Ihre Partnerin im Todesfall besser zu stellen. Aber es gehört noch etwas dazu: Denn bevor es ans Erben geht, wird ja das eheliche Vermögen auf die bei-

den Eheleute verteilt. Wie das gemacht wird, bestimmt das Güterrecht. Mit einem Ehevertrag - der ebenfalls öffentlich beurkundet werden muss - können Sie auf die Regelung Einfluss nehmen.
Die meisten Ehepaare in der Schweiz stehen unter dem Güterstand der Errungenschaftsbeteiligung (siehe Seite 104). Das bedeutet: Stirbt der Ehemann, gehört die Hälfte der während der Ehe erarbeiteten Errungenschaft der Witwe. Die andere Hälfte und das Eigengut des Verstorbenen fallen in den Nachlass und werden zwischen der Witwe und den übrigen Erben aufgeteilt.

Den Pflichtteil Ihrer gemeinsamen Kinder dürfen Sie mit einem Ehevertrag umgehen. Nicht aber den Pflichtteil von Kindern des Partners oder der Partnerin aus einer anderen Beziehung. Diesen müssen Sie bei Ihren Vereinbarungen respektieren.

Mit einem Ehevertrag lässt sich die güterrechtliche Aufteilung ändern: Sie können darin vereinbaren, dass die überlebende Seite die gesamte Errungenschaft erhalten soll. In den Nachlass fällt dann nur noch das Eigengut des Verstorbenen. Wurde der grösste Teil des Vermögens während der Ehe erspart, kommt dies praktisch einer Enterbung der übrigen Erben gleich.

Wenn Sie in Ihre Ehe bereits eigenes Vermögen mitbringen, wird das eheliche Vermögen mit der Zeit sowohl aus Eigengut wie auch aus während der gemeinsamen Jahre erworbener Errungenschaft bestehen. Dann ist es für die überlebende Ehehälfte in der Regel am günstigsten, wenn sowohl ein Ehevertrag als auch ein Testament besteht.

Maria ...

... hat eine Erbschaft von 60 000 Franken gemacht (Eigengut). Sie und ihr Ehemann Frank haben seit ihrer Heirat gemeinsam 200 000 Franken gespart. Die beiden haben zwei minderjährige Kinder.
Im Ehevertrag haben sie vereinbart, dass die ganze Errungenschaft dem überlebenden Ehegatten gehören soll. Und beide haben sie ein Testament aufgesetzt, das die Kinder auf den Pflichtteil beschränkt und die freie Quote dem Ehepartner bzw. der Ehepartnerin zuweist. Als Maria stirbt, hat ihr Ehemann, der nun allein für die beiden Kinder sorgen muss, eine deutlich grössere Reserve.
Zuerst die Rechnung ohne Testament und Ehevertrag:

> **Die Hälfte der Errungenschaft gehört Frank**	Fr. 100 000.–
> **Von der anderen Hälfte erbt Frank die Hälfte**	Fr. 50 000.–
> **Von Marias Eigengut erbt Frank die Hälfte**	Fr. 30 000.–
Total beträgt Franks Anteil	Fr. 180 000.–

Mit Ehevertrag und Testament kommt der Ehemann deutlich besser weg:

> **Die ganze Errungenschaft gehört Frank**	Fr. 200000.–
> **Von Marias Eigengut erbt Frank $^5/_8$**	Fr. 37500.–
Total beträgt Franks Anteil	Fr. 237500.–

Vorsicht in Patchwork-Familien

Wenn Sie Kinder aus einer früheren Beziehung mit in die Ehe bringen, heisst es aufpassen: Die Begünstigung des Ehepartners kann zu ungewollten Ungerechtigkeiten führen.

Als Anna …

… ihren Lebenspartner Gregor heiratet, bringt sie zwei Kinder mit in die Ehe. Anna besitzt einiges an Vermögen sowie ein Haus, das sie von ihren Eltern geerbt hat. In diesem Haus wohnt nun die Familie. Anna will sicherstellen, dass Gregor nach ihrem Tod mit den Kindern im Haus bleiben kann, setzt deshalb die Kinder auf den Pflichtteil und vermacht das Haus ihrem Ehemann. Doch gegenüber dem Stiefvater sind Annas Kinder nicht erbberechtigt; sein Nachlass geht – wenn Anna zuerst stirbt – nur an seine Eltern und Geschwister. Das kann dazu führen, dass die Kinder ihr Elternhaus an die Familie des Stiefvaters verlieren.

Möchten Sie solche Ungerechtigkeiten verhindern, können Sie Ihren Ehepartner im Testament als Vorerben einsetzen und bestimmen, dass nach seinem Tod oder zu einem festgelegten Zeitpunkt Ihre Kinder zu gleichen Teilen Nacherben werden. Die Pflichtteile der Kinder müssen Sie aber auch in diesem Fall respektieren.

Wenn zu den Kindern aus einer früheren Beziehung auch noch gemeinsame kommen, wird es mit dem Vererben noch komplizierter. Leben Sie in einer Patchwork-Familie, lohnt es sich, mit Hilfe einer Anwältin oder eines Notars eine massgeschneiderte, gerechte Erbregelung auszuarbeiten.

Selbständigerwerbende: Ehevertrag zu empfehlen

Selbständigerwerbende haben oft das ganze eheliche Vermögen ins eigene Geschäft investiert. Da kann ein Todesfall besonders gravierende finanzielle Folgen haben – gleichgültig, ob die Ehefrau stirbt, die mit ihrem Betrieb das Familieneinkommen erarbeitet, oder der Gatte, der als Hausmann für die Kinder sorgt.

Erika …

… besitzt ein Restaurant. Sie hat es erst nach ihrer Heirat aufgebaut, und fast das ganze eheliche Vermögen steckt darin: 800 000 Franken. Ihr Mann Patrick sorgt als Hausmann für die Kinder. Die beiden gehen davon aus, dass er, sollte seine Frau sterben, das Restaurant übernimmt und weiterführt. Doch das könnte finanziell ein Problem werden. Ob Erika oder Patrick stirbt, ohne Ehevertrag und Testament sähe die Rechnung folgendermassen aus:

- Die Witwe oder der Witwer erhält
  - aus Güterrecht die Hälfte des Vermögens Fr. 400 000.–
  - aus Erbrecht die Hälfte des Nachlasses Fr. 200 000.–
- Der Sohn erbt Fr. 100 000.–
- Die Tochter erbt Fr. 100 000.–

Die Kinder haben also Anrecht auf einen Erbteil von zusammen 200 000 Franken. Hat Patrick nicht genug flüssige Mittel, um sie auszuzahlen, könnte das Restaurant gefährdet sein.

Sind Sie als Selbständigerwerbender in einer solchen Situation, sollten Sie unbedingt einen Ehevertrag abschliessen und sich gegenseitig im Todesfall die gesamte Errungenschaft zuweisen. Zudem sollten Sie und Ihre Partnerin, Ihr Partner je ein Testament verfassen, in dem Sie die Kinder auf den Pflichtteil setzen.

Als Selbständigerwerbende ist es nicht immer einfach, den Nachlass zu regeln. Einerseits möchte man den Partner möglichst gut stellen, andererseits die eigene Firma nicht gefährden, ja sie vielleicht für einen Nachkommen erhalten. Lassen Sie sich beraten.

Links und Adressen

Informationen für binationale Paare

www.auslaender.ch

und www.bfm.admin.ch

Bundesamt für Migration
Quellenweg 6
3003 Bern-Wabern
Tel. 031 325 11 11
Informationen zu Aufenthaltsbewilligung,
Niederlassung und Einbürgerung

www.eazw.admin.ch

Eidgenössisches Amt für das
Zivilstandswesen
Bundesrain 20
3003 Bern
Tel. 031 322 47 62
Rechtsfragen binationaler Paare

Informationen zum Thema Geld

www.budgetberatung.ch

Budgetberatung Schweiz
Arbeitsgemeinschaft Schweizerischer
Budgetberatungsstellen ASB
Hashubelweg 7
5014 Gretzenbach
Tel. 062 849 42 45
Merkblätter, Budgetbögen und Adressen
von Beratungsstellen in Ihrer Region

4. Wenn Kinder kommen

Kinder stellen das Leben ihrer Eltern auf den Kopf. So oder so. Ein bisschen Vorwissen über die rechtlichen Gegebenheiten und ein paar Gedanken zur Familienorganisation verhelfen Ihnen zu einem guten Start in die neue Lebensphase.

4.1 Rechtliches rund ums Kind

> Katja Rauch

Nachnamen und Bürgerrecht von Mutter oder Vater, Betreuung und Unterhalt von beiden. Was das Gesetz zu den Rechten und Pflichten von Kindern und ihren Eltern zu sagen hat, finden Sie auf den folgenden Seiten zusammengestellt.

Wenn eine Frau nach der Geburt ihr Baby in die Arme schliesst, ist eines sonnenklar: Sie ist die Mutter dieses Kindes. Beim Vater ist das weniger eindeutig - und deshalb hat das Gesetz dazu etwas zu sagen: Sind die Eltern verheiratet, wird automatisch angenommen, der Ehemann sei der leibliche Vater des Kindes. Leben die Eltern im Konkubinat, muss die Vaterschaft erst rechtlich festgemacht werden. Zuerst aber: ein kurzer Spaziergang durchs Kindesrecht für verheiratete Eltern.

Name und Bürgerrecht des Kindes

Sind seine Eltern verheiratet, erhält das Kind den Familiennamen, den das Paar bei der Heirat gewählt hat. Deshalb lohnt es sich, schon vor der Hochzeit nicht nur an sich selber, sondern auch an den möglichen Nachwuchs zu denken: Mit welchem der beiden Nachnamen - demjenigen der Mutter oder demjenigen des Vaters - würden die Kinder wohl lieber durchs Leben gehen? Nicht möglich sind Doppelnamen für Kinder. Auch wenn die Mutter ihren bisherigen Namen dem Familiennamen vorangestellt hat und nun Saladin Müller heisst, werden die Kinder nur Müller heissen.

Beim Familiennamen haben die Eltern also die Möglichkeit zu wählen. Beim Bürgerrecht

Wenn Eltern erst nach der Geburt des Kindes heiraten, wechselt das Kind unter Umständen seinen Nachnamen. Nämlich dann, wenn die Eltern als Familiennamen den Namen des Vaters wählen (bei der Geburt erhielt es Namen der Mutter). Das Bürgerrecht des Kindes ändert auf jeden Fall: Vorher hatte es das Bürgerrecht der Mutter, nach der Heirat bekommt es das Bürgerrecht des Vaters.

hingegen ist ihnen das verwehrt. Auch wenn die Mutter ausgesprochen stolz ist auf ihr Stadtberner Bürgerrecht, kann sie es nicht an ihr Kind weitergeben. Denn wenn beide Eltern Schweizer sind, erhält das Kind automatisch das Kantons- und Gemeindebürgerrecht des Vaters. Daran gibt es nichts zu rütteln, auch wenn dies unter dem Aspekt der Gleichberechtigung als stossende Ungerechtigkeit angesehen werden kann.
In binationalen Ehen erhält das Kind das Schweizer Bürgerrecht - egal, ob der Vater oder die Mutter den Schweizer Pass besitzt (Konkubinatseltern siehe Seite 128). Ob das Kind zusätzlich zur schweizerischen auch die Staatsbürgerschaft des ausländischen Elternteils erhält, bestimmt dessen Heimatrecht.

DAS KIND ANMELDEN

Jede Geburt und jeder Name wird vom Zivilstandsamt folgenden Stellen gemeldet:

- Zivilstandsämter der Heimatorte von Vater und Mutter (zur Nachtragung des Familienregisters)
- Wohnort von Vater und Mutter (zur Nachführung der Einwohnerregister)
- Vormundschaftsbehörde am Wohnort der Mutter, sofern die Eltern nicht verheiratet sind
- Bundesamt für Flüchtlinge, sofern es sich bei einem Elternteil um eine Asyl suchende, vorläufig aufgenommene oder als Flüchtling anerkannte Person handelt
- Bundesamt für Statistik

Wer aber meldet das Neugeborene beim Zivilstandsamt an? Zur Meldung von Geburten sind in folgender Reihenfolge verpflichtet:

- die Direktionen von Kliniken, Heimen und Anstalten
- die Behörden, die von der Geburt Kenntnis erhalten
- die zugezogene Ärztin oder der Arzt sowie die ärztlichen Hilfspersonen
- die Familienangehörigen oder die von ihnen Bevollmächtigten

Viele Namen in Patchwork-Familien

Bringen Eltern ihre Kinder aus früheren Beziehungen in eine neue Ehe mit, wird es mit den Namen unter Umständen kompliziert. Gerade für die Kinder kann es unangenehm sein, wenn sie immer wieder erklären müssen, wieso sie anders heissen als der Rest der Familie.

Selina …

… ist neunjährig. Sie wohnt zusammen mit ihrer Mutter, ihrem Stiefvater und drei Geschwistern. Und so sieht es in ihrer Familie mit den Namen aus:

- **Selina stammt aus der früheren Ehe der Mutter und heisst Grünauer.**
- **Der Vater heisst Reto Sieber.**
- **Die Mutter, die bei der Scheidung wieder ihren Mädchennamen angenommen hat, heisst Evelyne Weber Sieber.**
- **Die beiden älteren Geschwister von Selina sind aus der ersten Ehe des**

Vaters: der zwölfjährige Sven Sieber und die vierzehnjährige Nora Sieber.

> **Das jüngste Kind wurde in der neuen Ehe geboren: die sechsjährige Sarah Sieber.**

Die neue Familie von Selina ist seit sieben Jahren zusammen und das Mädchen hat zum Stiefvater eine gute, tragfähige Beziehung. Er ist für sie der «Papa». Deshalb stört es Selina sehr, dass sie als einzige nicht Sieber heisst. Sie fühlt sich als Aussenseiterin in der Familie.

Im Prinzip ist es möglich, in einer solchen Situation beim Regierungsrat ein Namensänderungsgesuch für das Kind zu stellen. Aber die Anforderungen sind sehr hoch: Die Eltern müssen schlüssig darlegen, dass das Kind in seiner sozialen, psychischen oder physischen Entwicklung gefährdet ist, wenn es den jetzigen Namen weiterführen muss. Ein Wort mitzureden hat zudem der leibliche Elternteil, der nicht mit dem Kind zusammenlebt. Wenn er sich querlegt, kann er die Namensänderung erheblich erschweren oder gar unmöglich machen.

Bevor Sie ein förmliches Namensänderungsgesuch einreichen, erkundigen Sie sich nach der Praxis in Ihrem Kanton. Erhalten Sie einen negativen Vorbescheid, stehen die Chancen schlecht für die gewünschte Namensänderung. Das Bundesgericht jedenfalls fährt seit Ende der 1990er Jahre eine sehr strenge Linie. Da investieren Sie Ihre Zeit und das Geld lieber in einen schönen Familienurlaub.

Was bedeutet elterliche Sorge?

Früher besassen Eltern die «elterliche Gewalt» über ihre Kinder - ein Ausdruck, bei dem es einem kalt über den Rücken läuft. Mit der Revision des Familienrechts Anfang 2000 wurde dieser Begriff ersetzt. Heute stehen Kinder unter der «elterlichen Sorge», was den Kern einer guten Eltern-Kind-Beziehung doch weit besser trifft: Eltern haben die Pflicht, ihre Kinder zu betreuen, sie zu erziehen, für sie die nötigen Entscheide zu treffen und sie gegenüber anderen Menschen und Stellen zu vertreten, wenn dies nötig ist. Und sie haben nicht nur die Pflicht, sondern auch das Recht dazu: Keine Behörde darf ihnen dieses Recht entziehen, solange sie ihre Aufgabe verantwortungsvoll und zum Wohl des Kindes wahrnehmen.

Verheiratete Eltern üben die elterliche Sorge gemeinsam aus. Das heisst nicht, dass sie alles, was die Kinder betrifft, gemeinsam erledigen müssen. Alltägliche Dinge kann die

WAS, WENN DIE ELTERN STERBEN?

Einmal wieder nur zu zweit in die Ferien reisen und die Kinder bei den Grosseltern lassen - wunderbar! Und doch: Was, wenn das Flugzeug abstürzt? Wer wird dann für die Kinder sorgen?
Haben Sie eine konkrete Vorstellung, wer sich im Notfall um Ihre unmündigen Kinder kümmern soll - oder wer sicher nicht -, können Sie dies schriftlich festhalten. Das Schreiben («Wunschvormund für meine Kinder») adressieren Sie an die Vormundschaftsbehörde am Wohnsitz Ihrer Kinder und bewahren es bei Ihren übrigen wichtigen Dokumenten auf, sodass es wenn nötig gefunden und eingereicht würde. Verbindlich ist ein solcher Wunsch zwar nicht, aber die Vormundschaftsbehörde muss ihn berücksichtigen, wenn keine wichtigen Gründe dagegen sprechen.

Mutter oder der Vater selbstverständlich auch allein in die Wege leiten: das Kind zum Zahnarzt anmelden, des Schulzeugnis unterschreiben, die kindlichen Locken beim Coiffeur in eine Igel-Frisur verwandeln lassen (falls auch das Kind das will).
Bei grösseren Entscheiden - etwa der Wahl einer Schule - braucht es hingegen die Zustimmung von Mutter und Vater. Können sich die Eltern partout nicht einigen, was für ihr Kind besser ist, können sie das Jugendsekretariat der Gemeinde oder eine Familienberatungsstelle um Vermittlung bitten. Ein solcher Schritt braucht zwar Mut, ist aber besser, als es auf einen langen Streit ankommen zu lassen.

Kinder brauchen Unterhalt

Die elterliche Sorge umfasst natürlich auch die Pflicht, für den Lebensunterhalt der Kinder zu sorgen: Wohnen, Essen, Kleider, medizinische Behandlungen, Hobbys, die Sportausrüstung, Musikunterricht und und und. Wie einfach oder luxuriös das alles sein soll, misst sich an Ihren finanziellen Verhältnissen und Ihrem eigenen Lebensstandard. Zudem müssen Sie Ihren Kindern eine schulische und berufliche Ausbildung ermöglichen, die ihren Neigungen und Fähigkeiten entspricht.
Die Unterhaltspflicht der Eltern dauert grundsätzlich bis zur Mündigkeit, also bis zum 18. Geburtstag des Kindes oder bis es seine Erst-

Sobald Kinder einen Begriff für Zahlen entwickelt haben, sollten sie ein Taschengeld erhalten. So lernen sie, mit Geld umzugehen. Als Faustregel gilt: für jede Primarschulklasse einen Franken pro Woche – Erstklässler also einen Franken, Zweitklässler zwei etc.

KINDESVERMÖGEN

Kindesvermögen kann auf unterschiedliche Art entstehen: Geldgeschenke von Götti und Gotte, eine Erbschaft. Solange die Kinder unmündig sind, verwalten die Eltern dieses Vermögen für sie. Doch Achtung: Einen finanziellen Engpass aus dem Sparkonto der Tochter zu überbrücken, ist nicht erlaubt. Die Bank würde Ihnen einen solchen Rückzug zu Recht verweigern. Die Erträge aus dem Kindesvermögen können Sie zwar für den Unterhalt und die Ausbildung der Kinder verwenden; das Vermögen selbst dürfen Sie nur mit Erlaubnis der Vormundschaftsbehörde angreifen.

ausbildung abgeschlossen hat. Heute sind die meisten Jugendlichen mit 18 noch nicht fertig mit der Ausbildung, und die Eltern sind verpflichtet, bis zum Ende der Lehre oder des Studiums weiterzuzahlen. Allerdings nur, wenn ihnen das zugemutet werden kann. Falls das Geld den Eltern knapp zum Leben reicht, müssen die Kinder schauen, dass sie das Studium mit Stipendien oder einem eigenen Nebenjob finanzieren können.

Kinder haben Rechte

Haben Sie Ihrem Baby, kaum war es auf der Welt, versprochen, in guten und schlechten Stunden für es da zu sein, es zu umsorgen und auf seinem Weg zur Selbständigkeit fürsorglich zu begleiten? Das ist auch im Gesetz so festgehalten: Das Kind hat ein Recht darauf, sich seinen Fähigkeiten und Neigungen entsprechend entwickeln zu können und ein Leben zu führen, in dem es sich wohl und sicher fühlt. Und es hat ein Recht, bei wichtigen Entscheidungen, die es betreffen, mitzureden - seinem Alter entsprechend natürlich.

Rechtspersönlichkeit Kind

Kinder haben nicht nur das Recht auf Schutz und eine gute Anleitung durch ihre Eltern - in vielen Bereichen sind sie auch schon eigene Rechtspersönlichkeiten, die selbständig handeln dürfen und deren Meinung zu berücksichtigen ist, sobald sie urteilsfähig sind. Dieses Recht kommt vor allem dann zum Zug, wenn Probleme zu lösen sind: Bei einer Trennung oder Scheidung der Eltern zum Beispiel werden urteilsfähige Kinder vom Gericht zu den Themen, die sie betreffen, in altersgerechter Form angehört. Urteilsfähig bedeutet laut Gesetz, dass Kinder fähig sind, vernunftmässig zu handeln und die Konsequenzen ihres Tuns abzuschätzen. Dafür gibt es keine starre Alterslimite. Je nach Thema und persönlicher Reife nehmen die Gerichte

ab ungefähr 10 Jahren an, dass ein Kind urteilsfähig sei. Religionsmündig sind Kinder mit 16 Jahren.

Urteilsfähige Minderjährige dürfen ihre «höchstpersönlichen Rechte» wahrnehmen. Dazu gehört beispielsweise, dass sie sich selbständig von einem Arzt untersuchen und behandeln lassen können, ohne dies den Eltern mitteilen zu müssen. Eine 14-jährige Jugendliche kann sich also die Antibabypille verschreiben lassen, selbst wenn die Eltern dagegen sind.

Alltägliche «Rechtsgeschäfte», die im Rahmen des Taschengelds oder Lehrlingslohns liegen, dürfen Kinder selbständig abschliessen. Die Kioskverkäuferin kann der Erstklässlerin ohne Bedenken einen Schleckstängel verkaufen und auch der Vertrag des 16-jährigen Lehrlings, der sich ein 200 Franken teures Computerspiel bestellt, ist verbindlich. Grössere Rechtsgeschäfte jedoch können Minderjäh-

Wenn Sie nicht möchten, dass Ihre Erstklässlerin das Taschengeld für Süssigkeiten ausgibt und Ihr Zweitklässler für Kriegsspielzeug, liegt es in Ihrer erzieherischen Verantwortung, Regeln aufzustellen. Erklären Sie den Kindern aber auch, weshalb Sie das nicht wollen.

UNO-KINDERRECHTS-KONVENTION

Dass die Rechte der Kinder heute stärker wahrgenommen werden als früher, ist auch das Verdienst der Uno-Kinderrechts-konvention. In der Schweiz gilt dieser internationale Vertrag über die Kinder-rechte seit 1997. Besonders Artikel 12 hat viel bewegt:

«Die Vertragsstaaten sichern dem Kind, das fähig ist, sich eine eigene Meinung zu bilden, das Recht zu, diese Meinung in allen das Kind berührenden Angelegen-heiten frei zu äussern, und berücksichti-gen die Meinung des Kindes angemessen und entsprechend seinem Alter und seiner Reife.»

rige grundsätzlich nur mit der Zustimmung ihrer Eltern abschliessen. Es ist Sache des Verkäufers sicherzustellen, dass diese Zustimmung zu einem bestimmten Kauf tatsächlich vorliegt.

Eltern im Konkubinat

Glücklich beugen Sie sich über das Bettchen Ihres Neugeborenen - seit ein paar Stunden sind Sie Mutter und Vater! Damit Sie und Ihr Kind auch im Konkubinat (fast) die gleichen Rechte erhalten wie in einer Ehe, gibt es jedoch einiges zu regeln. Da geht es zuerst einmal darum, dass der Vater auch rechtlich der Vater ist. Der Unterhalt für das Kind muss schriftlich vereinbart werden. Und auch wenn Sie die Elternrechte und -pflichten gemeinsam wahrnehmen möchten, braucht es dafür ein Papier.

Das Kind anerkennen

Sind Sie nicht verheiratet, muss der Vater sein Kind auf dem Zivilstandsamt anerkennen, damit das «Kindesverhältnis» rechtlich hergestellt ist. Mit dieser Anerkennung erhält das Kind ihm gegenüber die gleichen Rechte wie ein eheliches: Es hat Anspruch auf Unterhalt und ist erbberechtigt.
Ihr Kind anerkennen können Sie bereits vor seiner Geburt oder auch nachher. Aber vergessen Sie es nicht: Sonst meldet sich nach ungefähr einem Monat die Vormundschaftsbehörde bei Ihrer Partnerin. Wenn Sie dann noch immer nicht reagieren, wird schliesslich ein Beistand für das Kind ernannt. Dessen Aufgabe ist es, den Vater zur Anerkennung seiner Vaterschaft zu bringen und mit ihm einen Unterhaltsvertrag für das Kind abzuschliessen.

Komplikation: falsche Vaterschaft

Wenn eine (noch) verheiratete Frau ein Kind zur Welt bringt, gilt vor dem Gesetz der Ehemann als Vater. Das ist einfach und selbstverständlich, wenn er es tatsächlich ist. Was aber, wenn er es nicht ist?

Karin …

… erfährt, dass sie von ihrem neuen Partner schwanger ist. Von ihrem früheren Mann lebt sie zwar getrennt, ist aber noch nicht geschieden. Wenn sie jetzt sofort die Scheidung einleitet und mit ihrem Noch-Ehemann weitgehend einig ist, werden die beiden vermutlich noch vor der Geburt des Kindes geschieden sein. Drei bis sechs Monate dauert eine Scheidung in einfachen Fällen. Wenn Karin Pech hat, kann sich die Scheidung jedoch bis nach der Geburt verzögern. Dann gilt ihr Expartner als Vater des Kindes und es erhält seinen Familiennamen – auch wenn alle Beteiligten dies nicht wollen.

Wie kommt das Kind zum richtigen Vater? Der (Noch-)Ehemann, der fälschlicherweise als Vater im Zivilstandsregister eingetragen ist, muss die Vaterschaft vor Gericht anfechten. Er muss beweisen, dass er nicht der Erzeuger ist (DNA-Test). Wird seine Klage gutgeheissen, gilt er rückwirkend bis zur Geburt nicht mehr als Vater. Dann ist der Weg frei für die Anerkennung durch den richtigen Vater. Aber Achtung: Der Nachname des Kindes bleibt. Erst wenn die Mutter und der leibliche Vater heiraten, bekommt auch das Kind den Familiennamen der neuen Familie.

Der fälschlich als Vater eingetragene Ehemann hat für seine Klage ein Jahr Zeit – gemessen ab der Geburt oder ab dem Zeitpunkt, da er sicher wusste, dass er nicht der Vater ist. Fünf Jahre nach der Geburt ist es aber in der Regel zu spät.

PRAXISTIPPS FÜR BETROFFENE

Damit die Scheidung möglichst schnell über die Bühne geht und niemand zum «falschen Vater» werden muss:

- Versuchen Sie, Unterhalt, Pensionskassenausgleich etc. einvernehmlich mit Ihrem Mann zu regeln.
- Beschaffen Sie rasch alle nötigen Unterlagen für das Gericht.
- Bitten Sie das Gericht, Ihr Verfahren speditiv zu behandeln. Es soll die zweimonatige Bedenkfrist unmittelbar nach der Anhörung ansetzen und Ihnen das Urteil sofort nach Eingang Ihrer Bestätigungsschreiben zustellen.

Falls die Geburt trotz allem vor der Scheidung stattfindet: Sorgen Sie für klare Verhältnisse zwischen sich und Ihrem (Noch-)Ehemann. Bestanden keine sexuellen Kontakte mehr zu ihm und bestätigt Ihr neuer Partner, der Vater des Kindes zu sein, ist im Anfechtungsprozess allenfalls kein Gutachten nötig. Damit verläuft dieser rascher und ist billiger.

Die falsche Vaterschaft anfechten kann auch das Kind, und zwar bis ein Jahr nach seiner Mündigkeit. Solange es minderjährig und nicht urteilsfähig ist, wird es dabei von einem Beistand vertreten. Die Mutter und der richtige Vater dagegen haben kein Klagerecht. Sie können sich nur an die Vormundschaftsbehörde wenden. Diese ernennt dann eventuell einen Beistand für das Kind, der das falsche Kindesverhältnis vor Gericht anficht. Allerdings wird die Vormundschaftsbehörde sehr genau prüfen, ob dies wirklich im Interesse des Kindes liegt.

Auch wenn Ihr Kind innerhalb von 300 Tagen nach dem Tod des früheren Ehemanns zur Welt kommt, gilt dieser von Gesetzes wegen als Vater. Ist Ihr neuer Partner der richtige Vater, kann eine schnelle Heirat vieles vereinfachen. Wird die neue Ehe vor der Geburt geschlossen, gilt nämlich der neue Ehemann als Vater. Wenn Sie dagegen erst nach der Geburt heiraten, wird eine Klage nötig. Diese kann vom Kind – vertreten durch einen Beistand – oder auch von den Eltern des Verstorbenen eingereicht werden.

Unterhaltsvertrag für das Kind

In der Regel verlangt die Vormundschaftsbehörde auch bei einem stabilen Konkubinat, dass der Vater einen Unterhaltsvertrag für sein Kind abschliesst. Dies vor allem, wenn die Mutter nach der Geburt nicht mehr oder nur mit einem kleinen Teilzeitpensum erwerbstätig ist. Der Vertrag muss von der Behörde genehmigt werden.

Empfinden Sie dies nicht als unnötige Einmischung. Auch wenn Sie im Moment überhaupt nicht daran denken wollen, dass Sie und Ihre Liebste sich irgendwann wieder trennen könnten – möglich ist es immerhin. Ohne Unterhaltsvertrag bestünde dann für die Mutter ein erhebliches Risiko: Kann oder will der Vater für sein Kind nicht zahlen, braucht die Mutter einen amtlich genehmigten Unterhaltsvertrag, damit die Wohngemeinde die Kinderalimente bevorschusst (siehe Seite 37). Ohne Vertrag muss sie zuerst den Gerichtsweg beschreiten, und das kann langwierig und teuer werden.

Ein Unterhaltsvertrag kann, sollte es zur Trennung kommen, auch dem Vater Vorteile bringen: Er kann darin vorsorglich sein Besuchsrecht festlegen lassen.

Welcher Betrag soll für den Kinderunterhalt vereinbart werden? Das hängt einerseits vom Einkommen und Vermögen des Vaters ab, andererseits vom Lebensbedarf des Kindes (siehe «Was kostet ein Kind», Seite 248). Lebt die ganze Familie im gleichen Haushalt zusammen, kann der Vater seinen Beitrag für das Kind auch durch indirekte Zahlungen leisten, indem er zum Beispiel die Miete, die Krankenkassenprämien, die Verpflegungs- und Kleiderkosten übernimmt. Doch Achtung: Im Streitfall müsste er diese Zahlungen beweisen können.

Möglich ist es auch, einen sogenannten Rahmenvertrag aufzusetzen, in dem keine exakten Frankenbeträge stehen. Das hat den Vorteil, dass der Vertrag nicht immer wieder angepasst werden muss, wenn sich die berufliche und finanzielle Situation der Eltern ändert. Allerdings werden Verträge ohne bezifferte Unterhaltsbeiträge nicht von allen Gemeinden akzeptiert.

Die Vormundschaftsbehörde hilft Ihnen bei der Ausgestaltung des Unterhaltsvertrags. Unterstützung finden Sie auch bei einer Familien- oder Elternberatungsstelle.

Absicherung für die Mutter

Die gesetzlichen Ansprüche einer unverheirateten Mutter gegenüber dem Vater ihres Kindes sind sehr gering:

> **Sie kann sich** von ihm die Kosten für die Geburt ersetzen lassen – was normalerweise aber sowieso die Krankenkasse übernimmt.

> **Der Vater muss ihren Unterhalt** für mindestens vier Wochen vor und acht Wochen nach der Geburt bezahlen, wenn die Mutterschaftsversicherung und andere Leistungen von Dritten nicht den ganzen Lebensbedarf abdecken.

> **Auch Kosten** für die erste Babyausstattung gehen zulasten des Vaters.

Mehr ist im Gesetz nicht vorgesehen. Aber das werden Sie in Ihrer Partnerschaft anders handhaben. Besonders, wenn die Mutter nach der Geburt ihre Erwerbsarbeit aufgibt oder stark einschränkt, ist es nichts als fair, auch ihren Unterstützungsanspruch vertraglich zu regeln, ebenso ihre Beteiligung am Vermögen, das der Partner während des Konkubinats erwirtschaftet. Sonst ist die Gefahr gross, dass die Frau bei einer Trennung zum Sozialfall wird. Doch: Wie viel Unterstützung würde die Frau nach einer Trennung brauchen? Für wie lange? Und wie viel könnte der Mann bezahlen? Im Voraus ist dies oft schwierig abzuschätzen. Es lohnt sich deshalb, für die Formulierung des Vertrags bei einer Budgetberatungsstelle oder spezialisierten Anwältin Rat einzuholen.

Wie heisst das Kind?

Haben Sie schon diskutiert, welchen Vornamen Sie Ihrem Kind geben wollen? Haben Sie miteinander gerungen, einander überzeugt und sich schliesslich auf den schönsten Namen geeinigt? Gut so. Wenn die Mutter nicht gewollt hätte, hätte der Vater kein Wort mitzureden gehabt. Bei unverheirateten Paaren hat die Mutter das alleinige Sorgerecht und kann deshalb auch ganz allein den Vornamen des Kindes bestimmen.

Den Nachnamen hingegen können weder Vater noch Mutter wählen: Das Baby eines Konkubinatspaars erhält immer den Nachnamen der Mutter. Trägt die Mutter zum Zeitpunkt der Geburt einen Doppelnamen, übernimmt das Kind nur den ersten Namen. Wenn Sie möchten, dass Ihr Kind den Namen des Vaters bekommt, haben Sie praktisch keine andere Möglichkeit, als zu heiraten. Theoretisch könnten Sie zwar ein Namensänderungsgesuch bei der Regierung Ihres Wohnkantons stellen. Doch solche Gesuche haben schlechte Chancen. Sie müssten konkret aufzeigen können, weshalb dem Kind ohne Namensänderung ernsthafte soziale Nachteile erwachsen würden.

Urteile

> **Als ihr Konkubinatspartner starb, wollte die Mutter den Namen des gemeinsamen Kindes ändern lassen, um dem Partner und Vater ein lebendiges Andenken zu bewahren. Das Gesuch wurde vom Bundesgericht abgelehnt.**

> **Ein uneheliches Kind wuchs nach dem Tod der Mutter beim Vater auf, dem das Sorgerecht übertragen worden war. Der Vater wünschte, dass das Kind gleich heisse wie er. Dieses Namensänderungsgesuch wurde gutgeheissen.**

Entschliesst sich ein Konkubinatspaar nach vielen Jahren doch noch zur Heirat, gilt der gemeinsame Familienname von da an auch für die Kinder des Paars. Wenn die Eltern nicht den Namen der Frau, sondern denjenigen des Mannes wählen, müssen die Kinder also plötzlich ihren Namen ändern - ganz egal, wie alt sie schon sind.

Bürgerrecht

Das Kantons- und Gemeindebürgerrecht übernehmen die Kinder unverheirateter Eltern von der Mutter. Ist die Mutter Ausländerin und der Vater Schweizer, erhält das Kind aber trotzdem die Schweizer Staatsbürgerschaft (sofern es vom Vater anerkannt wurde): Seit dem 1. Januar 2006 können auch Väter ihr Schweizer Bürgerrecht an ihr nicht ehelich geborenes Kind weitergeben, unabhängig davon, ob sie mit ihrer ausländischen Partnerin zusammenwohnen oder nicht.

Sorgerecht: Sind Väter im Konkubinat benachteiligt?

Sind die Eltern nicht verheiratet, liegt die elterliche Sorge allein bei der Mutter. Sie darf (und muss) für das Kind und sein Wohl alle nötigen Entscheidungen treffen. Sie bestimmt, wo das Kind wohnt, welche Schule

es besucht, ob es von einer Tagesmutter betreut wird, ob seine Mandeln operiert werden sollen … Bei Entscheiden von grösserer Tragweite soll sie den Vater zwar anhören, aber mitentscheiden lassen muss sie ihn nicht. Die Frage, ob Väter im Konkubinat benachteiligt seien, lässt sich also leicht beantworten: Ja, sie sind von den wichtigsten Elternrechten ausgeschlossen.
In guten Tagen muss sich das nicht gravierend auswirken. Dann werden die Eltern miteinander reden und ihre Erziehungsentscheide ganz einträchtig fällen. Im Streit und bei einer Trennung jedoch hat ein Konkubinatsvater nichts in der Hand. Selbst wenn er als Hausmann sein Kind über Jahre hinweg viel intensiver betreut hat als seine Partnerin, riskiert er bei einer Trennung, zum blossen Zahlvater degradiert zu werden. Falls nicht bereits im Unterhaltsvertrag geregelt wurde, wie oft er sein Kind nach einer Trennung zu sich nehmen darf, muss er sich an die Vormundschaftsbehörde wenden, damit diese ein Besuchsrecht festlegt. Und das ist im Vergleich zum früheren Zusammenleben mit dem Kind sehr dürftig.
Und wer erhält das Sorgerecht, wenn die Konkubinatspartnerin stirbt? Die Vormundschaftsbehörde wird dann prüfen, ob sie die elterliche Sorge dem Vater übertragen kann. In der Regel wird sie das tun, wenn der Vater in der Lage ist, verantwortungsvoll für sein Kind zu sorgen. Wünscht auch die Mutter, dass der Vater nach ihrem Tod das Sorgerecht erhält, kann sie ihren Wunsch zuhanden der Behörde vorsorglich schriftlich festhalten. Mit einem solchen Schreiben in der Hand hat der Vater grössere Chancen, dass er die elterliche Sorge tatsächlich zugesprochen erhält (siehe Kasten Seite 121).

ÜBLICHE BESUCHSREGELUNGEN DER BEHÖRDEN

- Bei Säuglingen wird das Besuchsrecht des Vaters üblicherweise auf wenige Stunden in Begleitung der Mutter beschränkt.
- Bei grösseren Kindern schwanken die Besuchszeiten zwischen einem Tag und zwei Wochenenden pro Monat plus gewisse Feiertage.
- Ist das Kind im Schulalter, darf der Vater auch einige Ferienwochen mit ihm verbringen.

Die gemeinsame elterliche Sorge

Damit Vater und Mutter in Bezug auf die Elternrechte und -pflichten gleichberechtigt werden, brauchen sie nicht unbedingt zu heiraten. Sie können stattdessen bei der Vormundschaftsbehörde einen Antrag auf gemeinsame elterliche Sorge stellen. Dies geht allerdings nur, wenn beide das wollen. Gegen den Willen der Mutter kann der Vater die gemeinsame Sorge nicht beantragen.
Möchten Sie und Ihr Partner das gemeinsame Sorgerecht über Ihre Kinder, müssen Sie eine Vereinbarung ausarbeiten, in der sie genau festhalten, wer von Ihnen das Kind

wie viel betreut und wie die Unterhaltskosten aufgeteilt werden. Gelegentliche Babysittereinsätze des Vaters genügen für ein gemeinsames Sorgerecht nicht. Voraussetzung ist, dass er sich an der Erziehungsarbeit beteiligt und die elterliche Verantwortung voll mitträgt.

Sollten Sie sich eines Tages trennen, gilt die gemeinsame elterliche Sorge weiterhin. Eine vom Partner enttäuschte Mutter kann ihm diese nicht einfach wieder entziehen. Auch nicht, wenn er sich sang- und klanglos aus der Partnerschaft verabschiedet hat und sich um sein Kind kaum mehr kümmert. Wenn die Mutter wieder das alleinige Sorgerecht will, muss sie sich an die vormundschaftliche Aufsichtsbehörde wenden.

Um sich zur gemeinsamen elterlichen Sorge zu entschliessen, braucht die Mutter also viel Vertrauen: erstens in die Verantwortungsbereitschaft des Partners gegenüber seinem Kind, zweitens in seine Kommunikationsbereitschaft ihr gegenüber. Denn auch im Konfliktfall werden die Eltern gemeinsam über die wichtigen Schritte im kindlichen Leben entscheiden müssen. Und wenn sie dann nicht mehr miteinander reden können und einander nur noch Steine in den Weg legen, ist weder ihnen noch dem Kind gedient.

Auf der anderen Seite kann die Pflicht, sich bei einer Entscheidung zusammenzuraufen, gerade im Konfliktfall auch eine Chance bedeuten. Eine Untersuchung in Deutschland bei geschiedenen Eltern hat gezeigt, dass das gemeinsame Sorgerecht die gegenseitige Kommunikationsfähigkeit eher verbessert als verschlechtert. Für das Kind, das dazwischen steht, ist das zentral: Schliesslich bleiben auch getrennte Eltern immer noch Eltern – das Kind braucht sie beide.

Kinder im Konkubinat – mit etwas Papierkrieg sicher nicht unmöglich. Mehr Informationen finden Sie im Beobachter-Ratgeber «Zusammen leben, zusammen wohnen. Was Paare ohne Trauschein wissen müssen».
(www.beobachter.ch/buchshop)

4.2 Kinder, Partner, Beruf – wie organisieren Sie sich?

> **Walter Noser und Katja Rauch**

Vater, Mutter und zwei Kinder – so strahlen die Musterfamilien von Werbeprospekten in die Welt. Die Realität ist vielfältiger. Ein Streifzug durch Familienformen gestern und heute. Und ein paar Anregungen, wie Sie Ihr eigenes Familienleben organisieren können.

Unter dem Begriff Familie werden ganz unterschiedliche Möglichkeiten des Zusammenlebens zusammengefasst; die Formen und Strukturen verändern sich von Generation zu Generation. Um eine Familie zu bilden, muss man nicht blutsverwandt sein – ein Elternpaar mit Adoptivkindern ist schliesslich auch eine Familie. Eine Familie muss auch nicht im gemeinsamen Haushalt leben, um eine Familie zu sein. Also: Eine Familie ist ein soziales Gefüge, zu dem mindestens zwei Generationen gehören. Sie zeichnet sich aus durch ein Gefühl der Zusammengehörigkeit und funktioniert nach Regeln, die sie selber aufgestellt hat.

Die Familie im Wandel

In den letzten Jahrzehnten hat in den westlichen Ländern ein nicht zu übersehender Wandel im Zusammenleben von Frauen und Männern stattgefunden. Trotzdem ist die klassische Kleinfamilie in der Schweiz nach wie vor stark verankert. Dass der Vater auswärts arbeitet und die Mutter daheim bei den Kindern ist, gilt für viele Leute nach wie vor als gesellschaftliches Ideal. Manchmal sind wir versucht zu glauben, dass das schon immer so gewesen sei. Dabei gibt es diese Form des Zusammenlebens erst seit Ende des 18. Jahrhunderts; ihren Höhepunkt fand sie in den 1960er Jahren. In den letzten gut 40 Jahren ist einiges in Bewegung gekommen im familiären Zusammenleben: alleinerziehende Mütter und Väter, Konkubinatseltern mit gemeinsamen und nicht gemeinsamen Kindern, gleichgeschlechtliche Eltern, Patchwork-Familien mit Stief- und Halbgeschwistern – all das gabs früher kaum. Die Biografien der Menschen unterscheiden sich heute sehr viel stärker als früher: Man kann mit 20 oder mit 50 heiraten, ein Leben lang Single bleiben, unzählige Ausbildungen anfangen, eine Zeitlang im Ausland leben und

GLEICHGESCHLECHTLICHE PARTNERSCHAFT

Mit 58 Prozent wurde im Sommer 2005 das Partnerschaftsgesetz für gleichgeschlechtliche Paare angenommen. Damit haben gleichgeschlechtliche Paare die Möglichkeit, ihre Partnerschaft eintragen zu lassen. Mit der Eintragung werden sie bezüglich ihrer Rechte und Pflichten den Ehepaaren weitgehend gleichstellt. Dennoch gibt es Unterschiede zur Ehe zwischen Mann und Frau.

Was bringt das Gesetz?

> Die Partner bzw. Partnerinnen sind sich von Gesetzes wegen Beistand, Rücksicht und Unterhalt schuldig.
> Hat eine Seite Kinder, steht ihr der Partner, die Partnerin in der Erfüllung der elterlichen Sorge bei.
> Der ausländische Partner, die ausländische Partnerin hat das Recht auf eine Aufenthaltsbewilligung.
> Auch ohne Testament besteht eine gesetzliche Erbberechtigung.
> Im Miet-, Arbeits- und Versicherungsrecht sind gleichgeschlechtliche Paare Ehepaaren gleichgestellt.
> Die Besteuerung erfolgt gemeinsam.
> Im Sozialversicherungsrecht sind eingetragene Paare Ehepaaren gleichgestellt, sie werden aber unabhängig vom Geschlecht wie Witwer behandelt.

Was bringt das Gesetz nicht?

> Kein gemeinsamer Name und kein gemeinsames Bürgerrecht
> Keine erleichterte Einbürgerung für ausländische Partner
> Keine Errungenschaftsbeteiligung, sondern nur ein Güterstand, der der Gütertrennung entspricht
> Keine Adoption, weder von fremden Kindern noch von Kindern des Partners bzw. der Partnerin
> Kein Zugang zur Fortpflanzungsmedizin

den Partner oder die Partnerin als «LAP», neudeutsch für Lebensabschnittspartner, bezeichnen.

Weil insbesondere die Kirche an Einfluss verloren hat, haben sich die Sitten gelockert, sodass heute jeder mehr oder weniger so leben kann, wie es ihm beliebt. Solange wir niemandem schaden, mischt sich kaum noch jemand in unsere Lebensgestaltung ein. Man kann von dieser Entwicklung halten, was man will: Tatsache ist, dass es viele Formen des Zusammenlebens gibt.

Wie lebt die Schweiz?

Viele Menschen leben hierzulande allein. Das sind nicht alles überzeugte Singles, sondern auch Verwitwete, Geschiedene und sogar Verheiratete, die in getrennten Haushalten leben. Machten Einpersonen-Haushalte 1960 noch 14,2 Prozent der Privathaushalte aus, so waren es 2000 bereits 36 Prozent. Gestiegen ist in den letzten Jahren die Zahl der Paare ohne Kinder sowie der Eineltern-Haushalte. Am häufigsten lebt man in der Schweiz in Zweisamkeit. Knapp zwei Millionen oder 28,2 Prozent der in Privathaushalten wohnenden Menschen leben zu zweit.

Zugenommen haben die Eineltern-Haushalte, abgenommen dagegen die Haushalte mit Vater, Mutter und Kindern. Trotzdem: Vier Fünftel der 1,45 Millionen Kinder unter 18 leben in einem Haushalt, der von einem verheirateten Paar geführt wird. 22 Prozent der Kinder unter 18 Jahren leben als Einzelkinder im Familienhaushalt, 78 Prozent leben mit mindestens einem anderen unmündigen Kind im selben Haushalt. Das hat die letzte eidgenössische Volkszählung gezeigt.

Wie es früher war

Obwohl sich die Lebensformen verändert haben, orientieren sich unsere Gesetze und das Versicherungswesen am bürgerlichen Familienideal aus dem 18. und 19. Jahrhundert, als die Rollen von Mann und Frau ganz klar aufgeteilt waren. Viele noch heute gültigen Regeln und Gesetze stammen aus dieser Zeit.

Um unser politisches System zu begreifen, haben wir in der Schule alles über die alten Griechen und Römer gelernt. Um unsere heutigen Familienformen zu verstehen und sie nicht einfach als gott- oder naturgegeben zu betrachten, lohnt sich ebenfalls ein Blick in vergangene Zeiten. Und was sieht man da? Beispielsweise, dass es die hochgepriesene glückliche Mehrgenerationenfamilie praktisch nie gab. Erstens wurde man nicht so alt wie heute und zweitens waren Grosseltern in erster Linie zusätzliche Esser am Tisch, die kein Geld einbrachten.

So wie wir im Westen heute leben, haben unsere Vorfahren nicht gelebt. Auch wenn sich die Menschen schon immer nach Rückzug und Intimität gesehnt haben, ist es soziologisch betrachtet klar, dass dieses Bedürfnis erst seit neuester Zeit in den eigenen vier Wänden befriedigt werden kann. Bis Mitte des 19. Jahrhunderts waren Familien eher kleine Firmen. Der Wohn- war gleichzeitig der Arbeitsort, sei dies in Bauern- und Handwerksbetrieben, in denen Knechte, Mägde, Gesellen und alle Familienangehörigen mit-

arbeiteten. Oder in der Heimindustrie, vor allem der Weberei und Stickerei, in der ebenfalls die ganze Familie inklusive Kinder mitarbeitete.
Heute gilt: Auswärts wird gearbeitet, zu Hause will man sich in erster Linie wohlfühlen, schafft sich deshalb Atmosphäre und sucht Ruhe nach der Hektik des Alltags. Aber die scheinbar ideale Familienform - Ernährervater, Mutter, zwei Kinder - ist für viele nicht mehr die richtige. Die Scheidungsraten sprechen für sich. Die Schwierigkeit dieser Familienform liegt darin, dass ein kulturell und politisch begründeter Anspruch auf Gleichheit der Geschlechter besteht, aber eine strukturell verankerte Ungleichheit vorherrscht: Frauen sind immer noch häufig doppelbelastet und haben wenig Möglichkeiten, Beruf und Familie zu vereinen. Dieser Widerspruch wirkt bis in die Schlafzimmer hinein. Viele wollen dies nicht mehr hinnehmen und wählen neue Lebensformen.

Die Familienmanagerin

Nicht mehr arbeiten, wenn Kinder kommen? Nur noch Hausfrau sein? Wofür haben denn die Feministinnen in den letzten Jahrzehnten gekämpft? Fürs Heimchen am Herd? Für traditionelle Rollenverteilung? Nein, natürlich nicht. Aber auch nicht für die Supermami, die bereits im Wochenbett den Laptop auf den Bauch legt und während dem Milcheinschuss den nächsten geschäftlichen Event organisiert.
Emanzipierte Frauen wollen weder in den einen noch in den anderen Topf geschmissen werden, sondern wollen sich entfalten, wollen selbständig, unabhängig und selbstbewusst leben können. Und das kann eine Hausfrau genauso wie eine Mutter, die Familie und Beruf unter einen Hut bringen will. Mit ein paar Unterschieden: Wer seine Erwerbstätigkeit zugunsten der Familie aufgibt, stösst auf eine Menge Vorurteile, mancherorts auf Unverständnis und landet in der Hierarchie der Mütter auf der untersten Stufe. Dort muss man sich dauernd rechtfertigen und ignorante Fragen der Gesellschaft mit Gegenfragen beantworten: Wer sagt denn, dass man nicht arbeitet, wenn man Kinder hat? Und was heisst da «nur» Hausfrau? Schliesslich ist Hausfrauenarbeit mit einem Managerposten vergleichbar: Man führt ein Unternehmen (das Unternehmen Familie!), arbeitet selbständig, sollte ständig mehrere Aufgaben gleichzeitig erledigen (*multitasking* ist für Mütter schon lange kein Fremdwort mehr), schiebt erst noch Nacht-

und Wochenendarbeit - und muss für alles den Kopf hinhalten. Da bleibt nicht viel Zeit, um dem Klischee gerecht zu werden und täglich in die Maniküre zu gehen, im Einkaufszentrum stundenlang zu käfelen, in Illustrierten rumzublättern. Genau wie ein Manager muss sich die Hausfrau organisieren können, soziale Kontakte pflegen und für den nötigen Ausgleich sorgen - sonst vereinsamt sie, fühlt sich nutzlos und leidet unter Burn-out. Wer die Herausforderung aber packt, kann sich im Unternehmen Familie rundum wohl und ausgefüllt fühlen.

Familie und Beruf im Einklang

Fast 80 Prozent aller Frauen in der Schweiz zwischen 25 und 54 Jahren sind erwerbstätig. Das heisst: Nur wenige Frauen entscheiden sich für das Leben als «klassische Hausfrau», die Kinder bekommt, den Beruf an den Nagel hängt und nie wieder aufnimmt. Die grosse Mehrheit legt für eine gewisse Zeit eine Baby- respektive Kleinkindpause ein oder steigt gar nie ganz aus, sondern arbeitet nach dem Mutterschaftsurlaub mit einem Teilzeitpensum weiter.

Rollenaufteilung am Beispiel

Viele Eltern suchen Wege, um die Familienarbeit möglichst gerecht untereinander aufzuteilen. Dass das von beiden Seiten Entgegenkommen braucht, zeigt das Beispiel von Sibylle und Marc. Beide arbeiten je 60 Prozent, sie als Lehrerin, er als Sozialarbeiter. Einen Tag pro Woche werden ihre zwei Kinder von Sibylles Mutter betreut. Obwohl die beiden sich von Anfang an vorgenommen haben, die Kinderbetreuung und den Haushalt gleichmässig zu verteilen, war das im praktischen Alltag nicht immer ganz einfach:

Sibylle und Marc ...

Sibylle: **Eine gewisse Rollenverteilung gibt es bei uns schon. Etwa, dass Marc fast immer den Rasen mäht oder die Velos flickt - diese klassischen Aufteilungen, von denen ich zuerst dachte, sie müssen doch nicht sein. Aber irgendwann merkte ich: Wenn er das lieber macht, ist es doch gut. Dafür putze ich sicher mehr, da bin ich halt schneller. Beim Kochen hingegen war für mich von Anfang an klar, dass ich das nicht mein Leben lang allein machen will, ich lasse mich auch gern bekochen. Deshalb haben wir einen Koch-Plan aufgestellt. Aber es ist schon so: Wir Frauen haben schon als Jugendliche viel mehr vom Haushalt mitbekommen als die Männer. Ich musste sehr aufpassen, dass ich etwas abgebe und auch abgeben darf.**

Marc: **Ihr müsst aber auch abgeben können. Du bist doch oft mit einem Ohr dabei, wenn ich mit den Kindern oder im Haushalt etwas mache. Wenn du dich dann einmischst, macht mich das fast «stigelisinnig».**

Sibylle: Stimmt. Manchmal bin ich gestresst und hab einfach die Nerven nicht, wenn du es nicht so schnell und effizient machst, wie ich wollte. Aber ist das immer noch so schlimm?
Marc: Nicht mehr so. Ich kann mich unterdessen auch gut wehren. Das muss man sich als Mann aneignen, dass man die Frau auch einmal fortschickt und sagt: Ich komme damit klar, ich machs auf meine Art.

Sprechen Sie unbedingt schon vor der Geburt Ihres Kindes darüber, wie Sie Erwerbs- und Familienarbeit aufteilen wollen. Denn wenn das Kind erst da ist, geht alles drunter und drüber, und eingefleischte Rollenmuster lassen sich nur noch schwer aufbrechen.

Die Fachstelle UND berät Paare dabei, wie sich Familien- und Berufsarbeit für Männer und Frauen organisieren lässt. Die regionalen Kontaktstellen finden Sie unter www.und-online.ch.

Anwesende Väter

«Ich möchte nicht erst als Grossvater Zeit für die Kinder haben, sondern schon als Vater.» – «Es ist schön, wenn die Kinder nicht immer zu Mami rennen, um sich trösten zu lassen, sondern auch zu mir.» – «Die Zeit zwischen meinem Heimkommen nach der Arbeit und dem Ins-Bett-Gehen der Kinder ist brutal kurz. Manchmal bin ich schon etwas neidisch auf meine Frau, die den ganzen Tag mit den Kindern verbringen kann.»
Dies sind Aussagen von Männern, die ihre Vaterrolle ernst nehmen. Obwohl das mit dem Neid natürlich so eine Sache ist: Möglicherweise ist die Frau, die den ganzen Tag zu Hause mit den quengelnden Kindern verbracht hat, ja genauso neidisch auf den Mann, der in Ruhe im Büro sitzen durfte. Kinder sind das Wunderbarste auf der Welt! Aber sie können auch heftig an den Nerven zerren – das eine ist ohne das andere kaum zu haben. Doch gerade dadurch entsteht eine tragfähige Beziehung zu den Kindern: indem man den Alltag mit all seinen Höhen und Tiefen mit ihnen zusammen erlebt.
Eigentlich möchten das heute viele Väter – wenn man den Umfragen glauben darf. In Tat und Wahrheit tun es allerdings die wenigsten. Nur gerade jeder neunte Mann arbeitet in seinem Beruf weniger als 100 Prozent, und davon nicht einmal ein Fünftel aus familiären Gründen. Ein Viertel aller Väter von einjährigen Kindern verbringt sogar mehr als 50 Stunden pro Woche am Arbeitsplatz, so eine Studie des Marie Meierhofer Instituts

für das Kind. Wenn die Kinder fünf Jahre alt werden, ist sogar bereits ein Drittel der Väter beruflich so intensiv engagiert.

Bei Angestellten mit Familienpflichten – so nennt das Obligationenrecht Mütter und Väter mit Kinder – muss der Chef auf die familiäre Situation Rücksicht nehmen, beispielsweise bei der Anordnung von Überstunden (siehe Seite 158).

Die Gründe für die hohen Arbeitspensen von «jungen Vätern» sind vielfältig:

> **Plötzlich** ist da das Gefühl, für eine ganze Familie verantwortlich zu sein und sie ernähren zu müssen.
> **Die Veränderungen,** die die neue Vaterrolle mit sich bringt, machen auch Angst – der bekannte Job dagegen bedeutet Sicherheit.
> **Aber auch äussere Zwänge** spielen eine grosse Rolle: Teilzeitstellen für Männer sind immer noch keine Selbstverständlichkeit.

Trotzdem, werfen Sie die Flinte nicht ins Korn: Wer sein Arbeitspensum wirklich reduzieren will, erreicht mit einer gewissen Hartnäckigkeit oft mehr, als zuerst gedacht.

SO ÜBERZEUGEN SIE IHREN CHEF

> Suchen Sie Vorbilder: Gibt es im Unternehmen schon Arbeitszeitmodelle, auf die Sie verweisen können?
> Bringen Sie konkrete Ideen ein: Wie lässt sich Ihre Arbeit in sinnvolle Portionen einteilen? Welchen Teil könnten Sie abgeben?
> Beraten Sie sich mit Kolleginnen und Kollegen: Könnte jemand einzelne Bereiche von Ihnen übernehmen?
> Treten Sie selbstbewusst auf. Sie unterbreiten ein Angebot, das auch dem Unternehmen Vorteile bringt: Höhere Motivation, weniger Krankheitsausfälle und ein besseres Betriebsklima sind bekannte Pluspunkte bei Teilzeitlern.
> Zeigen Sie sich auch kompromissfähig: Vereinbaren Sie zum Beispiel eine Probezeit für das neue Arbeitsmodell. Erklären Sie sich einverstanden, in Notfällen telefonisch zur Verfügung zu stehen.

Wer hilft bei der Betreuung der Kinder?

Oh nein – sie hat einen wichtigen Volleyball-Match, und ausgerechnet an diesem Abend wird ihm kurzfristig eine Sitzung angesetzt, die er nicht verpassen kann. Oder: Er freut sich schon lange auf das Weihnachtsessen seiner Firma, doch gerade an diesem Tag bekommt der Betrieb seiner Partnerin wichtigen Besuch aus dem Ausland und sie muss den Gästen die Firma zeigen. Solche Terminkollisionen sind bei berufstätigen Eltern gang und gäbe. Bevor einer von Ihnen zähneknirschend auf seinen Anlass verzichtet - und vielleicht auch noch die Chefin verärgert -, versuchen Sie, jemanden fürs Kinderhüten zu finden: Götti, Gotte, Verwandte, Freunde, die nette Frau aus dem dritten Stock. Ohne temporäre Hilfe von aussen geht es in einer Familie einfach nicht.

Und auch abgesehen von allen Terminkollisionen: Organisieren Sie sich ab und zu einen gemeinsamen Abend als Paar. Zusammen ins Kino, ins Theater oder einfach zu einem romantischen Abendessen - jede Partnerschaft braucht solche Momente, um lebendig zu bleiben. Am schönsten wärs natürlich, wenn sich der Götti oder die Gotte sogar bereit erklärte, regelmässig einen Abend pro Monat die Kinder zu hüten.

Babysitter

Jugendliche der oberen Schulklassen verdienen sich mit stundenweisem Kinderhüten gerne zusätzliches Taschengeld. Vielleicht kennen Sie ein Mädchen oder einen Jungen aus Ihrer Nachbarschaft, die babysitten möchten? Babysitter-Adressen erhalten Sie auch bei Nachbarschaftshilfen, einigen Sektionen des Roten Kreuzes, bei Kleinkind- und Familienberatungsstellen oder der Gemeinwesenarbeit Ihrer Gemeinde. Wichtig: Nehmen Sie frühzeitig mit dem Babysitter Kontakt auf und lernen Sie ihn oder sie zusammen mit Ihren Kindern kennen, bevor der Einsatz «ernst» gilt.

Die Grosseltern

Einen grossen Anteil der familienergänzenden Betreuungsarbeit übernehmen in der Schweiz die Grosseltern. Wenn auch Ihre eigenen Eltern oder Schwiegereltern die Enkel einen Tag pro Woche oder mehr hüten wollen, können Sie sich glücklich schätzen. Kein mühsames Krippen-Suchen, keine riesige Betreuungsrechnung am Monatsende und eine Grosseltern-Enkel-Beziehung, die für beide Seiten bereichernd ist.

Aber was ist, wenn Sie und Ihre Eltern ganz unterschiedliche Erziehungsvorstellungen haben? Das kann tatsächlich die Kehrseite der Medaille sein. Gerade wenn zwischen

Versuchen Sie, Ihre Mutter und Ihren Vater einmal unvoreingenommen zu sehen: Als Grosseltern haben sie eine andere Rolle als früher als Eltern. Wahrscheinlich verhalten sie sich daher auch anders. Und wenn nicht: Reden Sie darüber. Machen Sie klar, dass Sie die Hauptverantwortung für die Kinder tragen, und erklären Sie, wie Sie sich die Erziehung vorstellen.

Eltern und Grosseltern noch Unbewältigtes aus der eigenen Kindheit mitschwingt, entstehen mitunter schon aus Kleinigkeiten unerfreuliche Konflikte.

Aupairs

Wer glaubt, mit einer Aupair-Angestellten eine einfache Kinderbetreuung und Haushaltshilfe organisieren zu können, irrt. Aupairs sind in erster Linie in der Schweiz, um sich sprachlich weiterzubilden. Kantonale gesetzliche Bestimmungen regeln unter anderem die Anstellung, Entlöhung, Arbeits- und Freizeit der Jugendlichen, die für eine Weile in Ihrem Haushalt leben. Als Gastfamilie müssen Sie nicht nur die nötigen Bewilligungen einholen, sondern auch eine gewisse Betreuung sicherstellen - manche Aupairs sind unter 18, also noch nicht volljährig - und sich in der Regel an den Sprachschulkosten beteiligen. Ihre Aupair wird zwar im Haushalt mithelfen, aber einen grossen Teil der Zeit mit Sprachunterricht verbringen. Ihr Lohn besteht aus Kost und Logis sowie einer Vergütung in bar.

Interessieren Sie sich für ein Aupair, wenden Sie sich am besten an eine Vermittlungsstelle, beispielsweise an www.profilia.ch oder www.aupair.ch.

Familienexterne Kinderbetreuung

Mit Grosseltern, Aupairs und der netten Nachbarin lassen sich Stunden und einzelne Tage abdecken. Wenn aber beide Eltern intensiv berufstätig sind, braucht es die Hilfe von weiteren Betreuungspersonen. Nur wenige Familien können sich eine «Kinderfrau» leisten, die die Kinder in den eigenen vier Wänden betreut. Denn eine ausgebildete Kleinkinderbetreuerin kostet rasch einmal 200 Franken pro Tag.

Die familienexterne Betreuung ist unter anderem ein gewichtiger Posten im Budget. Mit welchen Kosten Sie je nach Betreuungsform rechnen müssen, erfahren Sie in Kapitel 8 (Seite 253).

Zum Glück gibt es verschiedene familienexterne Möglichkeiten. Studien zeigen: Eine gute familienergänzende Betreuung unterstützt die Entwicklung des Kindes. Es profitiert von der Zeit in altersgemischten Gruppen, lernt vieles durch Nachahmung und übt, sich in einem sozialen Gefüge zu integrieren. Keine Angst: Die Beziehung zu Mutter und Vater bleibt die engste, ihr Einfluss der wichtigste.

Krippen

Ganz so schwierig wie die berühmte Suche nach der Nadel im Heuhaufen ist diejenige nach einem Krippenplatz zum Glück nicht. Aber immer noch schwierig genug. Der Bund fördert zwar mit einem finanziellen Impulsprogramm neue Kinderkrippen, doch das Angebot ist nach wie vor kleiner als die Nachfrage – wenigstens bei Plätzen, die bezahlbar sind. Für subventionierte Krippen bestehen lange Wartelisten.

Sind Sie auf einen Krippenplatz angewiesen, lohnt es sich deshalb, sich frühzeitig darum zu kümmern. Am besten fangen Sie schon ein paar Monate vor der Geburt an. Besuchen Sie verschiedene Krippen in Ihrer Umgebung. Wie sind sie eingerichtet? Verfügen sie über einen Spielplatz im Freien? Wie gehen die Betreuerinnen mit den Kindern um? Wenn Sie selber einen guten Eindruck von der Krippe haben, wird sich sehr wahrscheinlich auch Ihr Kind dort wohlfühlen.

Lassen Sie sich bei allen Krippen, die für Sie in Frage kommen, auf die Warteliste setzen. Und lassen Sie dann die Warteliste nicht einfach vor sich hin warten, sondern rufen Sie von Zeit zu Zeit an und fragen Sie nach. So signalisieren Sie, dass das Anliegen für Sie dringend ist.

Wenn Sie angeben, dass Sie einen Krippenplatz für Montag brauchen, werden sie keinen bekommen, wenn am Dienstag einer frei wird. Können Sie sich an Ihrer Arbeitsstelle also die Wochentage flexibel einrichten, erhöht das Ihre Chancen.

Unter www.kinderbetreuung-schweiz.ch finden Sie nach Kantonen geordnet ein breites Angebot an Kinderkrippen. Weitere Adressen: www.kinderkrippen-online.ch und www.liliput.ch.

Tagesmütter

Tagesmütter und -väter nehmen Kinder bei sich zu Hause auf und betreuen sie zusammen mit ihren eigenen. Wie rasch Sie eine Tagesmutter finden können, hängt sehr von der Wohngegend ab. Nicht überall stellen sich gleich viele Familien zur Verfügung. Am besten wenden Sie sich an einen der rund 200 Tagesfamilienvereine (zu finden unter www.tagesfamilien.ch).

Die meisten Tagesmütter sind einem solchen Verein angeschlossen. Sie werden in einem Einführungskurs auf ihre Aufgabe vorbereitet und auch später in ihrer Arbeit begleitet. Für die Betreuung wird ein Vertrag abgeschlossen, der die Entschädigung und die Sozialversicherungsabgaben regelt. Zudem übernimmt der Verein den «Zahlungsverkehr». Die Beziehung zwischen Ihnen und den Tageseltern wird von all diesen administrativen Dingen entlastet. Die Elternbeiträge richten sich in der Regel nach dem Einkommen der Eltern. Verschiedene Gemeinden richten Zuschüsse an Tagesmüttervereine aus, um die Tarife auch für Eltern mit tiefen Einkommen erschwinglich zu halten.

Achten Sie bei der Auswahl darauf, dass die Vorstellungen von Erziehung und Tagesablauf in der Tagesfamilie einigermassen mit Ihren eigenen übereinstimmen. Wie oft dürfen die Kinder fernsehen? Wird in der Wohnung geraucht? Wie geht die Tagesmutter vor, wenn ein Kind über die Stränge schlägt? Nehmen Sie sich Zeit, um solche Fragen zu klären – am besten bei ein, zwei Treffen vor Vertragsabschluss.

Spielgruppe, Kindertagesstätte, Vorkindergarten

Die Spielgruppe ist zwar ein guter Ort für Ihr Kind, um soziale Kontakte zu knüpfen und das Zurechtkommen in der Gruppe zu üben. Den Betreuungsbedarf von berufstätigen Eltern decken die zwei, drei Stunden an einem Halbtag aber nicht ab. Anders die Kindertagesstätten und Ganztages-Kindergärten. Die Kindergärten nehmen Kinder meist ab etwa drei Jahren auf und führen sie bis zur Schulreife. In Kindertagesstätten können oft auch jüngere Kinder gebracht werden, die Grenze zur Krippe ist fliessend. Vielerorts sind solche Angebote allerdings privat organisiert und nicht gerade günstig. Oft werden sie nach einem bestimmten pädagogischen Konzept geführt; bekannt sind zum Beispiel die Montessori-Kindergärten, aktuell ist die Waldpädagogik. Vermehrt wird auch zweisprachige Kinderbetreuung angeboten.

Wenn das Kind krank wird

Was tun, wenn Ihr Kind krank wird und beide Eltern zur Arbeit müssen? Kranke Kinder können weder in die Krippe noch in den Tageskindergarten gebracht werden. Es gibt zwei Möglichkeiten:

> **Der Arbeitgeber** muss Ihnen freigeben, um das kranke Kind zu betreuen – und zwar maximal drei Tage (siehe Seite 158). Ist eine längere Betreuung nötig, können Sie in dieser Zeit vielleicht die Grosseltern oder den Götti aufbieten.

> **Das Schweizerische Rote Kreuz** bietet für solche Engpässe in momentan 15 Kantonen einen Kinderhütedienst an. Der Tarif für diese Dienstleistung ist abhängig von der finanziellen Situation der Familie, zudem hat jeder Kanton eigene Richtlinien. Mehr Informationen erhalten Sie beim SRK (www.redcross.ch > Entlastung/Soziale Dienste > Hütedienst für kranke Kinder).

CHECKLISTE: DIE RICHTIGE BETREUUNG FINDEN

☐ **Räumlichkeiten**
Gibt es genügend Raum für aktive und ruhige Phasen? Kommen die Kinder gefahrlos zum Spielplatz im Freien?

☐ **Angebot**
Regen die Spielmaterialien und -möglichkeiten die Kinder dazu an, sich körperlich, sprachlich, sozial und kreativ auszudrücken? Geht die Gruppe jeden Tag ins Freie?

☐ **Gruppengrösse**
Ideal ist eine altersgemischte Gruppe von acht bis zwölf Kindern mit einer bis drei Betreuungspersonen, die über längere Zeit konstant bleibt.

☐ **Team**
Sind die Betreuerinnen für ihre Aufgabe ausgebildet, haben sie Erfahrung mit Kindern? Ist Konstanz im Team gewährleistet, sodass die Kinder eine Beziehung aufbauen können? Gefällt Ihnen der Ton der Betreuungspersonen im Umgang mit den Kindern?

☐ **Kommunikation**
Gibt es einen Eingewöhnungsplan? Werden Sie als Eltern beim Abholen über die Tageserlebnisse des Kindes informiert?

☐ **Vertragliches**
Ist die Betreuungsstätte einem Verein angeschlossen, der sie berät und kontrolliert? Wird ein schriftlicher Vertrag zwischen Ihnen und der Betreuungsstätte bzw. dem Verein abgeschlossen?

Links und Adressen

Kinderbetreuung finden

www.aupair.ch
Aupair-Vermittlung der reformierten
Landeskirche
Zentralsekretariat
Neuweg 6
4914 Roggwil
Fax 062 929 21 46
Vermittlung von Aupairs

www.kinderbetreuung-schweiz.ch
Suche nach Kinderbetreuungsstätten in
Ihrem Kanton

www.kinderkrippen-online.ch
Schweizer Krippenportal

www.liliput.ch
Suchen und Anbieten von
Betreuungsplätzen

www.profilia.ch
PRO FILIA Schweiz
Beckenhofstrasse 16
8035 Zürich
Tel. 044 361 53 31
Vermittlung von Aupairs

www.redcross.ch (> Entlastung/Soziale
Dienste > Hütedienst für kranke Kinder)
Schweizerische Rotes Kreuz
Hütedienst
Rainmattstrasse 10
3001 Bern
Tel. 031 387 71 11

www.tagesfamilien.ch
Adressen der Tagesfamilienorganisationen
in Ihrer Region

Rollenverteilung in der Familie

www.und-online.ch
Fachstelle UND
Familien- und Erwerbsarbeit für Frauen
und Männer
Kontaktstellen:
Basel, Tel. 061 283 09 83
Bern, Tel. 031 839 23 35
Luzern, Tel. 041 497 00 83
Zürich, Tel. 044 462 71 23

5. Schwangerschaft und Geburt

Sie haben sich für ein Kind entschieden, vielleicht ist es schon unterwegs. Eine wunderschöne Zeit voller Hoffnung und Erwartung. Neben all den starken Gefühlen und der freudigen Vorbereitung lohnt sich auch ein kühler Blick auf arbeitsrechtliche Fragen.

5.1 Als Berufsfrau Mutter werden

> **Irmtraud Bräunlich Keller**

Sie sind berufstätig und wünschen sich ein Kind. Da stehen einige Fragen im Raum: Wie bringe ich Beruf und Familie unter einen Hut? Was ist mit Mutterschaftsurlaub und dem Arbeiten während der Schwangerschaft? Hier die arbeitsrechtlichen Informationen rund um die Familiengründung.

Frauen werden schwanger, sie bekommen Kinder, beziehen Mutterschaftsurlaub, steigen manchmal völlig aus dem Erwerbsleben aus oder machen eine Babypause und steigen später wieder ein. Für ihre berufliche Karriere ist dies nicht gerade förderlich. Umso wichtiger, dass Sie über Ihre Rechte am Arbeitsplatz Bescheid wissen.

Kinderwunsch: meine Privatsache

Junge Frauen auf Stellensuche kennen das Problem: Sie werden von potenziellen Arbeitgebern misstrauisch beäugt und müssen sich Fragen nach ihrer Familienplanung gefallen lassen. Mancher Personalchef überlegt es sich zweimal, ob er Bewerberinnen im gebärfähigen Alter - womöglich frisch verheiratet - überhaupt in Betracht ziehen soll.

Wollen Sie eine Familie?

Doch wie sieht es rechtlich aus? Dürfen Fragen nach Heiratsplänen und Kinderwunsch überhaupt gestellt werden? Müssen Sie im Vorstellungsgespräch auf eine bestehende Schwangerschaft hinweisen?

Die Regel ist einfach: Als Stellenbewerberin müssen Sie alle Angaben liefern, die nötig sind, um Ihre Eignung für die ausgeschriebene Stelle abzuklären. Was für diese Stelle nicht relevant ist, geht den Arbeitgeber hingegen nichts an. Zu weit gehen daher Fragen, die sich auf Heiratsabsichten, die familiäre Situation oder eine allfällige Schwangerschaft beziehen. Sie sind nur erlaubt, wenn sie bei der Anstellung objektiv von Belang sind. Ob Sie schwanger sind, darf eine Personalchefin Sie also nur dann fragen, wenn die Arbeit für ein ungeborenes Kind gefährlich ist oder wenn Sie die Tätigkeit während der Schwangerschaft nicht ausführen können (Tänzerin oder Model).

Und wenn Sie trotzdem gefragt werden? Nach Meinung vieler Juristen ist dann eine Notlüge erlaubt. Das Arbeitsgericht Zürich hat entschieden, dass in einem Bewerbungs-

gespräch die Frage, ob die zukünftige Angestellte schwanger sei, grundsätzlich unzulässig ist: «Beantwortet die Bewerberin die Frage unwahr, kann der darauf geschlossene Vertrag nicht wegen absichtlicher Täuschung angefochten werden.»
Verweigert man Ihnen eine Anstellung nur deshalb, weil Sie eventuell bald schwanger werden könnten, wäre dies diskriminierend und ein Verstoss gegen das Gleichstellungsgesetz (siehe unten).

Urteil

Eine Journalistin bewarb sich um eine Redaktionsstelle, wurde beim Vorstellungsgespräch nach ihrer Familienplanung gefragt und antwortete, sie sei offen für Kinder. Daraufhin erhielt sie eine Absage, unter anderem mit der Begründung, der Verlag lege Wert auf ein langfristiges Arbeitsverhältnis. Sie klagte auf Anstellungsdiskriminierung, was der Verlag zurückwies, weil er eine andere Frau eingestellt habe. Vor der kantonalen Schlichtungsstelle kam es schliesslich zum Vergleich. Der Verlag zahlte der Frau einen Monatslohn.

Schwanger: Wann muss es der Arbeitgeber wissen?

Wenn Sie in einem bestehenden Arbeitsverhältnis schwanger werden, entscheiden Sie selbst, wann Sie dem Arbeitgeber die frohe Botschaft übermitteln. Es gibt keine Verpflichtung, die Vorgesetzten umgehend in Kenntnis zu setzen. Vor allem, wenn Sie gerade erst eine neue Stelle angetreten haben, sollten Sie berücksichtigen, dass schwangere Arbeitnehmerinnen während der Probezeit noch keinen Kündigungsschutz haben (siehe Seite 153).
Aber: Während der Schwangerschaft können Sie von speziellen Schutzbestimmungen profitieren (siehe Seite 151). Dazu muss der Arbeitgeber natürlich Bescheid wissen. Wenn Sie daher einen körperlich anstrengenden Beruf haben, mit chemischen oder anderen heiklen Stoffen hantieren, sollten Sie mit Ihrem Chef Klartext reden, damit er die nötigen Schutzvorkehren für Sie und Ihr Kind treffen kann.

Diskriminierungsverbot am Arbeitsplatz

Dass Frauen Familienpflichten übernehmen, ist ein Hauptgrund dafür, dass sie in der Schweizer Arbeitswelt immer noch deutlich benachteiligt sind: Arbeitnehmerinnen verdienen 20 Prozent weniger als ihre männlichen Kollegen. Sechs von zehn erwerbstätigen Frauen arbeiten Teilzeit, bei den Männern ists nur jeder achte. Im Kader sind Frauen stark untervertreten: Nur gerade 3 Prozent der Geschäftsleitungsmitglieder und 4 Prozent der Verwaltungsratsmitglieder in börsenkotierten Schweizer Unternehmen sind weiblich.
An dieser Situation wird sich so rasch nichts ändern. Als berufstätige Mutter müssen Sie Diskriminierungen am Arbeitsplatz jedoch

FAIRE ROLLENVERTEILUNG

Heute sind rund zwei Drittel der Frauen mit kleinen Kindern im Vorschulalter erwerbstätig. Die meisten arbeiten allerdings in kleinen Teilzeitpensen von durchschnittlich 30 Prozent. Frauen tragen immer noch die Hauptlast der Haus- und Familienarbeit, während Männer sich auf ihre berufliche Karriere konzentrieren.
Diskutieren Sie in Ihrer Partnerschaft frühzeitig über Ihre Rollenvorstellungen und eine partnerschaftliche Aufgabenteilung. Hilfestellung dabei bietet Ihnen die Kampagne «fairplay-at-home» des eidgenössischen Gleichstellungsbüros: www.fairplay-at-home.ch. Mehr zur Rollenverteilung erfahren Sie in Kapitel 4 (Seite 132).

nicht einfach hinnehmen. Das Gleichstellungsgesetz verbietet die direkte oder indirekte Benachteiligung von Arbeitnehmenden aufgrund ihres Geschlechts, namentlich unter Berufung auf den Zivilstand, auf die familiäre Situation oder, bei Arbeitnehmerinnen, auf eine Schwangerschaft.
Das Verbot der Diskriminierung gilt für die Anstellung und Aufgabenzuteilung, die Gestaltung der Arbeitsbedingungen, die Entlöhnung, die Aus- und Weiterbildung, die Beförderung und die Entlassung. Diskriminierend ist jede unterschiedliche Behandlung, für die keine sachliche Rechtfertigung besteht. Daraus folgt: Sie dürfen am Arbeitsplatz nicht benachteiligt werden, weil Sie sich ein Kind wünschen, schwanger werden oder Familienpflichten haben. Doch immer noch wissen viel zu wenige Frauen über ihre Rechte Bescheid.

So wehren Sie sich

Achten Sie auf folgende Punkte, wenn Sie sich gegen eine Diskriminierung am Arbeitsplatz zur Wehr setzen wollen:

> **In den Kantonen** gibt es Schlichtungsstellen gegen Diskriminierung im Erwerbsleben. Dort finden Sie Rat und die Schlichtungsstelle kann versuchen, eine Einigung mit Ihrem Arbeitgeber herbeizuführen. Hat das Schlichtungsverfahren keinen Erfolg, können Sie Klage beim Arbeitsgericht einreichen.

> **Vor Gericht** können Sie verlangen, dass entweder eine drohende Diskriminierung verboten oder eine bestehende Diskriminierung festgestellt und beseitigt wird. Ist Ihnen ein materieller Schaden entstanden, können Sie Schadenersatz fordern.

- > **Sie müssen** die Diskriminierung nicht beweisen, sondern nur glaubhaft machen. Das heisst, Sie müssen Tatsachen anführen können, die eine Diskriminierung als wahrscheinlich erscheinen lassen. Gelingt dies, liegt es am Arbeitgeber zu beweisen, dass er sich korrekt verhalten hat.
- > **Wenn Sie sich** gegen eine Diskriminierung zur Wehr setzen, sind Sie während des innerbetrieblichen Beschwerdeverfahrens, des Schlichtungs- oder Gerichtsverfahrens sowie sechs Monate darüber hinaus gegen Kündigung geschützt.
- > **Wird Ihnen** trotzdem gekündigt, müssen Sie die Kündigung vor Ende der Kündigungsfrist gerichtlich anfechten. Das Gericht kann Ihre provisorische Wiedereinstellung zumindest bis zur Beendigung des Verfahrens anordnen. Stattdessen können Sie auch eine Entschädigung bis maximal sechs Monatslöhne geltend machen.
- > **Das Schlichtungsverfahren** wie auch die gerichtliche Auseinandersetzung sind unabhängig vom Streitwert kostenlos.

Die Adressen der kantonalen Schlichtungsstellen gegen Diskriminierungen im Erwerbsleben finden Sie unter www.gleichstellungsbuero.ch.

Sonderschutz für werdende Mütter

Das Arbeitsgesetz und die Verordnungen dazu enthalten zahlreiche Schutzbestimmungen für werdende Mütter. Ganz grundsätzlich dürfen schwangere Frauen nur mit ihrem Einverständnis beschäftigt werden. Sie können jederzeit auf blosse Anzeige hin von der Arbeit wegbleiben oder den Arbeitsplatz verlassen.

Urteil

Eine schwangere Serviceangestellte blieb über zwei Wochen der Arbeit fern und verbrachte in dieser Zeit auch ein paar Tage bei Verwandten in Österreich. Da sie kein Arztzeugnis beibrachte, wurde sie von ihrem Arbeitgeber fristlos entlassen. Das Bundesgericht erklärte die Entlassung für unrechtmässig. Es hielt fest, «dass die Frau während ihrer Schwangerschaft grundsätzlich nicht zur Arbeitsleistung verpflichtet war und daher auch ohne eigentliche medizinische Behandlungsbedürftigkeit der Arbeit fernbleiben durfte». Daher könne ihr auch der Auslandaufenthalt nicht zum Vorwurf gemacht werden. Der Serviceangestellten wurde der Lohn bis zum frühestmöglichen Kündigungstermin zugesprochen. Ausserdem erhielt sie drei Monatslöhne als Entschädigung für die unrechtmässige fristlose Entlassung.

Angemessene Arbeitsbedingungen

Als Schwangere dürfen Sie keine Überstundenarbeit mehr leisten, und ab acht Wochen vor der Geburt gibt es für Sie auch keine Abend- oder Nachtarbeit mehr. Kann Ihnen der Arbeitgeber keine adäquate Tagesarbeit anbieten, dürfen Sie zu Hause bleiben und erhalten 80 Prozent des Lohnes.

Ausserdem haben Sie Anspruch auf Arbeitsbedingungen, die Ihre Gesundheit und diejenige Ihres Kindes nicht beeinträchtigen. Müssen Sie Ihre Arbeit normalerweise unter beschwerlichen Umständen verrichten, können Sie verlangen, dass Ihnen gleichwertige Ersatzarbeit zugewiesen wird. Ist das im Betrieb nicht möglich, dürfen Sie auch in diesem Fall bei 80 Prozent des Lohnes zu Hause bleiben.

Welche Arbeiten für Mutter und Kind als gefährlich einzustufen sind, ist in einer speziellen Mutterschutzverordnung geregelt. Als gefährlich oder beschwerlich für Schwangere gelten beispielsweise das Bewegen von schweren Lasten, Tätigkeiten, die mit ungünstigen Bewegungen oder Körperhaltungen verbunden sind, sowie Arbeiten, bei denen es zu Stössen, Vibrationen und Erschütterungen kommt.

Viele Arbeitnehmerinnen verbringen ihre Arbeitszeit stehend in Läden oder in einem Pflegeberuf. Auch hier gibt es spezielle Schutzmassnahmen: Müssen Sie Ihre Arbeit normalerweise stehend verrichten, haben Sie ab dem vierten Schwangerschaftsmonat Anspruch auf zusätzliche Pausen. Ab dem sechsten Monat dürfen Sie nur noch vier Stunden täglich stehen und können Ersatzarbeit im Sitzen oder Freistellung bei 80 Prozent Ihres Lohnes verlangen.

Das Arbeitsgesetz und die Verordnungen zum Gesundheitsschutz gelten nicht für alle Arbeitsverhältnisse. Ausgenommen sind zum Beispiel Landwirtschaftsbetriebe, Verkehrsbetriebe und private Haushalte. Wenn Sie unsicher sind, ob Sie sich aufs Arbeitsgesetz berufen können, wenden Sie sich ans kantonale Arbeitsinspektorat. Dort können Sie auch Rat holen, wenn der Gesundheitsschutz in Ihrem Betrieb vernachlässigt wird.

Eine kostenlose Broschüre über den Schutz bei Mutterschaft können Sie herunterladen unter www.arbeitsbedingungen.ch (> Publikationen und Formulare > Broschüren > Mutterschaft – Schutz der Arbeitnehmerin).

Umfassender Kündigungsschutz

Besonders geschützt sind werdende Mütter auch vor einem Verlust ihres Arbeitsplatzes: Der Arbeitgeber darf ihnen gemäss Obligationenrecht während der ganzen Schwangerschaft und bis 16 Wochen nach der Geburt nicht kündigen. Während dieser immerhin rund 13 Monate ist jeder «blaue Brief» ganz einfach ungültig. Die Kündigung muss nach Ablauf der Sperrfrist erneut ausgesprochen werden. Doch aufgepasst: Der Kündigungsschutz beginnt erst nach der Probezeit. Es empfiehlt sich daher, einen neuen Arbeitgeber nicht zu früh über die Schwangerschaft zu informieren.

Schwanger werden während der Kündigungsfrist

Und wenn Sie im bereits gekündigten Arbeitsverhältnis schwanger werden? Haben Sie selbst gekündigt, endet das Arbeitsverhältnis ganz normal mit Ablauf der Kündigungsfrist. Ging die Kündigung jedoch von Ihrem Arbeitgeber aus, wird die Kündigungsfrist bis 16 Wochen nach der Geburt unterbrochen und erst danach wieder fortgesetzt. Ihr Arbeitsverhältnis verlängert sich somit um mehr als ein Jahr. Dies gilt auch, wenn der Betrieb schliesst oder verkauft wird. Kann Sie der Arbeitgeber während der verlängerten Kündigungsfrist nicht mehr beschäftigen, haben Sie immerhin Anspruch auf den entsprechenden Lohn. Sie sind jedoch verpflichtet, eine zumutbare Ersatzarbeit anzunehmen.

Wenn Ihnen während der Probezeit nur deshalb gekündigt wird, weil der Arbeitgeber von Ihrer Schwangerschaft erfahren hat, ist diese Kündigung zwar gültig. Sie können aber eine Entschädigung wegen Diskriminierung einklagen. Protestieren Sie schriftlich – unbedingt noch während der Kündigungsfrist – und lassen Sie sich bei der kantonalen Schlichtungsstelle beraten (siehe Seite 150).

Arbeitgeber versuchen immer wieder, den Kündigungsschutz zu umgehen, indem sie die werdende Mutter drängen, selbst zu kündigen. Oft wird der überrumpelten Frau auch gleich eine Vereinbarung bezüglich Vertragsauflösung zur Unterschrift vorgelegt. Lassen Sie sich nicht unter Druck setzen. Niemand kann Sie zwingen, einer Kündigung zuzustimmen oder selbst zu kündigen.

So wehren Sie sich für Ihre Rechte

Protestieren Sie notfalls schriftlich, wenn Ihnen Ihr Arbeitgeber trotz Schwangerschaft kündigt oder Sie zu einer Kündigung drängen will.

Wenn Sie im bereits gekündigten Arbeitsverhältnis feststellen, dass Sie schwanger sind, sollten Sie Ihren Chef ebenfalls schriftlich darüber informieren. Legen Sie ein Arztzeugnis bei und bieten Sie Ihre Arbeitskraft für die verlängerte Kündigungsfrist ausdrücklich an. Wenn der Arzt bestätigt, dass die Schwangerschaft bereits zum Zeitpunkt der Kündigung bestanden hat, ist diese nichtig. Ob Sie von der Schwangerschaft Kenntnis hatten oder nicht, spielt keine Rolle.

Wenn Sie selbst kündigen wollen

Wenn Sie nach der Geburt nicht weiterarbeiten wollen, müssen Sie eine ordentliche Kündigung aussprechen. Eine Niederkunft beendet das Arbeitsverhältnis nicht automatisch. Solange Sie nicht gekündigt haben, gilt der bestehende Arbeitsvertrag weiter – mit allen Rechten und Pflichten.

Sie entscheiden ganz allein, wann Sie das Arbeitsverhältnis auflösen. Damit Sie keine finanziellen Nachteile erleiden, sollten Sie auf einen Zeitpunkt nach der Niederkunft kündigen. Am besten kündigen Sie erst dann, wenn das Baby da ist. Haben Sie nicht mehr als drei Monate Kündigungsfrist, besteht keine Gefahr, dass Sie nach den 16 Wochen Mutterschaftsurlaub nochmals zur Arbeit gehen müssen.

Mutterschaftsurlaub und Lohnfortzahlung

Egal, ob sie nach der Babypause die Berufstätigkeit wieder aufnehmen wollen oder nicht, die Schutzbestimmungen des Arbeitsgesetzes gelten für alle Arbeitnehmerinnen: Während 8 Wochen nach der Niederkunft dürfen sie nicht beschäftigt werden. Falls sie es wünschen, haben sie das Recht, bis 16 Wochen nach der Geburt zu Hause zu bleiben. Während 14 dieser Wochen erhalten Arbeitnehmerinnen die Mutterschaftsentschädigung.

Bis wann arbeiten?

Vor der Geburt gibt es noch keinen gesetzlich verankerten Urlaub. Wann Sie aufhören zu arbeiten, hängt von Ihrem Befinden ab. Sie entscheiden dies gemeinsam mit Ihrer Ärztin.

Ihren Lohn erhalten Sie bei einer ärztlich bestätigten Arbeitsunfähigkeit während der Schwangerschaft, wie wenn Sie krank wären. Dabei spielt es keine Rolle, ob es sich um Schwangerschaftsbeschwerden handelt oder beispielsweise um eine Grippe. Die Dauer der Lohnfortzahlung ist abhängig von der Anzahl Dienstjahre und beträgt nach drei, vier Jahren je nach Region zwei bis drei Monate. Meist sind die Einzelheiten im Arbeitsvertrag geregelt. Viele Betriebe haben eine Krankentaggeldversicherung abgeschlossen, die auch eine Arbeitsunfähigkeit während der Schwangerschaft abdecken. Manche dieser Versicherungen decken allerdings nur 80 Prozent des Lohnes ab. Verlangen Sie Einblick in die allgemeinen Versicherungsbedingungen.

GUT VERDIENENDE FRAUEN BENACHTEILIGT

Verdienen Sie mehr als 6450 Franken pro Monat? Dann kommen Sie mit dem Mutterschaftsgeld nicht auf 80 Prozent Ihres Lohnes, da dieses in der Höhe begrenzt ist. Umstritten ist, ob der Arbeitgeber in solchen Fällen nicht verpflichtet wäre, das Taggeld während einer gewissen Zeit auf 80 Prozent des Lohnes aufzustocken. Das Obligationenrecht schreibt nämlich in Artikel 324b vor, dass, wenn die Leistungen einer obligatorischen Versicherung bei Arbeitsunfähigkeit nicht mindestens vier Fünftel des Lohnes decken, der «Arbeitgeber die Differenz zwischen diesen und vier Fünfteln des Lohnes zu entrichten» hat. Die Frage, ob diese Bestimmung auch auf die Mutterschaftsentschädigung anzuwenden ist, wird mit Sicherheit noch die Gerichte beschäftigen. Wenden Sie sich an eine Beratungsstelle, zum Beispiel ans Beobachter-Beratungszentrum (Hotline Arbeit: 043 444 54 01).

Bezahlter Mutterschaftsurlaub

Sobald Ihr Kind da ist, haben Sie Anspruch auf eine Mutterschaftsentschädigung. Hier die wichtigsten Informationen dazu:

- **Die Entschädigung** wird während 14 Wochen ausbezahlt, das sind 98 Tage nach der Geburt.
- **Sie beträgt 80 Prozent** Ihres früheren durchschnittlichen Erwerbseinkommens. Mussten Sie zum Beispiel wegen der Schwangerschaft das Pensum reduzieren, gilt das Einkommen vor der Reduktion.
- **Die Mutterschaftsentschädigung** erhalten Sie in Form von Taggeldern. Das Taggeld beträgt maximal 172 Franken, das sind 5160 Franken im Monat (entspricht einem versicherten Verdienst von 6450 Franken).

- **Anspruchsberechtigt** sind Frauen, die zum Zeitpunkt der Niederkunft als erwerbstätig gelten (auch Selbständigerwerbende sowie Frauen, die gegen Barlohn im Betrieb des Ehemanns mitarbeiten), in den neun Monaten zuvor obligatorisch in der AHV versichert und mindestens fünf Monate erwerbstätig waren.
- **Der Anspruch** entsteht am Tag der Niederkunft. Muss Ihr Kind beispielsweise nach einer Frühgeburt länger im Spital bleiben, können Sie beantragen, dass der bezahlte Urlaub erst beginnt, wenn es nach Hause kommt.
- **Nehmen Sie Ihre Arbeit** vor Ablauf der 14 Wochen wieder auf, erlischt der Anspruch auf das Mutterschaftsgeld.
- **Vom Mutterschaftsgeld** abgezogen werden die Beiträge für AHV/IV, EO und ALV, nicht aber für die Unfallversicherung. Mütter sind während ihres bezahlten Urlaubs gratis gegen Unfall versichert. Hat der Betrieb eine Taggeldversicherung, sind dafür grundsätzlich Prämien geschuldet; andere Regelungen sind möglich. Der Versicherungsschutz der beruflichen Vorsorge wird weitergeführt.

Im Internet können Sie ein informatives Merkblatt über die Mutterschaftsentschädigung abrufen: www.ahv.ch (> Merkblätter > Nummer 6.02).

Wiedereinstieg nach dem Mutterschaftsurlaub

Die Geburt eines Kindes ist heute für die meisten Mütter kein Grund mehr, ihre Berufstätigkeit vollständig aufzugeben. Viele wünschen sich jedoch eine Reduktion des Arbeitspensums oder einen längeren Unterbruch. Suchen Sie rechtzeitig das Gespräch mit Ihrem Arbeitgeber.

Weiterarbeit aushandeln

Nach Gesetz müssen Sie 16 Wochen nach der Geburt die Arbeit wieder aufnehmen. In vielen Fällen ist jedoch eine Verlängerung der Babypause möglich. Konsultieren Sie Ihren Arbeitsvertrag und das Betriebsreglement. Prüfen Sie, ob für Sie ein Gesamtarbeitsvertrag gilt, der einen längeren Urlaub vorsieht. Ist nichts geregelt, können Sie mit Ihrem Arbeitgeber über eine massgeschneiderte Lösung verhandeln. Auch in welchem Umfang Sie danach weiter arbeiten wollen, müssen Sie individuell aushandeln. Achten Sie unbedingt darauf, dass die Abmachungen klar und schriftlich festgehalten werden.

Als Laura …

… **ihren Arbeitgeber informiert, dass sie ihr erstes Kind erwartet, erwähnt sie**

beiläufig, sie würde gerne ein halbes Jahr zu Hause bleiben und dann wieder mit einem 40-Prozent-Pensum in die Firma zurückkehren. Ihr Chef meint, dass dies möglich sein sollte, und rät ihr, sich vor Ablauf des halben Jahres wieder zu melden. Als Laura fünf Monate nach der Geburt ihres Sohnes in der Firma anruft, erlebt sie eine böse Überraschung. Teilzeitarbeit sei leider nicht möglich, heisst es. Sie solle entweder wieder voll arbeiten oder dann halt kündigen.

Das Beispiel ist kein Einzelfall. Immer wieder erleben Frauen, die sich auf vage mündliche Zusicherungen des Arbeitgebers verlassen, eine herbe Enttäuschung. Wurde kein neuer Vertrag für die Zeit nach der Geburt abgeschlossen, gilt der alte weiter. Zeigt sich der Arbeitgeber nicht verhandlungsbereit, bleibt der jungen Mutter tatsächlich nichts anderes übrig, als zu kündigen, wenn sie mit ihrem Säugling nicht mehr 100 Prozent arbeiten will.

Treffen Sie deshalb bereits während der Schwangerschaft mit dem Arbeitgeber eine schriftliche Vereinbarung und halten Sie folgende Punkte fest:

- Dauer des Urlaubs (bezahlt oder unbezahlt?)
- Wiederaufnahme der Arbeit
- Neues Pensum
- Lohn
- Aufgabenbereich

Regeln Sie Ihren Unfallversicherungsschutz, wenn Sie mehr als einen Monat unbezahlten Urlaub nehmen. Zu diesem Zweck können Sie eine sogenannte Abredeversicherung abschliessen (maximal für 180 Tage). Ihr Arbeitgeber muss Sie über die Einzelheiten informieren.

Nach der Niederkunft ohne Stelle?

Arbeitgeber sind nicht verpflichtet, auf Teilzeitwünsche ihrer Mitarbeiterinnen einzugehen. Möglicherweise ist deshalb nach dem Mutterschaftsurlaub in «Ihrem» Betrieb kein Platz mehr für Sie. Falls Sie nach der Niederkunft arbeitslos werden, können Sie sich einen maximal dreijährigen Berufsunterbruch leisten. Wollen Sie dann wieder ins Erwerbsleben einsteigen, haben Sie Anspruch auf Taggelder der Arbeitslosenversicherung. Mehr als drei Jahre seit Beendigung des letzten Arbeitsverhältnisses dürfen Sie allerdings nicht zuwarten.

Informieren Sie sich frühzeitig beim Regionalen Arbeitsvermittlungszentrum (RAV). Informationen zur Arbeitslosenversicherung finden Sie unter www.treffpunkt-arbeit.ch.

FERIENKÜRZUNG WEGEN BABYPAUSE?

Dürfen die Ferien gekürzt werden, wenn eine Arbeitnehmerin wegen Mutterschaft längere Zeit an der Arbeit verhindert ist? Hier die Regeln:

> Wenn Sie während der Schwangerschaft nicht mehr als zwei Monate arbeitsunfähig sind, ist keine Kürzung erlaubt. Für jeden weiteren vollen Monat der Arbeitsunfähigkeit darf der Arbeitgeber Ihren Ferienanspruch jedoch um einen Zwölftel kürzen.

> Dass Sie nach der Geburt den 14-wöchigen bezahlten Mutterschaftsurlaub bezogen haben, ist kein Grund für eine Ferienkürzung.

> Nimmt eine junge Mutter zusätzlich unbezahlten Urlaub, können die Ferien pro vollen Monat um einen Zwölftel gekürzt werden.

Die Rechte stillender Mütter

Wie Schwangere haben auch stillende Mütter Anspruch auf angemessenen Gesundheitsschutz. Solange Sie stillen, müssen Sie nicht zur Arbeit erscheinen. Allerdings haben Sie dann keinen Lohnanspruch - es sei denn, Sie können nachweisen, dass Sie arbeitsunfähig sind. Können Sie während der Stillphase Ihre angestammte Arbeit nicht verrichten, weil sie als gefährlich und beschwerlich eingestuft werden muss, hat Ihnen der Arbeitgeber Ersatzarbeit zuzuweisen. Kann er das nicht, haben Sie Anspruch auf 80 Prozent Ihres Lohnes.

Falls Sie arbeiten, muss Ihnen der Arbeitgeber die nötige Zeit zum Stillen freigeben. Stillen Sie Ihr Kind im Betrieb, gilt dies als Arbeitszeit. Verlassen Sie für das Stillen die Firma, muss Ihnen die Hälfte der Abwesenheit als Arbeitszeit angerechnet werden. Die ausgefallene Zeit vor- oder nachholen müssen Sie nicht.

Angestellte mit Familienpflichten

Solange Sie Kinder unter 15 Jahren haben oder pflegebedürftige Angehörige betreuen, gelten Sie als Angestellte mit Familienpflichten. Der Arbeitgeber muss beim Festsetzen der Arbeits- und Ruhezeiten auf Ihre Situation besondere Rücksicht nehmen. Er darf Sie beispielsweise nur mit Ihrem Einverständnis zu Überzeitarbeit heranziehen. Wenn Sie

Eltern, die angestellt erwerbstätig sind, haben einen Anspruch auf Kinderzulagen vom Staat. Diese sind kantonal unterschiedlich geregelt; einige Kantone zahlen die Zulagen auch an Selbständigerwerbende und Nichterwerbstätige (mehr dazu auf Seite 256).

dies wünschen, muss er Ihnen eine Mittagspause von wenigstens anderthalb Stunden gewähren.

In besonderen Stress geraten berufstätige Eltern, wenn ihr Kind erkrankt. In diesen Fällen gilt: Der Arbeitgeber hat Angestellten mit Familienpflichten gegen Vorlage eines ärztlichen Zeugnisses die Zeit freizugeben, die sie für die Betreuung des kranken Kindes benötigen – und zwar maximal drei Tage (gemeint ist pro Krankheitsfall und nicht etwa pro Jahr). Ist das Kind länger krank, können Sie in dieser Zeit eine gute Betreuung organisieren.

Für die Tage, die Sie bei Ihrem Kind zu Hause bleiben, erhalten Sie die Lohnfortzahlung, wie wenn Sie selbst krank wären. Die Zeit wird aber von Ihrem eigenen Anspruch abgezogen.

Diese Regelung gilt für beide Eltern. Es können sowohl der Vater wie auch die Mutter zu Hause bleiben, falls nötig auch beide gleichzeitig oder nacheinander.

5.2 Rund ums Schwangersein

> **Daniela Schwegler**

Ein Kind zu erwarten gehört zu den tiefsten, spannendsten und auch aufreibendsten Erlebnissen. Was Sie sich und Ihrem Bébé während der Schwangerschaft zuliebe tun und wie Sie sich auf die Geburt vorbereiten können, erfahren Sie auf den folgenden Seiten.

Dass sich Samenzelle und Ei vereinigen und daraus ein Kind entsteht, bleibt trotz aller modernen medizinischen Erkenntnisse ein Wunder. Die 40 Wochen Schwangerschaft sind eine wichtige Zeit. Je entspannter und freudevoller Sie sie für sich und Ihr Kind gestalten, desto besser werden Sie am Ende an die Geburt gehen können.

Sich Gutes tun

Körper und Seele müssen sich auf die neue Situation einstellen. Von aussen ist in den ersten zwölf Wochen noch kaum etwas zu sehen. Wären da nicht die Übelkeit, die Essgelüste, die auf Gerüche empfindliche Nase oder die Müdigkeit, würden Sie sich vielleicht gar nicht schwanger fühlen. Dann wächst der Bauch langsam. So ab der 20. Woche können Sie zum ersten Mal spüren, wie sich Ihr Baby bewegt. Gegen Ende der Schwangerschaft wird Ihr Körper immer runder - ein Plus von 10 bis 18 Kilogramm ist normal. Während die einen Frauen ihren Babybauch nun stolz und voll Freude zeigen, müssen sich andere erst an die prallen Rundungen gewöhnen.Tun Sie sich während der Schwangerschaft Gutes:

> **Ihr Körper arbeitet für zwei.** Ernähren Sie sich gesund, ausgewogen und vollwertig - mit viel frischem Obst, Gemüse, Milchprodukten und zweimal Fisch oder Fleisch pro Woche. Je unverarbeiteter ein Nahrungsmittel und je weniger künstliche Zusätze, desto gesünder. Vielleicht setzen Sie ganz auf Bio.

> **Falls Sie gerne Sport** treiben - nur weiter so. Allerdings sachte. Ihr Körper signalisiert Ihnen, wann es zu viel wird. Und aufgepasst: Nicht auf den Bauch fallen!

> **Gönnen Sie sich** ausreichend Entspannung, zum Beispiel mit einem Lavendel- oder Melissenbad am Abend.

> **Tragen Sie flache Schuhe.** Ihr Rücken wird es Ihnen danken.

> **Bei schwachen Venen** helfen Stützstrümpfe, Krampfadern vorzubeugen.

> **Vermeiden Sie** schwere körperliche Arbeit. Den Getränkeharass kann auch Ihr Partner hoch tragen.

Eine gute Vorbeugung gegen Schwangerschaftsstreifen ist Weizenkeimöl, das Sie sanft in die Bauchdecke einmassieren.

Beckenboden-Power

Beginnen Sie frühzeitig mit Beckenbodenübungen. Je mehr Sie die Muskulatur jetzt kräftigen, desto besser bildet sie sich nach der Geburt wieder zurück. Und desto weniger müssen Sie sich später mit Schwierigkeiten wie Inkontinenz, Gebärmutter- und Scheidenwandsenkung oder sexuellen Problemen herumschlagen.

Kurse in Schwangerschaftsgymnastik gibt es überall in der Schweiz. Hier lernen Sie, mit dem zusätzlichen Gewicht umzugehen und eine gute Körperhaltung zu behalten. Auch bekommen Sie viele Tipps zur Dammmassage, zum «Veratmen» der Wehen und zu günstigen Stellungen während der Geburt. Mindestens so wichtig wie die Kursinhalte sind aber auch die Gespräche mit anderen werdenden Müttern.

Einen Geburtsvorbereitungskurs in Ihrer Nähe finden Sie bei der Fachgruppe Geburtsvorbereitung des Schweizerischen Berufsverbands für Gymnastik und Bewegung: www.geburt-sbg.ch.

VITAMINE UND SPURENELEMENTE

Ihr Bedarf an Vitaminen und Spurenelementen wie Eisen oder Magnesium ist während der Schwangerschaft erhöht. In gut doppelter Menge braucht Ihr Körper zum Beispiel Folsäure, ein wasserlösliches Vitamin der B-Gruppe (B9). Es hilft, Missbildungen wie einen «offenen Rücken» (Spina bifida) zu verhindern. Am besten, Sie nehmen das Vitamin vorbeugend schon ein, bevor Sie schwanger sind. Empfohlen sind 400 Milligramm pro Tag. Vielleicht empfiehlt Ihnen Ihre Ärztin auch ein Multivitamin-Präparat. Falls Sie kein solches nehmen wollen: Achten Sie auf eine vitaminreiche Ernährung.

Risiken vorbeugen

Röntgenstrahlen können Ihr Kind schädigen, vor allem in den ersten Schwangerschaftswochen. Steht eine Röntgenuntersuchung an, sollten Sie deshalb den Arzt über die Schwangerschaft informieren. Nehmen Sie Medikamente - auch rezeptfreie - nicht auf eigene Faust ein, sondern nur in Rücksprache mit Ihrer Ärztin oder Apothekerin. Wenn Sie wegen eines Leidens auf ein bestimmtes Medikament angewiesen sind, lassen Sie

sich - möglichst vor der Schwangerschaft - von Ihrer Ärztin beraten.
Dass Drogen die Entwicklung des Ungeborenen beeinträchtigen, ist Ihnen sicher bekannt. Vorsicht auch mit Genussmitteln: Verzichten Sie wenn möglich auf Kaffee, aufs Rauchen - auch von Cannabis - und auf Alkohol. Ein Glas Wein zum Essen und ein, zwei Tassen Kaffee pro Tag liegen drin.
Aufgepasst bei ungewaschenem Obst und Gemüse sowie rohem Fleisch: Diese Nahrungsmittel können Träger des Toxoplasmose-Erregers sein. Eine Infektion damit kann für den Embryo gefährlich sein.

Statt Tabletten gegen Kopfweh zu nehmen, gönnen Sie sich mehr Ruhe und Schlaf, trinken Sie viel und gehen Sie eine Runde spazieren.
Bei einer Erkältung nützt folgende Kur: viel Lindenblütentee oder heisses Wasser mit Zitronensaft und Honig, ein heisses Kamillenbad, warm einpacken, mit einer Bettflasche ab unter die Decke und genug schlafen. Unterstützend wirken Heilschüsslersalze und homöopathische Mittel. Lassen Sie sich in der Apotheke beraten.

Der Erreger der Toxoplasmose verbreitet sich auch über den Kot infizierter Büsis. Deshalb: Katzenklo nicht selber reinigen. Und bei der Gartenarbeit Handschuhe tragen, um gegen allfällige Katzenhäufchen zwischen den Salatsetzlingen geschützt zu sein.

Sicher durch die Schwangerschaft

Ist unser Kind gesund? Das fragen sich wohl alle Eltern. Lassen Sie sich in der Schwangerschaft von einer Hebamme oder einer Ärztin fachlich begleiten. Diesen können Sie alle Fragen stellen, die Sie beschäftigen, und die regelmässigen Kontrollen geben Ihnen Gewissheit, dass alles in Ordnung ist.
Hebammen sind im Krankenversicherungsgesetz den Ärzten gleichgestellt. Die Kosten für die Schwangerschafts- und Mutterschaftsleistungen trägt die Krankenkasse. Verläuft Ihre Schwangerschaft ohne Komplikationen, müssen Sie nicht einmal den Selbstbehalt und die Franchise selber zahlen. Die Grundversicherung übernimmt die Routineuntersuchungen - inklusive Laboranalysen und Medikamente - sowie in der Regel zwei Ultraschalluntersuche. Bei Risikoschwangerschaften sind so viele Untersuchungen bezahlt, wie die Ärztin für nötig hält.

Ausführlichere Informationen, beispielsweise auch zur Frage, wann eine Zusatzversicherung Sinn macht, finden Sie im Beobachter-Ratgeber «Krankenkasse. Was Gesunde und Kranke wissen müssen».
(www.beobachter.ch/buchshop)

Eine Hebamme in Ihrer Nähe kann Ihnen Ihre Ärztin nennen oder Sie finden sie unter www.hebamme.ch.

Schwangerschaftskontrolle

Sie haben Anspruch auf sieben Routineuntersuchungen. Dabei überprüft die Hebamme oder die Ärztin die Gesundheit von Ihnen selbst und von Ihrem Kind. Fragen Sie ihr Löcher in den Bauch. Sie ist Fachfrau und weiss Rat bei Problemen und Schwierigkeiten. Lassen Sie sich umfassend beraten über vorgeburtliche Untersuche, über das richtige Verhalten während der Schwangerschaft und darüber, welche Tests für Sie Sinn machen (siehe auch Seite 165).

Ultraschall – das Ungeborene sehen

Zwei Ultraschalluntersuchungen sind heute die Regel: die eine zwischen der 10. und 12. Schwangerschaftswoche, die andere zwischen der 20. und 23. Woche.
Mit dem Ultraschall wird der Geburtstermin bestimmt, das Wachstum des Fötus und seine Herzschlagfrequenz kontrolliert. Zudem ist zu sehen, ob Sie ein Mädchen oder einen Buben erwarten. Möchten Sie lieber, dass das Geschlecht Ihres Kindes bis zur Geburt ein

Geheimnis bleibt, lassen Sie das Ihre Ärztin wissen.
Neu ermöglichen 3D-Ultraschallgeräte, das Kind räumlich zu sehen. Und einige Spitäler haben gar «4D» mit laufenden Bildern. Da können Sie zuschauen, wie Ihr Kind herumturnt und wie sein Herz schlägt. «Baby-Fernsehen», ein aufregender Moment!

Verläuft Ihre Schwangerschaft unauffällig, ist es Ihnen und Ihrem Partner überlassen, ob Sie Ultraschalluntersuchungen machen lassen wollen oder nicht. Empfohlen sind sie zur näheren Abklärung bei Auffälligkeiten. Etwa, wenn das Kind zu gross oder zu klein ist oder wenn zu viel oder zu wenig Fruchtwasser vorhanden ist.

Wenn Komplikationen auftreten

Jede Frau wünscht sich, dass alles gut geht. Und das tut es zum Glück in aller Regel auch. Ihre Hebamme oder Ärztin konsultieren sollten Sie aber in folgenden Situationen:

> **Vorzeitige Wehen**
> **Vorzeitiger Fruchtwasserverlust**
> **Blutungen**
> **Röteln**
> **Schwangerschaftsvergiftung (Gestose)**

DEN DAMM MASSIEREN

Bei der Geburt muss der Damm – das Gewebe zwischen Scheide und Anus – viel aushalten. Ein Schnitt kann nötig werden,
> bei einer Steisslage.
> wenn die Geburt aus medizinischen Gründen beschleunigt werden muss.
> wenn das Baby sehr gross ist.

Viele Ärzte schneiden vorbeugend, damit der Damm nicht reisst. Doch das kann zu Beschwerden nach der Geburt führen: Schmerzen beim Sitzen, Wasserlassen oder beim Sex. Die Narbe kann noch lange Zeit spürbar sein. Spontane Dammrisse heilen in der Regel schneller und besser. In vielen Spitälern wird daher heute weniger geschnitten; in Geburtshäusern liegt die Quote der Dammschnitte bei nur zwei bis drei Prozent.
Beugen Sie einem Dammschnitt vor: Kräftigen Sie das Gewebe mit Beckenbodentraining. Ab der 34. Schwangerschaftswoche können Sie den Damm mit Oliven-, Jojoba- oder Weizenkeimöl massieren; ab der 37. Woche halten Sitzbäder mit Lindenblüten oder Heublumen das Gewebe geschmeidig.

Die Ärztin aufsuchen sollten Sie auch bei Schmerzen, Fieber und Infektionen. Um sicher zu sein, dass sich nichts Ernstes anbahnt.

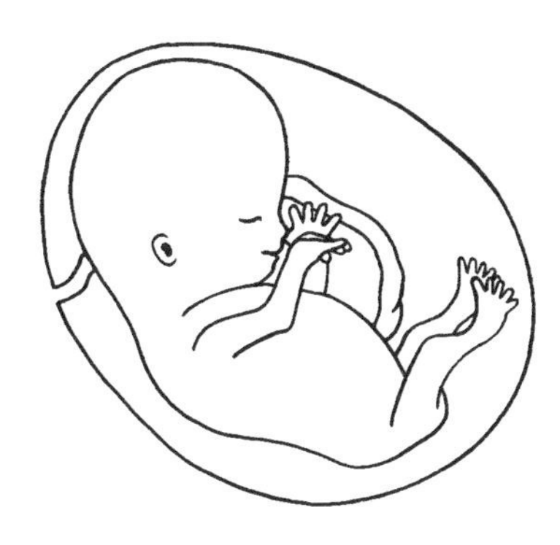

Vorgeburtliche Diagnostik – ja oder nein?

Das Wichtige zuerst: 98 Prozent der Kinder kommen gesund zur Welt. Etwa 2 Prozent aller Babys haben – oft leichte – Missbildungen. Diese können nach der Geburt meist operativ korrigiert werden: beispielsweise die Fehlstellung eines Füsschens oder eine Lippen-Kiefer-Gaumen-Spalte. Mit Tests – Ultraschall sowie Untersuchen des Blutes und Erbguts – lassen sich über 80 Prozent der Fehlbildungen bereits vor der Geburt diagnostizieren. Eine Störung des Erbguts weist weniger als ein halbes Prozent aller Kinder auf. Die häufigste solche Störung ist das Down-Syndrom (Trisomie 21). Viele Ungeborene mit abweichendem Erbgut kommen nicht zur Welt; sie sterben vor der Geburt.

Wie genau wollen Sie es wissen?

Die Möglichkeiten der Medizin, Entwicklungsstörungen vor der Geburt zu entdecken, sind enorm. Sind Sie über 35 Jahre alt, wird man Ihnen pränatale Tests ans Herz legen, um ein – eventuell – erhöhtes Krankheitsrisiko Ihres Babys abzuklären. Ebenso, wenn in der Schwangerschaft Komplikationen auftreten oder es in Ihrer Familie genetisch vererbbare Krankheiten gibt.

Doch der Einsatz vorgeburtlicher Tests will überlegt sein: Das Warten auf die Ergebnisse bedeutet für viele Eltern einen grossen Stress. Schön, wenn das Testresultat dann Entwarnung gibt. Doch die Resultate sind oft alles andere als klar und lösen unnötig Ängste aus. Was, wenn ein Test zum Beispiel eine erhöhte Wahrscheinlichkeit für ein Down-Syndrom (Trisomie 21) anzeigt? Als Eltern stellt sich Ihnen dann die Frage, ob Sie mit dem grösseren Risiko, ein behindertes Kind zu haben, leben können. Falls nicht, müssen Sie entscheiden, ob Sie zur genaueren Abklärung das Erbgut Ihres Kindes analysieren lassen wollen. Der Vorteil dieser invasiven Tests: Sie erhalten ein ziemlich genaues Resultat. Der Nachteil: Das Risiko einer Fehlgeburt steigt durch den Eingriff in die Gebärmutter stark.

Und noch etwas: Trotz Diagnose ist eine Therapie während der Schwangerschaft nicht möglich. Es geht um alles oder nichts: Wol-

WELCHE TESTS WOLLEN WIR MACHEN LASSEN?

> **Sie akzeptieren das Kind so, wie es ist – mit oder ohne Behinderung. Ein Abbruch der Schwangerschaft ist für Sie kein Thema.**
> Die Ultraschalluntersuche genügen. Weitere vorgeburtliche Tests sind nicht nötig.

> **Sie wollen wissen, ob Ihr Kind punkto Erbgut gesund ist. Bei einer Chromosomenanomalie ziehen Sie einen Schwangerschaftsabbruch in Betracht.**
> Lassen Sie eine Fruchtwasserpunktion oder Chorionbiopsie durchführen.

> **Sie sind unsicher. Zwar wünschen Sie sich ein gesundes Kind. Aber ein Schwangerschaftsabbruch kommt nicht unbedingt in Frage.**
> Machen Sie einen Bluttest wie den AFP- (Alpha-Fetoproteine) oder Ersttrimestertest. Diese sind einfach und risikolos, ermöglichen aber keine sichere Diagnose.

Wichtig bei allen Untersuchen ist eine gute Beratung durch Ihre Ärztin. Lassen Sie sich gründlich informieren: über das Vorgehen, die Zuverlässigkeit des Testresultats, die Vor- und Nachteile und die Risiken.

len Sie das Kind behalten – allenfalls mit einer schweren Behinderung oder chronischen Krankheit – oder ziehen Sie einen Schwangerschaftsabbruch in Betracht?

Nicht-invasive Tests

Die nicht-invasiven vorgeburtlichen Tests haben einen grossen Vorteil: Sie gefährden die Schwangerschaft nicht, da nicht in die Gebärmutter eingegriffen wird. Der Nachteil: Sie erlauben keine eindeutige Diagnose, sondern geben nur Hinweise auf die Wahrscheinlichkeit einer Fehlbildung – etwa aufgrund der Messung der Nackenfalte Ihres Babys oder anhand von Blutwerten. Durchgeführt werden:

> **Ersttrimestertest:**
> 11. bis 13. Schwangerschaftswoche

> **AFP- und AFP-plus- oder Tripeltest:**
> zwischen der 14. und 19. Schwangerschaftswoche

Weisen die Testresultate auf eine Fehlbildung hin und wollen Sie genauer Bescheid wissen, sind invasive Test nötig.

Invasive Tests

Invasive vorgeburtliche Tests untersuchen das Erbgut Ihres Kindes. Dazu ist ein Eingriff in die Gebärmutter nötig. Die Ärztin sticht mit einer Hohlnadel durch die Bauchdecke und entnimmt der Fruchtblase Fruchtwasser (Fruchtwasserpunktion) oder der Plazenta Zellen des Kindes (Chorionbiopsie).

> **Chorionbiopsie:** zwischen der 11. und 15. Schwangerschaftswoche, Testergebnis innert zwei bis drei Tagen
> **Fruchtwasserpunktion** (Amniozentese): zwischen der 15. und 20. Schwangerschaftswoche, Testergebnis innert rund zwei Wochen

Über eins müssen Sie sich bei der Amniozentese im Klaren sein: Bis das Resultat vorliegt, ist die Schwangerschaft so weit fortgeschritten, dass keine Absaugung mehr möglich ist. Entscheiden Sie sich dann zu einem Abbruch, müssen Sie das Kind totgebären.

Der Vorteil dieser invasiven Tests: Fehlbildungen des kindlichen Erbguts können in der überwiegenden Zahl der Fälle eindeutig diagnostiziert werden. Der Nachteil: Das Risiko einer Fehlgeburt steigt durch den Eingriff stark an. Sind Sie 35 Jahre alt, liegt das Risiko, wegen des Tests das Kind zu verlieren, etwa gleich hoch wie dasjenige einer Fehlbildung.

Mehr Informationen zur pränatalen Diagnostik erhalten Sie beim «Verein ganzheitliche Beratung und kritische Information zu pränataler Diagnostik» (www.praenatal-diagnostik.ch) sowie auf der Website der Beratungsstelle Appella (www.appella.ch).

Gemeinsame Vorbereitung auf die Geburt

In das neue Leben als Eltern müssen Sie hineinwachsen. Das fängt schon vor der Geburt an in der gemeinsamen Vorbereitung auf das neue Lebewesen. Es gibt viel zu bereden: Wo wollen Sie gebären? Entscheidungshilfen finden Sie auf Seite 170. Was braucht das Baby? Tipps zur Babyausrüstung finden Sie auf Seite 195 zusammengestellt.

Mit vereinten Kräften

Geburtsvorbereitungskurse gibt es nicht nur für werdende Mütter, sondern auch für Paare. Hier können Sie sich auf Geburt und Elternschaft einstimmen. Sie erhalten Informationen, wie der Partner die Frau während der Geburt optimal unterstützen kann. Die Kurse wollen helfen, Schwangerschaft, Geburt und die ersten Monate mit dem Kind so schön wie möglich zu gestalten. Zudem lernen Sie andere werdende Eltern kennen und können sich mit ihnen austauschen.

WAS PACK ICH IN DEN KOFFER?

Es ist so weit, Sie gehen ins Spital oder Geburtshaus. Wichtig ist, dass Sie für die ersten 24 Stunden ausgerüstet sind. Falls dann noch was fehlt, kann Ihr Partner die Sachen jederzeit nachliefern. Das brauchen Sie:

> **Für sich selbst:** Toilettenartikel, warme Socken, Unterwäsche inklusive Still-BH, Nachthemd, Morgenrock oder Hausdress und Hausschuhe; Kleidung für den Heimweg; Dinge, um sich wohlzufühlen: ein Geburtstagebuch, die Kamera, eine Lieblings-CD

> **Für Ihr Baby:** Strampelanzug und Kleider fürs Heimgehen wie Söcklein, Hemdchen, Jacke, Mütze

> **Papiere:** Krankenkassenausweis, Schriftenempfangsschein, Familienbüchlein, wenn Sie verheiratet sind; für Unverheiratete: Personenstandsausweis, allenfalls Vaterschaftsanerkennung; für Ausländerinnen: Familienbüchlein, Pass, Ausländerausweis, Ehe- oder Geburtsschein

Vielleicht besuchen Sie auch gemeinsam einen Säuglingspflegekurs. Das steigert die Vorfreude und gibt Ihnen die Sicherheit, dass Sie, wenn Ihr Kind da ist, alles richtig machen werden.

Auf dem Weg vom Zweier- zum Dreier-Team können Sie sich gegenseitig unterstützen: sich zuhören, füreinander da sein, am Abend gemeinsam ein paar Minuten über den Bauch streicheln. Ihr Baby nimmt durch die Bauchdecke schon jetzt sehr viel wahr und freut sich über die Streicheleinheiten. Ganz dieser Kunst des sich Zuwendens verschrieben hat sich die Haptonomie: die Wissenschaft der Affektivität. Der Begriff setzt sich zusammen aus den griechischen Worten *nomos* - das Gesetz - und *haptein* - in taktilen Kontakt treten, sich verbinden, sich zu jemandem hinwenden, um zu heilen. Der Kontakt über die Berührungen hilft Ihnen, als Mutter-Vater-Kind-Trio das Gefühlsband zueinander aufzubauen. Kurse in Ihrer Nähe finden Sie im Internet: bei Google «Haptonomie» und «Kurse» eingeben und unter «Seiten aus der Schweiz» suchen.

Trinken Sie vier bis fünf Wochen vor der Geburt täglich eine Tasse Himbeerblättertee. Er entgiftet, lockert die Muskulatur und macht den Muttermund weich.

5.3 Das grosse Ereignis – die Geburt

> **Daniela Schwegler**

Bald ist es so weit. Die Geburt rückt näher. Wo Sie Ihr Baby zur Welt bringen möchten, entscheiden Sie: im Spital, im Geburtshaus oder zu Hause. Wichtig ist, dass sie sich rundum wohlfühlen. Je entspannter Sie sind, desto besser können Sie die Geburt angehen.

Gut 70 000 Kinder erblicken in der Schweiz pro Jahr das Licht der Welt, darunter vielleicht bald Ihres. Wobei die meisten Mütter im Spital gebären. Das war nicht immer so. Noch bis nach dem Zweiten Weltkrieg gebaren die meisten Frauen ihre Kinder ausserhalb eines Krankenhauses. Heute entscheiden sich knapp zwei Prozent oder rund 1000 Mütter pro Jahr, ihr Baby im Geburtshaus zur Welt zu bringen. Und fast ebenso vielen ist es bei einer Geburt in den eigenen vier Wänden am wohlsten.

Sie haben die Wahl: Geburtsort und Geburtsart

Sind die Ergebnisse der Vorsorgeuntersuchungen in Ordnung, können Sie den Geburtsort frei bestimmen. Punkto Sicherheit befinden Sie sich im Spital, im Geburtshaus und bei einer Hausgeburt in gleich guten Händen. Das zeigen Nationalfondsstudien. Sollte Ihre Geburt schwieriger verlaufen als erwartet – was nur selten vorkommt –, werden Sie vom Geburtshaus oder von zu Hause unverzüglich ins Spital verlegt.

Die Kosten für die Geburt werden von der Krankenkasse übernommen. Die Grundversicherung deckt sämtliche Spitalkosten (allgemeine Abteilung eines Spitals auf der Liste Ihres Wohnkantons). Bei einer Geburt zu Hause oder im Geburtshaus werden die Kosten für die Hebamme und die Ärztin übernommen (mehr dazu auf Seite 251).

Möchten Sie von Ihrer Gynäkologin entbunden werden, müssen Sie die Versicherungsdeckung mit Ihrer Krankenkasse genau abklären. In der Regel ist dafür eine Privatversicherung nötig – für Sie und eventuell auch für das Neugeborene. Wie Sie Ihr Kind richtig versichern, erfahren Sie in Kapitel 8 (Seite 273).

Die Geburt im Spital

Für Sie ist sonnenklar: Sie wollen im Spital gebären. Sie fühlen sich sicherer, wenn Sie wissen, dass im Notfall sofort alle Einrichtungen zur Verfügung stünden. Und Sie freuen sich darauf, dass Ihnen nach der Geburt viel abgenommen wird, sodass Sie ganz für Ihr Kleines da sein können. Sehen Sie sich an Informationsabenden mehrere Geburtszimmer an und sprechen Sie mit den Hebammen und Ärzten: Welches Spital sagt Ihnen am meisten zu?

Neben der persönlichen Vorliebe gibt es ein paar weitere Gründe, die für eine Spitalgeburt sprechen:

> **Die Ergebnisse** der Vorsorgeuntersuchungen deuten darauf hin, dass man sich um Sie oder Ihr Baby verstärkt Sorge machen muss.
> **Probleme** während der Schwangerschaft
> **Frühgeburt**
> **Mehrlingsgeburt**

In der Geburtsabteilung übernimmt die leitende Ärztin die Verantwortung. Sie entscheidet, wann was zu tun ist. Und Hebammen betreuen Sie liebevoll. Allerdings müssen Sie damit rechnen, dass bei einer längeren Geburt die Schicht wechselt.

Einige Spitäler kennen das Beleghebammen-System: «Ihre» Hebamme begleitet Sie, bis das Kind da ist. Sie ist voll und ganz für Sie da, und hat im Spitalbetrieb keine anderen Verpflichtungen. Erkundigen Sie sich in Ihrer Klinik, ob Belegsgeburten möglich sind.

Nach der Geburt bleiben Sie fünf Tage im Spital, nach einem Kaiserschnitt in der Regel sieben. Sie können sich aber auch für eine **ambulante Geburt** entscheiden: Dann verlassen Sie die Klinik ein paar Stunden nach der Geburt und verbringen das Wochenbett daheim, betreut von Ihrer Hebamme. Eine Möglichkeit, die Sicherheit des Spitals mit der vertrauten Umgebung fürs Wochenbett zu verbinden.

Im Geburtshaus gebären

Wenn Sie Ihr Kind lieber nicht in der Klinik und ohne High-Tech-Medizin zur Welt bringen möchten, sind Sie im Geburtshaus bestens aufgehoben. Sie werden die familiäre und persönliche Atmosphäre mögen. Es wird ganz auf die natürliche und selbstbestimmte Geburt gesetzt - möglichst ohne Eingriffe. Weil dann die Geburt mit den wenigsten Komplikationen verläuft.

Ein Geburtshaus in Ihrer Region und weitere Informationen finden Sie unter www.geburtshaus.ch.

Verantwortlich sind im Geburtshaus ausschliesslich die Hebammen. Meist betreut Sie Ihre Hebamme ohne Schichtwechsel, bis das Kind auf der Welt ist.

Klären Sie ab, ob das Geburtshaus in Ihrer Nähe eine Wochenbettabteilung hat. Meist handelt es sich um familiär eingerichtete Zimmer, in denen auch Ihr Partner willkommen ist. Sie können nach der Geburt aber auch gleich nach Hause gehen und sich dort zehn Tage lang von Ihrer Hebamme begleiten lassen.

Die Geburt zu Hause

Sie fühlen sich am wohlsten in Ihren eigenen vier Wänden und die Schwangerschaft verlief ohne Komplikationen. Eine Geburt empfinden Sie als die natürlichste Sache der Welt. Sie vertrauen voll und ganz auf Ihre Kräfte als Gebärende und wollen Ihr Kind mit Hilfe Ihrer Hebamme ohne fachärztliche Hilfe zur Welt bringen. Dann ist eine Hausgeburt das Richtige für Sie. Ein weiterer Vorteil: Sie allein entscheiden, wer bei der Geburt dabei ist. Und auch nach einer Hausgeburt begleitet Sie Ihre Hebamme in den ersten Tagen mit Ihrem Kind.

Die Kunst des Gebärens

Manche Frauen träumen von einer Wassergeburt - und dann reicht es nicht einmal mehr für den Einstieg in die Wanne. Das Kind war schneller als die Mutter. Obwohl sich der Geburtsablauf nicht minutiös planen lässt und das Kind ein gewichtiges Wörtlein mitredet: Gedanken zum Lieblingsgeburtsplatz können Sie sich trotzdem machen. Wahrscheinlich werden Sie aber in den verschiedenen Geburtsphasen - Eröffnungs-, Übergangs-, End- und Nachgeburtsphase - unterschiedliche Stellungen bequem finden. Spitäler und Geburtshäuser sind heute mit allen möglichen Geburtshilfen ausgestattet: von der Badewanne und dem grossen, bequemen Bett, auf dem auch Ihr Partner Platz findet, bis zu Tüchern und Seilen, die von der Decke hängen und an denen Sie sich festhalten können. Den Rücken entlasten kann oft auch die Sprossenwand. Ebenfalls anzutreffen: Medizinball und Matten auf dem Boden. Zudem gehören der Mayahocker oder Gebärstuhl meist zur Grundausstattung.

Der Umgang mit Wehen

Dass Wehen harte Arbeit sind, ist so. Doch Ihr Körper unterstützt Sie, indem er schmerzlindernde und entspannende Endorphine ausschüttet. Je weniger der Geburtsvorgang gestört wird, desto gleichmässiger gibt das Gehirn die Hormone ab. Bei jeder Störung - das Telefon klingelt, es kommt jemand zur Tür herein, der Wind schlägt das Fenster zu - wird die Ausschüttung kurz unterbrochen. Je ruhiger also das Umfeld, desto entspannter die Geburt.

Vertrauen Sie auf die Kraft Ihres Körpers. Unterstützen können Sie ihn mit ätherischen Düften, Kräutern, Wickeln, Homöopathie, Akupunktur, einem Entspannungsbad oder mit einer Massage. Ändern Sie die Stellung und wenden Sie an, was Sie im Geburtsvorbereitungskurs gelernt haben: «Veratmen» Sie die Wehen.

Falls die Schmerzen trotzdem fast unerträglich werden: Sie müssen nicht die Heldin spielen. Sie würden sich nur verkrampfen und damit noch mehr Stresshormone produzieren. Zögern Sie nicht, zur Schmerzlinderung medikamentöse Hilfe in Anspruch zu nehmen. Ihre Hebamme oder Ärztin werden Ihnen geeignete Mittel empfehlen.

Sie geben den Ton an und sagen, was geht. Lassen Sie sich nicht drängen und hören Sie auf Ihren Körper. Einzige Ausnahme von dieser Regel: Komplikationen während der Geburt.

Saugglocke und Geburtszange

Das Baby ist fast am Ziel - schon tief im Geburtskanal -, doch es kommt nicht weiter und seine Herztöne verschlechtern sich. Dann kommt die Zange zum Einsatz. Die Ärztin führt die zwei «Löffel» in die Scheide ein, legt sie vorsichtig seitlich am Köpfchen des Babys an und zieht es mit der nächsten Wehe aus dem Geburtskanal.
Ein zweites Hilfsmittel ist die Saugglocke. Die Ärztin setzt sie dem Baby auf den Kopf. Eine Pumpe saugt die Luft zwischen Glocke und Köpfchen ab. Durch das Vakuum, das entsteht, lässt sich das Kind aus dem Geburtskanal ziehen. Wann welches Instrument eingesetzt wird, hängt von der Situation und den Erfahrungen der Ärztin ab.

DER PIKS GEGEN DIE WEHENSCHMERZEN

Ein Piks, und der Wehenschmerz lässt nach. Bei der Periduralanästhesie (PDA) wird zwischen dem dritten und vierten Lendenwirbel ein Schmerzmittel ins Rückenmark, den Periduralraum, gespritzt. Diese lokale Narkose ist sinnvoll, wenn Sie als Gebärende am Rand Ihrer Kräfte sind. Ebenso bei bestimmten Risikogeburten, einem geplantem Kaiserschnitt oder Mehrlingsgeburten.

Die Wirkung: Die Medikamente blockieren die Nervenfasern. Vom Bauch an abwärts sind Sie schmerzunempfindlich. Die Wehen spüren Sie kaum mehr. Nach der Geburt können Sie nicht aufstehen, solange die Anästhesie wirkt. Einige Kliniken bieten die «mobile PDA» an. Dabei wird versucht, die Medikamente so zu dosieren, dass sie nur den Unterleib betäuben und die Beine nicht beeinflussen.

Ganz risikolos ist der medikamentöse Schmerzhemmer allerdings nicht - die häufigsten Nebenwirkungen:

> **Kopfschmerzen**, falls der Periduralraum unbeabsichtigt durchstochen wird
> **Blutdruckabfall,** da die gefässverengenden Nerven ausgeschaltet werden

Die besondere Geburt

Die weitaus meisten Geburten verlaufen ohne Komplikationen: kürzer oder länger, heftiger oder sanfter, aber letztlich problemlos. Zeichnet sich eine schwierigere Geburt ab, kann die heutige Medizin viel helfen.

Wenn das Kind nicht kommen will

Der Geburtstermin ist vorbei, doch Ihr Baby will und will nicht kommen. Nach spätestens zehn Tagen wird Ihre Hebamme oder Ärztin das weitere Vorgehen mit Ihnen besprechen. Manchmal gibt es triftige Gründe, eine Geburt medizinisch einzuleiten. Zum Beispiel, wenn die Plazenta das Baby nur noch mangelhaft versorgt.

Methoden zur künstlichen Einleitung der Wehen gibt es verschiedene. Bei allen geht es im Prinzip darum, die Aktivität der Gebärmutter zu stimulieren: etwa mit Prostaglandin-Hormomen in Form einer Vaginaltablette oder eines Scheidengels, durch die künstliche Eröffnung der Fruchtblase (Amniotomie) oder mit wehenfördernden Hormonen via Wehentropf. Helfen können auch natürliche Methoden, zum Beispiel die Stimulation der Brustwarzen, ein Einlauf, ein Esslöffel Rizinusöl, Akupunktur oder Homöopathie. Sprechen Sie sich aber auch bei natürlichen Methoden mit Ihrer Hebamme ab. Übrigens: Ein erotischer Abend mit Ihrem Partner kann Wunder wirken: Beim Liebesakt wird das wehenauslösende Hormon Oxitocin produziert und die Spermienflüssigkeit enthält Prostaglandine, die ebenfalls Wehen auslösen können.

Kaiserschnitt: geplant oder als Notfall

In der Schweiz kommt fast jedes dritte Kind per Kaiserschnitt zur Welt – so viele wie praktisch nirgends in Europa. Die Weltgesundheitsorganisation WHO empfiehlt eine Kaiserschnittrate von maximal 15 Prozent. Wann ist ein Kaiserschnitt sinnvoll?

Wenn während der Geburt folgende Situationen eintreten, wird Ihre Ärztin einen Kaiserschnitt vorschlagen:

- **Trotz Einleitungsversuchen** und Wehenunterstützung setzt die Geburt nicht ein.
- **Akute Komplikationen** treten auf wie hohes Fieber, unkontrollierbarer Bluthochdruck oder eine schwere Schwangerschaftsvergiftung (Gestose).
- **Das Baby** passt nicht durch das Becken.
- **Das Kind ist gefährdet,** seine Herztöne verschlechtern sich.

Ein geplanter Kaiserschnitt wird in der Regel rund eine Woche vor dem errechneten Geburtstermin durchgeführt. Und das sind die Gründe dafür:

- **Steisslage:** Das Kind liegt mit dem Becken und den Füsschen voran in der Gebärmutter. Einige Ärzte begleiten al-

lerdings auch bei Steisslage eine natürliche Geburt.
> **Das Baby liegt quer** in der Gebärmutter.
> **Die Plazenta** liegt vor dem Muttermund und versperrt den Weg.
> **Es handelt sich** um eine Mehrlingsgeburt. Bei Zwillingen ist je nach Situation auch eine natürliche Geburt möglich.
> **Die Mutter wünscht** einen Kaiserschnitt.

Zu früh da – die Frühgeburt

Wenn Ihr Kind schon nach der 24. statt erst nach der 37. Schwangerschaftswoche zur Welt kommt, spricht man von einer Frühgeburt. In der Schweiz kommen zirka 4500 Babys pro Jahr so früh zur Welt, Tendenz steigend.

In den ersten Lebenswochen wird Ihr Kleines auf der Neonatologie, der Intensivstation für Frühgeborene, umhegt und umsorgt. Dank der medizinischen Fortschritte haben heute viele Frühchen gute Überlebenschancen. Neben der medizinischen High-Tech-Unterstützung braucht es dazu vor allem eines: Ihre Zuversicht und Liebe. Auch wenn Ihr Kind zwischen all den medizinischen Apparaten noch so zerbrechlich aussieht, es braucht Ihre Berührung. Sie dürfen und sollen es streicheln, mit ihm reden, werden es bald auf Ihren nackten Oberkörper legen dürfen. Die Pflegerinnen auf der Neonatologie helfen Ihnen dabei. Sie haben Tag und Nacht Zutritt zu Ihrem Kind.

Wenn schon während der Schwangerschaft Anzeichen für eine Frühgeburt aufkommen, empfiehlt es sich, in einem Spital zu entbinden, das über eine gute Neonatologie verfügt. Dann können Sie auch während des Wochenbetts viel bei Ihrem Kind sein.

Die Erfahrungen anderer Eltern in derselben Situation können Ihnen viel helfen. Suchen Sie den Kontakt, Sie finden ihn über die Schweizerische Elternvereinigung frühgeborener Kinder (www.sefk.ch).

Alles neu: die ersten Tage mit dem Kind

«Willkommen, kleines Baby!» Nun ist es da, Ihr Kind – ein zunächst fremdes Wesen. Nun gilt es, sich gegenseitig kennenzulernen, den Anfang eines langjährigen Beziehungsbandes zu knüpfen. Sie werden viel lernen über den Rhythmus und die Bedürfnisse Ihres Neuankömmlings.

Die ersten zehn Tage begleitet Sie Ihre Hebamme – sei es im Spital, Geburtshaus oder zu Hause. Sie gibt Ihnen wertvolle Tipps zum Stillen, zeigt, wie Sie Ihr Kind wickeln

BABY ANSCHAUEN? JUST SAY NO

Als würde eine Geburt nicht genug Anstrengung bedeuten, setzt danach der Besucherstress ein. Jeder will das Baby sehen, von allen Seiten treffen Geschenke ein - und natürlich sollte möglichst rasch eine Dankeskarte samt Foto der glücklichen Familie zurückgesandt werden. «Nein, nein und nochmals nein», mögen Sie jetzt denken. Gut so! Zeigen Sie - als Mutter wie Vater - eine gesunde Portion Egoismus. Sagen Sie deutlich, wenn Sie keine Lust haben oder sich nicht in der Lage fühlen, Besuch zu empfangen. Oder machen Sie die Bedingungen klar: Die Wohnung wird nicht aufgeräumt sein, den Kuchen bringt ihr bitte selber mit, und nach einer Stunde dürft ihr wieder gehen. Spätestens nach dem zweiten Mal wird dies akzeptiert sein.

und baden, und weiss Rat, wenn das Kleine schreit. Fragen Sie alles, was Sie beschäftigt. Denken Sie nicht, als Mutter müssten Sie das doch selber wissen.
Toll, wenn Ihr Partner in den ersten Tagen viel bei Ihnen sein kann - auch im Spital. Verschiedene Geburtshäuser und Spitäler bieten ein Familienwochenbett an, das dem Vater ermöglicht, die ersten Tage mit Ihnen und dem Baby zu verbringen. Vor allem aber, wenn Sie das Wochenbett zu Hause verbringen, ist es wichtig, dass Ihr Partner Sie unterstützt. Organisieren Sie sich so, dass Sie sich voll und ganz Ihrem Kind widmen können. Dabei ist jede Hilfe willkommen: von der guten Freundin über die Schwiegermutter bis zur Nachbarin.

Dem Körper Erholung gönnen

Ihr Körper hat eine Höchstleistung vollbracht. Bravo! Für die nächsten Wochen haben Sie sich Ruhe und Entspannung verdient. Die Organe und Gewebe brauchen jetzt Zeit, um sich zurückzubilden. Sie sollten sich in dieser Zeit unbedingt schonen. In der Klinik und im Geburtshaus ist das vielleicht einfacher. Aber auch zu Hause dürfen Sie sich nicht dazu verleiten lassen, Hausarbeiten zu erledigen.
Leichte Wochenbettgymnastik zeigt Ihnen die Hebamme schon kurz nach der Geburt. Nach sieben bis acht Wochen können Sie dann mit den Rückbildungsübungen und - falls Sie nicht schon längst üben - mit dem Beckenbodentraining beginnen. Ihr Körper wird es Ihnen danken.

Rückbildungsgymnastikkurse sind nicht nur nützlich, sondern auch eine gute Gelegenheit, andere junge Mütter zu treffen und sich mit ihnen auszutauschen.

Wenn das Mutterglück auf sich warten lässt

Der Babyblues – ein bis zwei Tage nach der Geburt überrollt er fast jede Mutter. Erschöpfung und Hormonumstellung entladen sich dann in einem oder mehreren Heultagen. Das ist normal und geht vorüber.

Ein anderes Kapitel ist die Wochenbettdepression. Aber auch hier gilt: Wenn Ihnen die neue Situation über den Kopf wächst – Sie sind nicht die Einzige. Jede achte bis zehnte Mutter in der Schweiz durchlebt einige Wochen nach der Geburt eine Wochenbettdepression. Mögliche Symptome:

> **Antriebslosigkeit** vor allem am Morgen
> **Erschöpfung** und Gefühl der Überforderung
> **Lust- und Appetitlosigkeit**
> **Schlafstörungen**

Postnatale Depressionen sind gut behandelbar. Wichtig ist, sich nicht zu Hause zu verkriechen, sondern über die Schwierigkeiten zu sprechen: mit dem Partner, der Ärztin, der Hebamme. Suchen Sie möglichst rasch ärztliche oder psychologische Hilfe, um aus dem Tief herauszukommen. Allenfalls empfiehlt sich eine stationäre Behandlung. Je schneller Sie die Wochenbettdepression behandeln, desto einfacher kommen Sie wieder auf die Beine.

Und damit es gar nicht erst so weit kommt: Schrauben Sie Ihre Ansprüche an sich hinunter. Vergessen Sie die Mär von der perfekten Mutter, die gleich nach der Geburt alles wieder im Griff hat und dazu noch eine super Hausfrau und liebevolle Partnerin ist. Nehmen Sie dankend Hilfe in Anspruch, die Ihnen von Verwandten, Freundinnen und anderen guten Geistern angeboten wird.

Weitere Informationen zur postnatalen Depression mit Berichten Betroffener und Links zu Selbsthilfegruppen finden Sie unter www.mutterglueck.ch.

5.4 It's a boy – it's a girl!

> **Walter Noser**

Auch wenn Sie nicht die ersten Eltern sind, die das wundervollste Baby bekommen haben – Ihres ist klar das schönste! Drum soll es auch den schönsten Namen erhalten. Und dann lassen Sie es vielleicht taufen oder Sie haben ein anderes Begrüssungsfest geplant. In diesem Kapitel erfahren Sie mehr.

Die Geburt eines Kindes ist immer ein grosses Ereignis: Mann und Frau werden zu Eltern, Eltern zu Grosseltern, Grosseltern zu Urgrosseltern, Geschwister zu Onkeln und Tanten, Verwandte oder Freunde zu Gotten und Göttis. Verschiedene Kulturen begehen die unterschiedlichsten Rituale rund um die Niederkunft. Doch zuerst braucht das Kind einen Namen.

Den richtigen Namen wählen

Schon lange vor der Geburt zerbrechen sich die Eltern den Kopf: Wie soll der Sohn oder die Tochter bloss heissen? Fällt Ihnen die Wahl schwer, finden Sie in jeder Buchhandlung Bücher über Vornamen und deren Bedeutung. Auch im Internet werden Sie fündig (www.firstname.de). Und das Zivilstandsamt Ihrer Gemeinde kann Ihnen bei der Wahl ebenso Hilfe anbieten. Jedes Baby ist einzigartig. Doch sein Name muss nicht aufsehenerregend oder auf Teufel komm raus ausgefallen sein. Ob zu einem langen Familiennamen ein kurzer Vorname passt oder zu einem kurzen Familienname ein längerer Vorname, ist Geschmackssache. Weitere Tipps:

- **Der Vorname** sollte sich nicht auf den Nachnamen reimen.
- **Vokale** in Vor- und Nachnamen sollten nicht zu aufdringlich übereinstimmen.
- **Achten Sie** auf einen harmonischen Wechsel von betonten und unbetonten Silben.
- **Assoziationen** mit historischen Namen vermeiden Sie besser.
- **Wenn Sie den Familiennamen** eines Prominenten tragen, sollten Sie den Vornamen nicht auch nach dieser Berühmtheit wählen.
- **Denken Sie daran,** dass der Name nicht nur Ihnen, sondern möglichst auch Ihrem Kind gefallen soll.
- **Was heute modern ist,** ist morgen möglicherweise schon veraltet.

Nomen est omen

Wie man sich fühlt und was man verkörpert, hat viel mit einem wohlklingenden Namen zu tun. Nicht umsonst sagt man, dass ein guter Name auch in der Nacht leuchtet. Rösli Scherrers Stern am Schlagerhimmel ging denn auch erst auf, als sie sich Lys Assia nannte, Robert Zimmermann machte erst mit dem Pseudonym Bob Dylan Weltkarriere und René Baumann war ein passender Name für einen Konditor, aber nicht für einen internationalen Popstar. Deshalb heisst er jetzt DJ Bobo. Um sich ein gewisses Image zu geben, wählte auch eine der grössten Schauspielerinnen einen Künstlernamen, der sanft wie Musik beginnt und mit einem Peitschenhieb endet: Marlene Dietrich.

WER BESTIMMT DEN NAMEN?

Sind die Eltern miteinander verheiratet, bestimmen sie den Vornamen des Kindes gemeinsam. Sind sie nicht miteinander verheiratet, bestimmt die Mutter allein – es sei denn, die Eltern haben die gemeinsame elterliche Sorge vereinbart (siehe Seite 129).

Mit Namen sind Wünsche verbunden

Die Zeiten sind längst vorbei, da Eltern ihren Nachwuchs zu Ehren des Grossvaters oder der Grossmutter tauften. Heute ist die Namenswahl mit Erwartungen, Projektionen und Hoffnungen verbunden. Oder etwa nicht? Wenn Sie zwischen zwei Namen auswählen müssten, würden Sie Ihrem Sohn wohl eher den Allerweltsnamen Daniel als Hugo geben. Ihre Tochter würden Sie eher Sarah als Kunigunde taufen. Und wenn Sie Lehrer wären, würden Sie Ihr Kind bestimmt eher nach dem charmantesten und cleversten Schüler benennen als nach dem Einfaltspinsel Ihrer Klasse.

«Namen – damit hat es eine sehr geheimnisvolle Bewandtnis. Ich bin mir nie ganz klar darüber geworden, ob der Name sich nach dem Kinde formt, oder ob sich das Kind verändert, um zu dem Namen zu passen.» Diesen Satz schrieb der Schriftsteller John Steinbeck. Dass Namen mehr als Schall und Rauch sind, zeigt auch eine Studie der Universität von New York: Amerikanische Boys, die Dennis heissen, werden statistisch belegt mit grosser Wahrscheinlichkeit Zahnärzte. Girls, die Lauren oder Laurie heissen, Rechtsanwältinnen. Und ein deutscher Psychologe konnte nachweisen, dass viele Leute vom Namen auf die Intelligenz schliessen: Bei Stellenbewerbungen hat mit gleicher Qualifikation ein Felix die grösseren Chancen als ein Udo. Und Anna bekommt eher den Zuschlag als die ebenso qualifizierte Waltraud.

Erlaubt ist nicht, was gefällt

Viele Eltern wollen ihrem Kind einen Namen geben, der liebevoll und fantasievoll ist und positive Assoziationen weckt. Doch hier-

NAMENSHITPARADE

Die häufigsten Vornamen der 2005 geborenen Kinder in den vier Sprachregionen:

	Buben	**Mädchen**
Deutsche Schweiz	1 David 2 Noah 3 Joël 4 Tim 5 Luca 6 Simon	1 Leonie 2 Anna 3 Lara 4 Laura 5 Julia 6 Nina
Französische Schweiz	1 Théo 2 Luca 3 Noah 4 Maxime 5 Nathan 6 Nicolas	1 Emma 2 Léa 3 Sarah 4 Camille 5 Chloé 6 Julie
Italienische Schweiz	1 Mattia 2 Matteo 3 Alessandro 4 Luca 5 Andrea 6 Samuele	1 Sara 2 Giada 3 Julia 4 Alice und Sofia 6 Emma und Giorgia
Rätoromanische Schweiz (weils hier nicht viele Geburten gab, belegen mehrere Namen die gleichen Plätze)	1 Laurin 2 Marco, Elia, Joël, Dominic, Fabio, Manuel, Andrin, Diego, Nic	1 Jana 2 Nina, Elena, Selina 5 Chiara, Lara, Sarina, Janine, Sofia, Rafaela

zulande ist nicht alles erlaubt, was gefällt. In den USA hingegen schon. Die Schauspielerin Gwyneth Paltrow taufte ihre Tochter Apple – also Apfel. Julia Roberts Tochter heisst Hazel – zu deutsch Haselnuss. Bob Geldof war eine Frucht zu wenig, weshalb er seine Tochter Peaches (Pfirsiche) ruft. Andere Stars tauften ihre Kinder nach Orten, in denen sie gezeugt wurden: So heisst Beckhams Sohn Brooklyn und der Bub von Werbeikone Verona Pooth wird San Diego genannt (zum Glück waren beide nie in Niedergösgen).

Aber auch unsere Schweizer Prominenz lässt sich mit ausgefallenen Vornamen nicht lumpen: Vincent Julius Maria, Ganymed, Enea Lovis Aaron, Noah Maxim oder Himalaya sind eine kleine Auswahl. Wenn diese Kinder den Geschmack ihrer Eltern später nicht mögen, können sie ihren Namen nicht einfach ändern. Denn für eine Namensänderung muss man «wichtige Gründe» haben, wie es im Zivilgesetzbuch heisst. Diese zu belegen, braucht viel Nerven und kostet eine ganze Stange Geld.

Auch ganz gewöhnlich Sterbliche wollen zuweilen bei der Namenswahl besonders originell sein. Der Spass endet aber spätestens auf dem Zivilstandsamt. Dort werden nämlich Namen zurückgewiesen, die das Interesse des Kindes verletzen. So wurde einem Elternpaar nicht erlaubt, seinen Sohn Pumuckl zu taufen. Eine andere Familie wollte ihrer Tochter den Namen Cadillac zumuten. Und einem weiteren Elternpaar konnte erst das Bundesgericht begreiflich machen, dass ein Kind kein Meerschweinchen und kein Zwerghase ist und deshalb nicht Schmucki heissen soll.

DAS SAGT DAS GESETZ

«Die Zivilstandsbeamtin oder der Zivilstandsbeamte weist Vornamen zurück, welche die Interessen des Kindes offensichtlich verletzen.» So steht es in der Zivilstandsverordnung.

AM GEBURTSTAG WIRD NICHT GEARBEITET

Für Hochzeiten, Beerdigungen und Geburten muss Ihnen der Arbeitgeber frei geben. Wie lange, ist gesetzlich nicht geregelt.

Die meisten Firmen regeln die Absenzenfrage im Personalreglement oder direkt im Arbeitsvertrag. Auch vielen Gesamtarbeitsverträgen ist zu entnehmen, wer wann wie lange frei machen darf. Mindestens einen freien Tag müssen Väter aber bei der Geburt ihres Kindes geschenkt bekommen.

Erlaubt ist, was nicht stört

Früher hatten die Zivilstandsämter Listen, wie Kinder heissen dürfen. Diese gibt es nicht mehr, heute ist vieles möglich. Der Name darf jedoch nicht nachteilig sein. Wählen die Eltern einen ungewöhnlichen fremdländischen

Namen, müssen sie nachweisen, dass dieser im Ausland schon mal für ein Kind verwendet wurde. Laut Zivilstandsverordnung können die Behörden einen Namen zurückweisen, wenn er sich nicht einem Jungen oder einem Mädchen zuordnen lässt. Doch Ausnahmen bestätigen die Regel: Andrea sei Dank. Abgelehnt werden kann ein Name auch, wenn der Vorschlag vom gesunden Volksempfinden abweicht.

Taufe und andere Begrüssungsrituale

Um den neuen Weltbürger auf der Erde willkommen zu heissen, gibt es verschiedene Möglichkeiten. Wie und ob Sie feiern, ist Ihnen überlassen, denn es gibt keine Regeln zu beachten. Ausser vielleicht, dass Sie die Geburtsanzeigen nicht vergessen - dies ist ein gängiger Brauch. Sie haben mit Bestimmtheit eigene Ideen, wie Sie Ihr Umfeld über das freudige Ereignis informieren wollen. Der Kreativität sind keine Grenzen gesetzt! Und wenn doch: Bloss ein Mail oder ein simples SMS ist der Einmaligkeit einer Geburt nicht würdig.

Bewahren Sie eine Geburtsanzeige auf, die Sie Ihrem Kind bei Volljährigkeit schenken. Es wird sich darüber genauso freuen wie über Zeitungen und Zeitschriften, die am Tag seiner Geburt erschienen sind.

Die Taufe

Vor nicht allzu langer Zeit war es selbstverständlich, dass Kinder im ersten Lebensjahr getauft wurden. In den letzten 30 Jahren ist die Zahl der Taufen jedoch um 45 Prozent zurückgegangen.

Die Taufe ist mehr als eine Tradition, sie ist die Tür zum christlichen Leben. Die Eltern stellen das Kind unter die Obhut von Gott und es wird in die Gemeinschaft aller Christen und Christinnen aufgenommen. Eltern, Gotte und Götti übernehmen bei der Taufe die Aufgabe, das Kind auf dem religiösen Lebensweg zu begleiten.

Viele Eltern - auch gläubige - fragen sich heute, ob sie über den Kopf des Kindes hinweg entscheiden dürfen, welche Religion der Sohn oder die Tochter haben soll. Kann das Kind nicht später selber bestimmen, ob es getauft werden will oder nicht? Die Antwort auf diese Frage lautet: Ja, auch eine spätere Taufe ist möglich, wenn das Kind oder der Teenager bewusst wahrnimmt, was geschieht.

Vielleicht stellt sich Ihnen diese Frage aber gar nicht, denn Sie sehen die Taufe als ein Geschenk, mit dem Ihrer Tochter oder Ihrem Sohn besondere göttliche Zuwendung vermittelt werden soll. Viele Eltern sind der Ansicht, dass Kinder überfordert wären, wenn

FRAGEN UND ANTWORTEN RUND UM DIE TAUFE

> **Wer kann Götti oder Gotte sein?**
> Junge Frauen und junge Männer ab 16, denn mit 16 ist man religionsmündig.

> **Wie leite ich eine Taufe in die Wege?**
> Vereinbaren Sie ein paar Wochen vorher mit dem Pfarrer einen Termin, der Freunden, Familien, Götti und Gotte passen wird. Der Seelsorger wird mit Ihnen ein persönliches Gespräch abmachen.

> **In welcher Kirche soll das Kind getauft werden?**
> Eltern, die verschiedenen Konfessionen angehören, müssen sich entscheiden, auf welche Konfession das Kind getauft werden soll. Die Taufe wird von allen Landeskirchen gegenseitig anerkannt.

> **Kann das Kind getauft werden, wenn man selber keiner Kirche angehört?**
> Das ist von Kanton zu Kanton und von Gemeinde zu Gemeinde unterschiedlich. Eigentlich müsste mindestens ein Elternteil Mitglied der entsprechenden Kirche sein. Aber keine Regel ohne Ausnahme: Sprechen Sie mit dem Pfarrer und erklären Sie ihm, weshalb Sie Ihr Kind trotzdem taufen wollen und wie Sie seine religiöse Erziehung begleiten werden.

> **Müssen Gotte oder Götti der Kirche angehören?**
> Für die Taufe wird vorausgesetzt, dass eine religiöse Erziehung gewährleistet ist. Götti und Gotte tragen dabei eine Mitverantwortung. Weil weder die katholische noch die reformierte Landeskirche eine einheitliche Regelung hat, müssen Sie diese Frage mit der Pfarrerin besprechen. Einige Kirchgemeinden verlangen, dass einer der Paten derselben Religionsgemeinschaft angehört wie das zu taufende Kind.

> **Wo und wie findet die Taufe statt?**
> In der Regel findet sie in der Kirche nach dem Gottesdienst statt. Es ist grundsätzlich aber auch möglich und erwünscht, das Kind während des Sonntagsgottesdienstes taufen zu lassen.

> **Müssen die Eltern kirchlich verheiratet sein?**
> Nein, auch Konkubinatspaare und Alleinerziehende können ihr Kind taufen lassen.

> **Was kostet die Taufe?**
> Wenn beide Eltern der Kirche angehören, ist die Taufe eine unentgeltliche Dienstleistung wie die Heirat oder die Beerdigung auch.

> **Bezahlt man Kirchensteuer für Kinder?**
> Wenn nicht alle Mitglieder einer Familie der Kirche angehören, wird die Kirchensteuer anteilmässig berechnet – unabhängig davon, ob es sich um Kinder oder Erwachsene handelt.

sie selber zu entscheiden hätten - genauso, wie sie nicht entscheiden sollen, in welchem Land ihre Familie lebt, welche Hausärztin gewählt wird, wie viele Geschwister sie haben und welche Schule sie besuchen. Wie dem auch sei: Richtig oder falsch gibt es nicht. Religiöse Entscheide sind privater Natur.

Andere Religionen, andere Bräuche

Was bei den Christen die Taufe, ist bei den **Juden** die Beschneidung, die das Vorbild für die christliche Taufe abgab. Am achten Tag nach der Geburt werden jüdische Buben beschnitten und damit in den Bund aller Juden und in den Bund mit Abraham gebracht. Zur Beschneidung werden Verwandte, Bekannte und Freunde eingeladen und es ist eine ganz besondere Ehre, das Baby dabei halten zu dürfen. Für die Mädchen gibt es keine spezielle Zeremonie, ausser dass der Name der neuen Erdenbürgerin in der Synagoge genannt wird. Gotte und Götti kennt das jüdische Volk nicht.

Im **Islam** wird eine Geburt gefeiert, indem aus Dankbarkeit gegenüber Allah ein oder zwei Schafe geschlachtet und alle Muslime zu einem Festessen eingeladen werden. Das kann am 7., 14. oder 21. Tag nach der Geburt sein. Buben werden zwar beschnitten, aber das ist kein besonderer Anlass und geschieht irgendwann im Säuglingsalter. Gleich nach der Geburt wird dem Baby ein Gebetsruf ins Ohr rezitiert. Dabei wird für alle hörbar sein Name ausgesprochen. Wichtig ist, dass das Kind einen schönen Namen hat, denn vor Allah im Jenseits wird jeder Mensch mit dem Namen eingeladen, mit dem er im Diesseits gerufen wird. Namen sollen gute Bedeutungen haben, denn Namen beeinflussen den Charakter des Menschen. Die Familie zu beschenken und sich mit ihr zu freuen ist wie in anderen Religionen ein altes Ritual.

Im **Buddhismus** gibt es weder Gebote noch Empfehlungen für Rituale rund um die Geburt. Es handelt sich stets um Bräuche eines bestimmten Landes. Buddhist wird man auch nicht durch Taufe oder Beitritt in eine Kirche, die es als solche gar nicht gibt. Man wird als Buddhist geboren oder findet im Lauf des Lebens zu diesem Glauben.

Rechte und Pflichten von Götti und Gotte

Götti und Gotte sind für alle Kinder wichtige Personen, ob sie nun die religiöse Entwicklung begleiten oder nicht: Die Kinder werden zu den beiden so oder so eine ganz besondere Beziehung haben. Viele Eltern, die ihr Kind nicht nach religiösen Riten taufen möchten, suchen deshalb trotzdem einen Götti und eine Gotte und feiern statt einer Taufe ein Willkommensfest, zu dem Grosseltern, Verwandte und Freunde eingeladen werden. Einige der Gäste mag es vielleicht vor den Kopf stossen, dass Sie Ihre Tochter, Ihren Sohn nicht kirchlich taufen lassen - doch wenn Sie das Fest feierlich und individuell gestalten, wird Ihr Entscheid sicher akzeptiert.

Es ist eine besondere Ehre, wenn man ein Kind als Pate oder Patin begleiten darf. Doch wen sollen die Eltern fragen? Den Bruder, der eh schon Onkel geworden ist? Eine Arbeitskollegin, die Sie zwar heute gut mögen, aber vielleicht schon bald aus den Augen verlieren? Sollen Götti und Gotte verwandt oder befreundet sein? Das sind Fragen, die nur Sie selbst beantworten können. Denken Sie daran: Der Götti, das Gotti ist etwas Besonderes. Wählen Sie Menschen, die Freude an Kindern haben und sich gerne auf gemeinsame Erlebnisse mit ihrem Patenkind einlassen werden.

Götti und Gotte haben weder Pflichten noch Rechte - sie müssen im Todesfall der Eltern nicht für die Kinder sorgen. Was sie tun oder nicht tun, ist vielmehr eine moralische, emotionale und allenfalls eine religiöse Frage, die sie in Absprache mit den Eltern beantworten.

Wird der Götti oder die Gotte Vormund des Kindes, wenn beide Eltern sterben sollten? Die Vormundschaftsbehörde entscheidet, welcher Vormund die Interessen des Kindes am besten gewährleistet. Möchten die Eltern, dass dies einer der Paten ist, können sie ihren Wunsch mit einem Schreiben zuhanden der Behörde bekannt geben (siehe Kasten auf Seite 121).

Links und Adressen

Arbeitsrechtliche Informationen

www.ahv.ch
Merkblatt über die
Mutterschaftsentschädigung (Nr. 6.02)

www.arbeitsbedingungen.ch
(> Publikationen und Formulare
> Broschüren > Mutterschaft – Schutz der
Arbeitnehmerin)
Broschüre zum Thema Schutz der
werdenden Mutter am Arbeitsplatz; auch
erhältlich bei
Bundesamt für Bauten und Logistik
Verkauf Bundespublikationen
3003 Bern

www.fairplay-at-home.ch
Hilfestellung bei der Rollenverteilung

www.gleichstellungsbuero.ch
Eidgenössisches Büro für die
Gleichstellung von Mann und Frau
Schwarztorstrasse 51
3003 Bern
Tel. 031 322 68 43
Anlaufstelle bei Diskriminierung am
Arbeitsplatz

www.treffpunkt-arbeit.ch
Informationen zur
Arbeitslosenversicherung

Informationen zu Schwangerschaft und
Geburt

www.appella.ch
Appella Informations- und Beratungstelefon
Postfach
8026 Zürich
Tel. 044 273 06 60
Informationen zu vorgeburtlichen Tests

www.firstname.de
Datenbank mit deutschen Vornamen

www.forum-geburt.ch
Informationen rund um Geburtsart und
Geburtsort

www.geburt-sbg.ch
Berufsverband für Gymnastik und
Bewegung
Fachgruppe Geburtsvorbereitung
c/o Monika Mösch-Burkhard
Dorfstrasse 66c
5210 Windisch
Tel. 079 423 36 18
Suche nach einem
Geburtsvorbereitungskurs

www.geburtshaus.ch
Interessengemeinschaft der
Geburtshäuser Schweiz
c/o Geburtshaus Delphys
Fridaustrasse 12
8003 Zürich
Tel. 044 491 91 20
Informationen über die Geburt im
Geburtshaus

www.hebamme.ch
Schweizerischer Hebammenverband
Rosenweg 25C
3000 Bern 23
Tel. 031 332 63 40
Suche nach einer Hebamme in Ihrer
Region

www.mutterglueck.ch
Privat initiiertes Forum zur
Wochenbettdepression

www.praenatal-diagnostik.ch
Verein ganzheitliche Beratung und kritische Information zu pränataler Diagnostik
Sonneggstrasse 88
8006 Zürich
Tel. 044 252 45 95
Informationen zu vorgeburtlichen Tests

www.sefk.ch
Schweizerische Elternvereinigung frühgeborener Kinder
Sekretariat C. Gossweiler
Spitalgasse 24
3000 Bern 25
Informationen und Kontakt zu anderen
Eltern

6. Das Baby ist da – das erste Jahr als Familie

Ihr kleiner Schatz erfreut die Herzen aller und fordert Ihre volle Aufmerksamkeit. In vielen Dingen werden Sie Ihren höchst persönlichen Weg finden. Was Sie übers Essen, Schlafen, über Krankheiten und den neuen Alltag wissen müssen, steht in diesem Kapitel.

6.1 Alles, was das Baby braucht

> **Daniela Schwegler**

Liebe, Zärtlichkeit und Liebkosungen: Sie werden Ihrem Kind nicht genug davon geben können. Es braucht Ihre Nähe zum Leben wie die Luft zum Atmen. Ein paar Tipps zum Drumherum – Stillen, Wickeln und Schlafen – finden Sie in diesem Kapitel.

Sie habens wohl schon bemerkt: Ihr bisheriger Alltag hat sich ziemlich verändert. An erster Stelle steht nun Ihr Baby. Am besten, Sie passen sich seinem Rhythmus an: Schlafen Sie, wenn das Kleine schläft, und stillen Sie es, wenn es hungrig scheint.

Stillen und Schoppen

Muttermilch ist unersetzbar, denn sie ist optimal auf die jeweiligen Bedürfnisse Ihres Babys zugeschnitten. Daher ist zusätzliche Nahrung zunächst überflüssig. Selbst wenn Sie Einstiegsschwierigkeiten haben, werden Sie und Ihr Baby schnell zum eingespielten Team. Zumal Ihre Hebamme Sie die ersten zehn Tage im Wochenbett mit Rat und Tat unterstützt. Die Krankenkasse übernimmt drei Stillberatungen. Und nach den ersten paar Tagen steht Ihnen die Mütter- und Väterberatung Ihres Wohnorts mit Rat und Tat zur Seite.

Die Mütter- und Väterberatungsstelle in Ihrer Nähe finden Sie via www.muetterberatung.ch oder im lokalen Telefonbuch.

KEINE EILE

Wenn Sie stillen, fahren Sie so lange fort, wie Sie beide Lust darauf haben. Muttermilch ist auch für Babys, die älter als sechs Monate sind, ein wertvoller Nährstofflieferant. Die verdauungsfördernden Inhaltsstoffe unterstützen die Aufnahme von Eisen und fettlöslichen Vitaminen aus der Beikost optimal.

Erleichtern Sie Ihrem Baby das Saugen an der Brust: Verzichten Sie auf einen Nuggi. Denn die Saugtechniken für Schnuller und Brust unterscheiden sich und könnten bei Ihrem Bébé Verwirrung stiften (sogenannte Saugverwirrung).

Verzichten Sie während der Stillzeit auf Pfefferminz- und Salbeitee. Sie sind milchhemmend und deshalb nicht zu empfehlen. Spargeln können den Geschmack der Milch verändern, was Ihr Baby möglicherweise nicht goutiert. Allgemein aber gilt: Sie dürfen alles essen, was Sie selber gut vertragen.

Eine Stillberaterin in Ihrer Nähe finden Sie via Webseiten des Berufsverbands der Schweizerischen Stillberaterinnen (www.stillen.ch) oder der La Leche Liga (www.stillberatung.ch). Weitere Tipps gibt die Schweizerische Stiftung zur Förderung des Stillens (www.allaiter.ch).

Vorsicht bei Medikamenten: Sprechen Sie sich unbedingt mit der Ärztin, der Stillberaterin oder der Hebamme ab, denn die Wirkstoffe können aufs Baby übergehen.

Oder doch die Flasche?

Häufig können oder wollen Mütter ihr Kind nicht stillen. Das ist in Ordnung und kein Grund zur Sorge: Fertigmilch ist heute vollwertiger und verträglicher denn je. In der Zusammensetzung ähnelt sie der Muttermilch und ist ebenfalls ganz auf die Bedürfnisse Ihres Bébés zugeschnitten. Falls Ihr Baby allergiegefährdet ist, wählen Sie ein entsprechendes Produkt (mehr zur Allergieprophylaxe auf Seite 205).

Brei und Beikost

Das erste halbe Jahr ist Ihr Kind mit Muttermilch oder dem Schoppen bestens versorgt. Dann mag es Lust auf mehr bekommen. Selten – wenn Sie zum Beispiel zu wenig Milch haben oder aus zeitlichen Gründen nicht stillen können – empfiehlt es sich, das Baby schon früher zusätzlich mit Brei zu verköstigen.

Babys Vorlieben kennenlernen

An die feste Nahrung muss sich Ihr Kind erst gewöhnen. Sie werden schnell merken, was ihm bekommt: Bevorzugt es Bananenkost oder ist es mehr der Rüebli-Liebhaber? Mag es den Brei möglichst flüssig oder isst es mit mehr Appetit, wenn die Nahrung fester ist? Stimmen Sie den Brei auf die Bedürfnisse Ihres Kindes ab. Anfangs wird es mit wenigen Löffeln vor dem Stillen zufrieden sein – einmal am Tag. Mit der Zeit wächst der Appetit. Die Portionen werden grösser, der Durst nach Muttermilch geringer. Und bald, nach rund zwölf Monaten, möchte Ihr Kind bereits lieber gemeinsam mit Ihnen am Tisch essen, statt zwischendurch verköstigt zu werden. Unterstützen Sie diese Bestrebungen. Das Essen aus dem Teller von Mama oder Papa soll ja besonders lecker sein!

Tipps zum optimalen Baby-Speiseplan finden Sie im Beobachter-Ratgeber «Kinderernährung gesund und praktisch. So macht Essen mit Kindern Freude». **(www.beobachter.ch/buchshop)**

Wickeln und Waschen

Ihr Baby will geknuddelt sein. Nähe und Hautkontakt sind für Ihr Kind sehr wichtig. Wickeln und Baden sind eine gute Gelegenheit für Streicheleinheiten.
Doch aufgepasst beim Waschen: Die Haut Ihres Babys ist noch sehr empfindlich. Verwenden Sie für die tägliche Hygiene – das Waschen von Gesicht und Windelbereich – nur reines Wasser. Vorsicht auch mit aggressiven Hauttüchlein.
Dem Babybad sollten Sie entweder gar keine Seife oder nur milde, pH-neutrale und rückfettende Badelotionen zusetzen. Für ältere Kinder wählen Sie ein mildes Shampoo, das nicht brennt in den Augen.
Auch der Babyhintern braucht sanfte Pflege. Wechseln Sie die Windeln nach Bedarf, also auch vor, nach oder zwischen den Mahlzeiten. In der Nacht reicht in der Regel eine Windel – es sei denn, Ihr Kind wacht auf, weil die Windeln voll sind.
Bei empfindlicher Haut und wunden Stellen: Babypuder ist nicht nötig. Die Haut heilt am besten an der frischen Luft. Gegen erneute Entzündungen können Sie den Babypo mit einer abdeckenden Creme vor Nässe schützen.

Schlaf, Kindchen, schlaf

Sich vertrauensvoll dem Schlaf hinzugeben ist zu Beginn gar nicht so einfach. Einschlafen und Durchschlafen wollen gelernt sein – ein Reifeprozess. Am besten unterstützen Sie Ihr Kind dabei mit einem Ritual: Schlaflied, Nuscheli, Kuscheltier oder ein Glockenspiel sind beliebte Helfer.
Rhythmus ist das halbe Leben: Bringen Sie Ihr Baby möglichst immer auf gleichbleibende Art und zur selben Zeit ins Bett. Feste Abläufe geben Sicherheit. Ebenfalls wichtig: Ein Schlafplatz, der dunkel und ruhig ist. Ob Sie Ihr Kind im Familienbett übernachten lassen wollen oder es von Anfang an im eigenen Bettchen schlafen soll, ist Einstellungs-

sache und hängt von Ihren persönlichen Vorlieben ab.
Tagsüber kann ein Bébé praktisch überall schlafen: in Ihren Armen, im Kinderwagen, im Tragetuch oder auf dem Rücksitz des Autos.
Legen Sie Ihr Kleines zum Schlafen auf den Rücken und decken Sie es nicht zu warm zu. Je besser Sie es kennenlernen, desto besser merken Sie, wann es müde ist und schlafen möchte. Wer weiss, vielleicht kristallisiert sich schon innerhalb weniger Wochen ein Schlafmuster heraus. Spätestens nach ein paar Monaten aber wird Ihr Kind seinen Rhythmus gefunden haben.

«Schlaaf, Chindli schlaaf» – diese CD mit einem Büchlein handgeschriebener Kinderlieder aus verschiedenen Kulturen ist erhältlich beim Dachverband Forum Geburt (www.forum-geburt.ch).

MASSAGE MACHT BABYS GLÜCKLICH

Sich geborgen fühlen durch Nähe und Hautkontakt: Seele und Körper Ihres Babys machen Freudenhüpfer bei einer Babymassage, mit der Sie schon einige Tage nach der Geburt beginnen können.
Wichtig: Der Raum sollte angenehm temperiert sein. Mit einem Mandel- oder Olivenöl werden auch Haut und Nase verwöhnt.
Die federleichten Berührungen unterstützen die Durchblutung der Babyhaut, die Herz-Kreislauf-Funktion und die Muskulatur. In Stresssituationen hilft die zärtliche Berührung Ihrem Kind, sich zu beruhigen. Zudem fördern die Streicheleinheiten die Beziehung zwischen Ihnen und Ihrem Baby.
Geburtshäuser, Spitäler und freie Hebammen bieten Babymassage-Kurse an. Informieren Sie sich dort über Angebote in Ihrer Nähe.

Schreien lassen oder nicht?

Was tun, wenn Ihr kleiner Schatz Sie auch nach einem halben Jahr noch regelmässig um den Schlaf bringt? Das Kind einfach schreien lassen? Das empfiehlt heute kaum noch jemand. Ein liebevollerer Weg ist die

SCHREIBABY – ESKALATION VERHINDERN

Weint Ihr Baby viel und ohne ersichtlichen Grund? Haben Sie alles probiert, um es zu beruhigen? Sind Sie wütend, hilflos, traurig und mit Ihren Kräften am Ende? Tatsache ist: Die einen Kinder schreien mehr, die anderen weniger. 8 bis 20 Prozent aller Neugeborenen sind Schreibabys: Kinder, die an drei aufeinanderfolgenden Wochen dreimal pro Woche drei Stunden am Stück schreien. Vielleicht sind Sie als Eltern mit Ihren Nerven aber auch schon früher fix und fertig. Wichtig ist, dass Sie sich Unterstützung holen, bevor Sie Ihre Aggression in einem Akt der Verzweiflung gegen das Kind richten. Ein Baby darf nie geschüttelt werden! Gehen Sie, bevor Sie explodieren, in ein anderes Zimmer, atmen Sie tief durch. Organisieren Sie sich dann Hilfe. Adressen von Beratungsstellen und einem Entlastungsdienst finden Sie auf der Webseite des Vereins Schreibabyhilfe, www.schreibabyhilfe.ch. Auch beim Elternnotruf (Telefon 044 261 88 66, www.elternnotruf.ch) hilft man Ihnen weiter.

Einschlafen-nach-Plan-Methode – ein hartes, aber im Ergebnis oft erfolgreiches Training, das darauf abzielt, dass Ihr Kind ein- und durchschläft.

Lesenswert, wenn Ihr Kind Schlafschwierigkeiten hat: «Jedes Kind kann schlafen lernen. Ein Ein- und Durchschlafbuch» von Annette Kast-Zahn und Hartmut Morgenroth (Dressler Verlag, Heidelberg 2005).

Schreckgespenst plötzlicher Kindstod

Ein Alptraum für junge Eltern ist der plötzliche Kindstod: Es kommt – wenn auch sehr selten – vor, dass ein kerngesunder Säugling im Schlaf stirbt. Der plötzliche Kindstod ist die häufigste Todesursache im ersten Lebensjahr. Die gefährlichste Phase scheint der dritte und vierte Lebensmonat zu sein. Die Gründe sind unbekannt, dennoch können Sie nach heutiger Erkenntnis einige Vorsichtsmassnahmen treffen:

> **Rauchen Sie nicht** in den Räumen, in denen sich Ihr Baby aufhält.
> **Legen Sie Ihr Kind** zum Schlafen auf den Rücken.
> **Schützen Sie** es vor Überwärmung: Decken Sie es nur leicht zu und ziehen Sie es nicht zu warm an. Eine Raumtemperatur von 18 Grad Celsius ist ideal.
> **Stillen Sie Ihr Kind.**

CHECKLISTE BABY-AUSSTATTUNG

Babybekleidung für unten drunter

Bodys

Schlaf- und Strampelanzüge

Söckli oder Finkli

Lockere Baumwollkleider für den Sommer

T-Shirts

Hosen oder Röckchen

Krabbellederschuhe

Kuschelig Warmes für den Winter

Pullover

Handschuhe, Mütze und Schal

Winterhosen

Strumpfhosen

Winterjäckchen

Ganzkörper-Skianzug mit Kapuze

Warme Fellstiefel

Für Wind und Wetter

Regenjacke mit Kapuze

Gummierte Regenhosen

Gummistiefelchen

Rund ums Stillen

Still-BH

Stillkissen

Stilleinlagen

Gut gewickelt

Papier- oder Stoffwindeln

Windeleimer

Wickeltisch oder -kommode

Wickelauflage oder -kissen

Fürs Bad

Badewännchen

Badethermometer

Frotteetuch

Haarbürste

Nagelschere

Sitzen und Liegen

Babybett und Matratze

Fixleintücher

Fixmolton

Duvet oder Schlafsack

Moskitonetz

Bettflasche

Mobile

Babywippe, -schaukel, -hopser

Schaffell

Krabbeldecke

Nuscheli

Flaschen-Ausrüstung

Schoppenflasche mit Sauger

Schoppenwärmer

Thermoskanne

Flaschenbürste

Brustpumpe zum Abpumpen der Milch

Zu Tisch

Lätzchen

Hochstuhl, z. B. mit verstellbarer Sitzfläche, oder Kindersessel (am Tisch zu befestigen)

Von hier nach dort

Babytragetasche oder -schale

Tragetuch

Gut gefederter Kinderwagen mit

- Fusssack für den Sommer und Fellsack für den Winter
- Regenschutz
- Sonnendach oder -schirm (Sportwagenvariante)
- Einkaufsnetz- oder -korb
- Tasche für Windeln, Ersatzkleidung, Schoppen, Babynahrung

Sportlich unterwegs

Babyjogger

Rückentrage zum Wandern

Velositz

Velohelm

Veloanhänger

Für die Reise

Kinderautositz mit Sitzverkleinerer für Neugeborene

Wickeltasche mit allem, was Sie zum Wickeln brauchen

Lieblingsspielzeug und Schmusetier

Zusammenklappbares Reisebettchen

Sonnencreme mit hohem Lichtschutzfaktor und ohne chemische Filter

Sonnenhut

Sonnenbrille

Reiseapotheke, zum Beispiel eine homöopathische

Eigener Pass oder ID

Zum Wohlfühlen

Nuggi

Nuscheli

Plüschtier

Babyrassel

Baby-Bücher

Musik

Sicher ist sicher

Babyfon

Das lernt Ihr Baby im ersten Jahr

Ihr Kind ist ein «Tragling». Körperkontakt gibt ihm Sicherheit. Welch ein Genuss, von Ihnen kutschiert zu werden: sei es auf den Armen, im Tragetuch oder im Kinderwagen. Dabei lernt Ihr Baby die Welt mit allen seinen Sinnen kennen: Geschmacks-, Geruchs-, Tast-, Seh- und Hörsinn.

Ein unvergesslicher Moment: das erste Lächeln! Ihr Baby beglückt Sie nach rund acht Wochen damit. Vielleicht gelingt es Ihnen sogar, eines der ersten Male auf einem Foto festzuhalten?

Führen Sie ein Tagebuch über die Entwicklungsschritte, kleben Sie Fotos ein. Wenn es grösser ist, wird Ihr Kind es lieben, das Tagebuch anzuschauen und zu lesen, wie es sich als Baby verhalten hat.

Mit Tönen gross werden

Ihr Baby liebt es, wenn Sie mit ihm plaudern oder ihm etwas vorsingen. So lernen Sie sich gegenseitig kennen und stärken das Band des Vertrauens – neben dem Stillen des Hungers und dem Befriedigen der körperlichen Bedürfnisse der wichtigste Punkt für einen guten Start ins Leben. Auch Musik kann Ihr Kind begeistern: je rhythmischer, desto besser. Indem Sie in die Hände klatschen, es im Takt wiegen oder mit ihm tanzen, fördern Sie die Beziehung zueinander. Schon nach sechs bis acht Wochen wird Ihr Baby selber die ersten Geräusche – «ah», «oh» – produzieren. Nach ein paar Monaten folgen die ersten kleinen Wörter, angefangen mit Lauten wie «gaga» über «Ato» (Auto) bis hin zu «Mama» und «Papa».

Verbringen Sie mit Ihrem Kind möglichst viel Zeit im Grünen. Die Spaziergänge an der frischen Luft werden Ihnen beiden gut tun.

Spielend die Welt erobern

Zuerst staunend und nach zwei bis drei Monaten danach greifend, entdeckt Ihr Baby die Welt der Spielsachen: das Mobile über dem Kinderbettchen, die Rassel, den Stoffbären oder auch einfache Haushaltsgegenstände wie einen Schuh- oder Teelöffel. Spielend erobert es die Welt und entwickelt dabei seine Feinmotorik.

Rascher, als Sie denken, wird aus Ihrem Neugeborenen, das kaum sein Köpfchen halten konnte, ein aktives Kind: Es setzt sich auf, kriecht auf dem Bauch herum und wetzt auf allen Vieren durchs Wohnzimmer. Interessante Gegenstände ziehen es magisch an und wollen gründlich untersucht sein. Sei es, indem sie angestaunt und betastet werden oder gleich in den Mund wandern. Aufgepasst! Werfen Sie ein wachsames Auge auf Ihr wissbegieriges Kind. Und achten Sie darauf, dass es sich auf seinen abenteuerlichen Erkundungstouren nicht verletzt (mehr dazu im Kapitel «Sicherheit im Haushalt», Seite 234).

Was für eine Freude dann, wenn Ihr Kleines bereits nach einem bis anderthalb Jahren aufrecht durchs Leben schreitet – am Anfang natürlich noch ein wenig wacklig auf den Beinen, aber von Tag zu Tag sicherer und forscher. Es gibt ja so vieles zu entdecken!

Wie Sie die Entwicklung Ihres Kindes optimal unterstützen, zeigt Sarah Renold in ihrem Ratgeber «Motivierte Kinder – zufriedene Eltern. Tipps und Ideen zum Spielen, Lernen und Helfen».
(www.beobachter.ch/buchshop)

Der Klassiker zur frühkindlichen Entwicklung aus biologischer Sicht ist das Buch «Babyjahre» von Remo Largo. Hier werden die Schritte Ihres Kindes ins Leben im Detail aufgezeigt (Piper Verlag).

6.2 Krank werden, gesund werden

> **Sarah Renold und Daniela Schwegler**

Das Leben ist nicht immer eitel Sonnenschein. Schon im Babyleben können Wölkchen den Himmel verdüstern: ein Schnupfen, leichtes Fieber oder Koliken. Die wichtigsten Tipps zur Gesundheitsvorsorge.

Als Eltern werden Sie zu Experten in Sachen Gesundheitsvorsorge. Ob Sie eine kleine Störung des Wohlbefindens selber behandeln können oder doch lieber zur Ärztin gehen, werden Sie schnell beurteilen lernen. Besonders wichtig, damit Ihr Kleines wieder gesund wird: voll und ganz für es da sein.

Unser Baby ist krank

In den ersten Monaten ist Ihr Baby durch die Antikörper, die es während der Schwangerschaft über die Nabelschnur bekommen hat, vor Krankheiten geschützt. Auch die Muttermilch enthält Abwehrstoffe. Nach einem halben Jahr baut Ihr Kind selber Abwehrkräfte auf. Mit jedem Husten oder Schnupfen verbessert sich sein Schutz. Häufige Infekterkrankungen – 12 bis 15 pro Jahr! – sind normal. Das bessert spätestens im Schulalter, wenn das Immunsystem gereift ist.
Kleinere Wehwehchen können Sie gut mit Hausmitteln behandeln. Unbedingt zur Ärztin sollten Sie, wenn:

> **Ihr Kind** über mehrere Stunden nichts mehr trinkt und immer wieder erbricht (Gefahr der Austrocknung).
> **Durchfall** mehr als sechs Stunden dauert.
> **Ihr Baby matt** und apathisch ist.
> **es längere Zeit** mehr als 38,5 °C Fieber hat. Vor allem in den ersten vier Lebenswochen sollte grundsätzlich jedes Fieber ärztlich abgeklärt werden.
> **das Fieber** sehr schnell fällt und wieder steigt.
> **sich zum Fieber** andere Symptome gesellen wie Krämpfe, Husten, Ohren-, Hals- oder Bauchweh.

RUHE IST WICHTIG

Früher galt strikte Bettruhe für Kinder mit Fieber. Das ist vorbei. Gönnen Sie einem fiebrigen Kind aber häufige Pausen, lassen Sie es in Ihrer Nähe ruhen, indem Sie ihm zum Beispiel auch im Wohnzimmer ein Lager einrichten.

> **ein Notfall eintritt** (Verbrennungen, stark blutende Verletzung, heftiger Husten, Fieberkrampf, Atemprobleme, rote Hautflecken, Bewusstlosigkeit).

Bewährte Hausmittelchen

Einige althergebrachte Hausmittel gegen Krankheiten kennen Sie vermutlich noch aus Ihrer eigenen Kindheit. Eine Übersicht finden Sie auf den Seiten 200 und 201. Zeigen diese Massnahmen nicht in absehbarer Zeit den gewünschten Erfolg oder steigt das Fieber gar stark an, kontaktieren Sie Ihren Arzt. Vielleicht ist Ihr Kind ernsthaft krank und braucht Medikamente.

Nicht zu unterschätzen: Kinderkrankheiten

Viele schwere Krankheiten wie Kinderlähmung, Diphterie oder Keuchhusten lassen sich heute durchs Impfen vermeiden (siehe Seite 204). Dennoch lassen sich nicht alle ernsthafteren Krankheiten aus der Welt schaffen. Dreitagefieber, Scharlach und Wilde Blattern machen die Runde; wenn Sie sich gegen die Masern-Mumps-Röteln-Impfung entschieden haben, können Sie auch mit diesen typischen Kinderkrankheiten konfrontiert sein. Im Kasten auf den Seiten 202 und 203 finden Sie eine Übersicht über die Symptome, Behandlung und Inkubationszeit. Suchen Sie bei Verdacht auf eine dieser Krankheiten Ihre Kinderärztin auf.

Erkrankt Ihr Kind an einer typischen Infektionskrankheit, so kann es wiederum andere Kinder – oder auch Sie – anstecken. Das geschieht häufig schon, bevor die ersten Symptome auftauchen. Der Zeitpunkt der grössten Ansteckungsgefahr ist von Krankheit zu Krankheit unterschiedlich. Ist Ihr Kind bereits erkrankt, halten Sie es von andern Kindern fern.

HOMÖOPATHIE UND CO. – ALTERNATIVMEDIZIN

Schulmedizin und Alternativmedizin lassen sich gut kombinieren. Zum Beispiel, indem Sie eine Kinderärztin auswählen, die beides anbietet, neben der Schulmedizin etwa auch Homöopathie, chinesische oder antroposophische Medizin. Falls Sie mit alternativen Heilmethoden liebäugeln, kann es sich lohnen, für Ihr Kind bei der Krankenkasse eine Zusatzversicherung für Komplementärmedizin abzuschliessen.

Schnupfen

Das hilft

> Ein paar Tropfen Muttermilch oder Nasentropfen aus isotonischer Kochsalzlösung (Apotheke) in jedes Nasenloch träufeln
> Niedrige Zimmertemperatur (18°C)
> Nasse Tücher über Heizung oder Wäscheständer hängen, das befeuchtet die Luft. Viel trinken!
> Den Oberkörper im Bett anheben (Telefonbücher unter oberen Teil der Matratze legen)
> Eine Zwiebel geschnitten in einer Mullwindel neben das Kopfkissen legen oder aufhängen, das wirkt befreiend für die Nase.
> Füsse immer warm halten (Socken, warmes Fussbad oder warme Zwiebelsocken)
> Holunderblütentee trinken (1 TL Holunderblüten, $\frac{1}{4}$ L siedendes Wasser, 10 Min. ziehen lassen, 1 Spritzer Zitronensaft, etwas Honig).
Kein Honig für Kinder unter 1 Jahr!
> Inhalieren (Kopfdampfbad): 2 L siedendes Wasser, 1 Handvoll frischer Kamilleblüten und 1 Esslöffel Meersalz. Löst den Schleim und befreit die Nase.
Meist erst bei älteren Kindern toleriert. Vorsicht, Verbrühungsgefahr!

Halsweh

Das hilft

> Füsse warm halten (Socken); warme Fussbäder unterstützen die Abwehrkräfte.
> Gurgeln mit Salzwasser ($\frac{1}{2}$ TL Salz auf eine Tasse lauwarmes Wasser). Wirkt abschwellend und desinfizierend (ideal ab Schulalter)
> Mehrmals täglich schluckweise eine Tasse Halswehtee trinken: $1\frac{1}{2}$ TL Kamilleblüten, $\frac{1}{2}$ TL Salbeiblätter, 5 Min. ziehen lassen + 1 Spritzer Zitronensaft (Vitamin C)
> Halswickel mit trocken erwärmter oder nassfeuchter Mullbinde. Warm oder kalt anwenden, bei Frösteln kalt anwenden (nur 10 Minuten)

Husten

Das hilft

> Viel trinken (Thymiantee, Wasser)
> Nasse Tücher über Heizung oder Wäscheständer hängen - das befeuchtet die Luft.
> Eine warme Mullwindel als Brustwickel wirkt entkrampfend und schleimlösend; bei Fieber eignen sich kalte Brustwickel.
Keine feuchten Brustwickel bei Kindern unter 1 Jahr!

Fieber

Das hilft

> Wadenwickel mit kaltem Essigwasser. Beine in Plastiksack wickeln, warme Decke zum Warmhalten drüberziehen.
Nur anwenden, wenn Beine und Füsse warm sind!
> Dreimal täglich 1 Tasse Lindenblütentee zum Ausschwitzen: 1 TL getrocknete Lindenblüten mit $\frac{1}{2}$ L kochendem Wasser überbrühen, 5 Min. ziehen lassen; mit etwas Honig süssen
Bei hohem Fieber (über 39 °C) nur $\frac{1}{2}$ TL Lindenblüten verwenden. Kein Honig für Kinder unter 1 Jahr!

Ohrenschmerzen

Achtung: Bei Verdacht auf Mittelohrentzündung den Kinderarzt frühzeitig kontaktieren, denn diese Erkrankung ist sehr schmerzhaft und kann Folgeschäden (Gehörschädigung) nach sich ziehen, wenn sie nicht richtig behandelt wird!

Das hilft

> Zur Belüftung des Innenohrs abschwellende Tropfen in die Nase träufeln (siehe Schnupfen)
> Kopfdampfbad (siehe Schnupfen)
> Zwiebelwickel (geschnittene Zwiebel in Mullwindel) ans Ohr: wirkt heilend und schmerzhemmend

Blähungen, Bauchweh und (Dreimonats-)Koliken

Das hilft

> Mehrmals täglich sanfte Bauchmassage mit ein paar Tropfen angewärmtem Babyöl oder Kümmelöl; mit Zeige- und Mittelfinger in langsam kreisenden Bewegungen im Uhrzeigersinn um den Nabel herum. **Nicht direkt nach Nahrungsaufnahme anwenden!**
> Ein paar Löffel Entblähungstee in den Schoppen mischen: 1 TL Anis, Kümmel und Fenchelsamen, überbrüht mit $^3/_4$ L kochendem Wasser; 5 Min. ziehen lassen. Stillende Mütter trinken den Tee selber.
> Kirschkernkissen anwärmen oder kleine Wärmeflasche mit Bezug/Handtuch bedecken. Das Baby bäuchlings drauflegen (z.B. auf dem Schoss der Mutter) oder in Fliegerstellung auf dem Unterarm herumtragen.
Vorsicht vor Verbrennungen!

Zahndurchbruch

Achtung: Die verbreitete Meinung, dass Zahnen Fieber verursache, ist nicht korrekt. Vielmehr ist die Immunabwehr während des Zahnens geschwächt, sodass das Kind leichter einen Infekt aufnimmt und fiebert.

Das hilft

> Kamillen- oder Salbeitee wirkt entzündungshemmend; teegetränkte Kompresse auf Zahnstelle tupfen
> Osa-Gel (zuckerfrei, erhältlich in Drogerie, Apotheke) sanft an der Zahndurchbruchstelle einreiben oder direkt auf den Nuggi geben. Grüne Tube = rein pflanzlich
> Kamillenzäpfchen auf pflanzlicher Basis (Drogerie, Apotheke). Kann während Zahnungsphase vorbeugend gegeben werden

Dreitagefieber

Symptome: 3 bis 4 Tagen hohes Fieber (um 40°C und höher). Danach fleckige Rötungen am Rumpf und an den Extremitäten, welche nach ein bis zwei Tagen verschwinden
Behandlung: Fiebersenkende Medikamente bei hohem Fieber. Viel trinken!
Vorbeugung: Keine
Ansteckend: 3 Tage vor dem Fieber bis zum Beginn des Ausschlags
Inkubationszeit*: 7 bis 17 Tage
Erworbene Immunität: Lebenslang

Wilde Blattern (Windpocken, Varizellen)

Symptome: Rote Flecken, Knötchen und Bläschen, die nässen und später verkrusten. Abheilung nach 2 bis 3 Wochen. Starker Juckreiz
Behandlung: Eventuell juckreizstillende Mittel und/oder antivirale Medikamente. Möglichst nicht kratzen!
Vorbeugung: Windpocken-Impfung (empfohlen ab Pubertät)
Ansteckend: 2 Tage vor bis 6 Tage nach dem Auftreten der ersten Bläschen
Inkubationszeit: 10 bis 28 Tage
Erworbene Immunität: Lebenslang

Scharlach

Symptome: Bakterieninfektion mit Fieber, Kopf- und Halsschmerzen, Erbrechen, Rötungen an den Innenseiten der Oberschenkel, Schluckbeschwerden wegen Mandel- oder Halsentzündung, zuerst weiss belegte, dann himbeerrote Zunge, rötliche Ausschläge in Leisten und Armbeugen, die sich später über den ganzen Körper ausbreiten
Behandlung: Antibiotika
Vorbeugung: Keine
Ansteckend: Mit den ersten Symptomen bis 2 Tage nach Beginn der Behandlung mit Antibiotika
Inkubationszeit: 2 bis 4 Tage
Erworbene Immunität: Unklar

Keuchhusten

Symptome: Anfangs Niesen, Schnupfen, Heiserkeit, leichtes Fieber, gerötete Augen, leichter Husten. Nach 1 bis 2 Wochen typische stakkatoartige Hustenanfälle, vor allem nachts, Atemnot (Keuchen), Erbrechen, Appetitlosigkeit, Flüssigkeitsmangel
Behandlung: Antibiotika, Kortison, Mittel zur Symptomlinderung. Hustenhemmende Mittel sind bei Keuchhusten wirkungslos. Bei einem Anfall Kind hochnehmen, Kopf leicht nach vorn beugen. Frische, feuchte Luft, viel trinken.
Vorbeugung: Impfung DTP** ab 2. Monat
Ansteckend: Vom Auftreten des ersten Hustens an ca. 5 Wochen. Ansteckungsgefahr wird durch Antibiotika nach 14 Tagen gestoppt
Inkubationszeit: 7 bis 21 Tage
Erworbene Immunität: 10 bis 20 Jahre

Pseudokrupp

Symptome: *Infektiöser Krupp:* Oberluftwegsinfekt mit bellendem Husten, Heiserkeit, Fieber, Halsweh kann Pseudokrupp auslösen mit Atemnot, beschleunigter, angestrengter Atmung, pfeifenden Geräuschen beim Einatmen. Tritt meist nachts und im Herbst/Winter auf

Spastischer Krupp: Keine Erkältungssymptome, kein Fieber. Basiert auf Veranlagung des Kindes
Behandlung: Das Kind beruhigen, sitzende Position. Für feuchte Luft sorgen (heisses Wasser in Bad laufen lassen, Luftbefeuchter). Kalte Halswickel, wenn es das Kind zulässt. Viel trinken. Eventuell fiebersenkende Medikamente; hustenhemmende Mittel sind bei Pseudokrupp wirkungslos. Bei blauen Lippen, Erstickungsangst, röchelndem Ausatmen sofort Notfallarzt anrufen!
Vorbeugung: Keine
Ansteckend: *Infektiöser Krupp:* 1 bis 2 Tage vor Ausbruch der Erkältungssymptome plus 5 Tage
Spastischer Krupp: Keine Ansteckung
Inkubationszeit: *Infektiöser Krupp*: 2 bis 3 Tage
Erworbene Immunität: Keine

Masern

Symptome: Entzündungen im Nasen-Rachen-Raum und in den Augen, Kopfweh, trockener Husten und Fieber. Weisse Flecken in der Mundschleimhaut. Nach 3 bis 5 Tagen Fieberschub und punktförmige Rötungen auf der Haut beginnend hinter den Ohren. Ausbreitung über den ganzen Körper, Rückbildung nach ca. 3 Tagen. Schuppige Haut
Behandlung: Fiebersenkende Mittel bei hohem Fieber, Bettruhe, viel Flüssigkeit. Behandlung der begleitenden Infektionen
Vorbeugung: Impfung MMR** ab 12. Monat
Ansteckend: 3 Tage vor Beginn des Ausschlags bis zu seinem Verschwinden
Inkubationszeit: 9 bis 12 Tage
Erworbene Immunität: Lebenslang

Mumps

Symptome: Schwellung der Speicheldrüsen: «dicke Backe», Schmerzen beim Kauen, Schlucken und bei Kopfbewegungen, leichtes bis hohes Fieber. Eventuell heftige Bauchschmerzen, Appetitlosigkeit, Erbrechen
Behandlung: Bettruhe, schmerzlindernde Medikamente, siehe auch Hausmittel (Fieber). Fettarme, breiige Kost und viel trinken!
Vorbeugung: Impfung MMR** ab 12. Monat
Ansteckend: 3 Tage vor bis 9 Tage nach Beginn der Schwellung der Drüsen
Inkubationszeit: 12 bis 25 Tage
Erworbene Immunität: Lebenslang

Röteln

Symptome: Schmetterlingsförmige Rötungen im Gesicht. Ausbreitung über den ganzen Körper, Rückgang nach 3 Tagen. Leichtes Fieber, Schwellung der Lymphknoten im Kopf- und Halsbereich
Behandlung: Keine. Eventuell fiebersenkende Massnahmen
Vorbeugung: Impfung MMR** ab 12. Monat
Ansteckend: 7 Tage vor Beginn des Ausschlags bis 10 Tage nach seinem Abklingen
Inkubationszeit: 14 bis 21 Tage
Erworbene Immunität: Lebenslang

* Inkubationszeit: Zeit zwischen der Ansteckung und dem Auftreten der ersten Symptome
** Impfung DTP: Diphterie, Tetanus, Pertussis (Keuchhusten)
Impfung MMR: Masern, Mumps, Röteln

Rund ums Impfen

Kaum ein Thema gibt unter Eltern zu so vielen Diskussionen Anlass wie das Impfen. Gemäss dem offiziellen Impfplan des Bundesamtes für Gesundheit (BAG) erhält Ihr Kind 30 Impfdosen gegen acht Infektionskrankheiten, 20 davon in den ersten sechs Monaten. Kein Wunder, spalten sich die Lager – die einen folgen den Empfehlungen, Kritiker befürworten ein langsameres Vorgehen und den Verzicht auf gewisse Impfungen. Während sich bei Masern, Mumps und Röteln übers Piksen im Babyalter durchaus diskutieren lässt, gehören Diphterie und Starrkrampf (Tetanus) sicher zu den Standardimpfungen.

Pro und Contra

Diese Argumente sprechen für den offiziell empfohlenen Impfschutz:

> **Das Kind erhält** die nach heutigem Wissen beste medizinische Vorsorge.
> **Mögliche Nebenwirkungen** stehen in keinem Verhältnis zu den zum Teil schwerwiegenden Komplikationen der verhüteten Krankheiten.
> **Die Impfungen** schützen nicht nur Ihr Kind, sondern die ganze Bevölkerung. Damit heute in der Schweiz verschwundene Infektionskrankheiten wie Diphterie und Kinderlähmung nicht wieder auftauchen, muss die ganze Bevölkerung durchgeimpft werden.

NÜTZLICHE WEBSEITEN

Den offiziellen Impfkalender können Sie unter www.sichimpfen.ch herunterladen. Überlegungen für ein individuelles Vorgehen finden Sie auf der Website der Arbeitsgemeinschaft für differenzierte Impfungen (www.impfo.ch).

Das sind die Argumente für einen alternativen Impfplan, etwa denjenigen der Arbeitsgruppe für differenzierte Impfungen:

> **Solange die Mutter stillt,** schützen die mütterlichen Antikörper das Baby. Mit gut sechs Monaten baut das Kind zudem durch den Kontakt mit Krankheitserregern eine eigene Abwehr auf.
> **Eine durchgemachte Kinderkrankheit** stärkt nicht nur das Immunsystem, sondern auch die psychischen Abwehrkräfte des Kindes. Es lernt, mit den Widrigkeiten des Lebens umzugehen.
> **Mögliche Langzeitschäden** von Impfstoffen sind zum Teil zu wenig erforscht – das betrifft vor allem die zunehmend gentechnisch hergestellten Impfstoffe.

Den Entscheid, wie Sie vorgehen wollen, kann Ihnen niemand abnehmen. Es ist aber wichtig, dass Sie sich damit wohlfühlen. Besprechen Sie sich mit Ihrer Vertrauensärztin und holen Sie bei Bedarf eine Zweitmeinung ein. Besorgen Sie sich alle verfügbaren Informationen, das gibt Ihnen Sicherheit beim Entscheiden.

Ab Tag eins: Allergien vorbeugen

Allergien nehmen stetig zu. Wenn Sie als Eltern Allergiker sind, ist es sinnvoll, beim Baby vorbeugende Massnahmen zu treffen – bei Ernährung, Umgebung und Pflege:

> **Muttermilch,** aber auch die sogenannte HA-Babymilch (HA = hypoallergen) ist ideal.
> **Wenn Sie mit Zufüttern** anfangen: Immer nur ein Nahrungsmittel aufs Mal einführen. Verträgt Ihr Kind die gekochten Rüebli, können Sie nach einer Woche Kartoffeln dazugeben etc.
> **Folgende Nahrungsmittel** sind im ersten Lebensjahr tabu: Kuhmilch und -produkte, Hühnerei, Soja, Nüsse, Erdnuss, Fisch. Lassen Sie auch Schokolade, Tomaten und Zitrusfrüchte strikt weg.
> **Cremen Sie die Haut** Ihres Kindes täglich mit einer duft- und farbstofffreien Lotion ein.
> **Verwenden Sie Kleider** aus Baumwolle (keine Wolle oder Synthetik).
> **Keine Haustiere,** Pflanzen oder andere Staubfänger im Kinderzimmer!
> **Rauchstopp:** Tabakrauch erhöht nachweislich das Auftreten von Allergien.

Allergische Reaktionen zeigen sich in Form von Hautausschlägen (Ekzemen), Juckreiz, Bauchkrämpfen, Durchfall oder Erbrechen, gereizten Augen und Nase, Asthmaanfällen.

Informieren Sie sich bei Ihrem Kinderarzt oder bei aha!, dem Zentrum für Allergie, Haut und Asthma in Bern (www.ahaswiss.ch, täglich Telefonberatung).

Behinderung und frühes Leid: Sorgenkinder

98 Prozent aller Kinder kommen gesund zur Welt! Ganz wenige der neuen Erdenbürger bringen ein Handikap mit: sei es, dass sie körperlich oder geistig behindert sind oder lernen müssen, mit einer chronischen Krankheit zu leben.

Wenn Kinder chronisch krank oder behindert sind

Ganz wichtig: Sie sind nicht die ersten Eltern, die ein Kind mit erschwerten Startbedingungen ins Leben begleiten. Machen Sie sich das Know-how anderer Mütter und Väter in gleicher Lage zunutze. Informieren Sie sich über verschiedene Behandlungsansätze,

Heilpraktiken und Therapien von Schul- und Alternativmedizin. Welche Methode leuchtet Ihnen ein und sagt Ihnen am meisten zu? Holen Sie Zweitmeinungen ein und tauschen Sie sich mit anderen Eltern in derselben Situation aus.

Vernetzen Sie sich. Nehmen Sie eines der unzähligen Unterstützungsangebote in Anspruch. Oder tauschen Sie sich in einer Selbsthilfegruppe aus. Falls es keine gibt in Ihrer Nähe: Gründen Sie selber eine. In 19 Kantonen gibt es eine regionale Kontaktstelle für Selbsthilfegruppen (www.kosch.ch). Dort erhalten Sie Informationen über bestehende Angebote und Tipps für die Gründung einer neuen Gruppe.

FRÜH VERSTORBENE KINDER

Eltern, die ihre Kinder vor oder kurz nach der Geburt verlieren, erfahren grosses Leid. Nehmen Sie sich die Zeit zum Trauern, die Sie brauchen – es gibt keine Regeln, wie lang es dauert, bis der Verlust einigermassen verwunden ist. Das Gespräch mit Eltern, denen Ähnliches widerfahren ist, kann heilsam sein. Wenden Sie sich an den Verein Regenbogen, eine Selbsthilfevereinigung von Eltern, die um ein verstorbenes Kind trauern (www.verein-regenbogen.ch). Weitere Anlaufstellen sind das Internetforum für Eltern, die ihr Kind vor, während oder kurz nach der Geburt verloren haben (www.engelskinder.ch) und die Fachstelle Fehlgeburt und perinataler Kindstod (www.fpk.ch).

6.3 Alles neu - die Balance finden

> **Walter Noser**

Tausende von Popsongs erzählen davon, wie sich die Kraft der Liebe für alle Ewigkeit bewahren lässt und wie man als Paar stark werden kann. Schön und gut, doch im richtigen Leben muss die Balance zwischen Ideal und Wirklichkeit zuerst gefunden werden.

Romantische Zukunftsentwürfe und idealisierte Glückserwartungen sind ohne Zweifel schöner als die Realität, die voller «Ich-sollte-nochs» oder «Würdest-du-bitte-mals» ist. Das Gefühl unendlicher Freiheit auf kleinstem Raum, die Intensität der Lust mit weichen Knien, das unbeschwerte Lachen und das Glück der ersten Zeit kann einem Paar das Fundament geben, damit es den Familienalltag mit Vertrauen, Verantwortung, Zusammengehörigkeit und Liebe meistern kann - wenn es realistisch bleibt und Neues entstehen lässt. Und sich immer wieder bewusst ist, dass eine Familie die Probleme nicht löst, die man mit der Welt hat - sie bringt neue!

Sich neu definieren: als Vater, als Mutter

Verliebt, verlobt, verheiratet. Und dann? Wenn das erste Baby da ist, wird die Frau zur Mutter, der Mann zum Vater - und zugleich wird auch noch ein Generationenwechsel vollzogen. Ein bisschen viel aufs Mal. Glücklich ist man trotzdem. Sagt man zumindest. Oft ist man einfach nur erschöpft wie am Ziel einer langen Reise. Und wie immer, wenn die Emotionen überschäumen, herrscht ein Chaos an Gefühlen, sind viele widersprüchliche Empfindungen vorhanden - und auch erlaubt.

Als junge Eltern brauchen Sie die Ängste, die Sie nebst unbeschreiblichen Glücksgefühlen beschäftigen, nicht gleich in der Geburtsanzeige publik zu machen, aber Sie sollten sie auch nicht verdrängen. Die Fragen, die mit der Ankunft eines Babys im Raum stehen, könnten später zum Eklat führen, wenn Sie sich ihnen nie gestellt haben. Gedanken wie die folgenden sind ganz normal: Bin ich überhaupt fähig, diese Verantwortung zu tragen? Was habe ich mir bloss aufgehalst? Muss ich nun immer treu und monogam sein? Behindert mich das Kind in meiner beruflichen Entwicklung? Werde ich jetzt so wie meine eigene Mutter, mein eigener Vater? Ist es das, was ich vom Leben erwartete? Kann ich meiner Frau, meinem Mann

vertrauen? Was, wenn die Beziehung nicht hält? Muss ich nun meine Freiheit aufgeben? Ist mein Leben gelaufen?
Die Geburt eines Babys ist wie eine Reise in ein fernes Land: Man hat schon viel darüber gelesen, viel gehört und freut sich, doch wenn man erst mal da ist, muss man sich von Grund auf neu orientieren.

Für Eltern von Neugeborenen gibt es nicht nur eine breite Palette von Büchern, sondern auch unzählige Kurse. Vielfältige Informationen finden Sie unter www.elternbildung.ch.

Der Mann, der Vater

Anders als Generationen früherer Väter badet, wickelt und schöppelt der neue Mann Babys. Und macht dies alles doch ganz anders als eine Frau. Denn Männer bevorzugen in der Regel motorische, Frauen eher besinnliche und beschauliche Tätigkeiten. Diese Tatsache wird später noch für manche Reiberei Anlass sein: «Sei nicht so grob! Pass auf! Das ist verantwortungslos!», sagt die Mutter, und der Vater meint: «Sei doch nicht so überfürsorglich! Spiel nicht immer die Gluggere!»
Alles, was der Vater tut, tut er mit einem Buben anders als mit einem Mädchen. Später wird er mit dem Sohn Türme, Brücken und Burgen aus Bauklötzen errichten, auf Bäume klettern und Sandburgen bauen, noch später wird er ihm das Jassen oder Schach beibringen, und zum Abschluss der Spielzeit wird er ihn auf einem Parkplatz oder Feldweg das erste Mal ans Steuer lassen.
Auch das Spielen mit der Tochter ist durch die Bewegung bestimmt – aber sachter als bei den Söhnen. Während Söhne das sprichwörtliche Kind im Manne wecken, führen Töchter den Mann an seine eigene weibliche Seite heran. Während der Vater der Tochter die Welt zeigt, mit ihr Enten füttert, ihr das Velofahren beibringt, ihr stundenlang beim Bäbele zuschaut und schöne Geschichten erzählt, führt sie ihn in eine seiner Innenwelten, die er bisher oft noch gar nicht kannte. Und anders als der Sohn wird ihn die Tochter nie konkurrenzieren wollen.

Markus, 33

Eben noch lag meine Frau in den Wehen, und dann war er da, dieser kleine Wurm, an dem aber alles dran war, was einen Menschen ausmacht. An den Fingerkuppen hat er sogar schon ganz kleine Fingernägel! So herzig! Das war mehr als Weihnachten und Geburtstag zusammen! Es ist ein Wunder und ein Zauber oder gleich beides, denn ich wurde von Gefühlen übermannt, die ich gar nicht für möglich gehalten hätte. Eine Geburt haut den stärksten Mann um.

Serge, 30

Ich wäre todsicher in Ohnmacht gefallen und hätte mit meiner Frau wohl nie mehr Sex haben können, wenn ich bei den drei Geburten unserer Kinder dabei gewesen wäre. Ich wartete draussen und wurde jedes Mal fast wahnsinnig. Und jedes Mal, wenn mir meine Kinder in den Arm gelegt wurden, spürte ich tief in mir drinnen, dass ich immer für diese Kinder da sein würde, komme, was wolle. Alles bekam einen Sinn: Geld verdienen, arbeiten und sparen. Und zugleich fühlte ich mich wie ein Neandertaler, denn in mir wuchs eine Kraft und ein Wille, meine Frau und meine Kinder mit blossen Händen vor wilden Tieren zu verteidigen, vor Wind und Kälte zu schützen und von allem Schlechten auf der Welt fernzuhalten.

Roland, 39

Ich weiss bis jetzt nicht, warum ich so rasend eifersüchtig wurde, als unser zweites Kind zur Welt kam. Ich war überzeugt, dass dieses Kind niemals von mir sein könne. Weil es ein Mädchen war? Vielleicht schon, denn irgendwie hielt ich es einfach nicht für möglich, dass ich ein solch zartes Geschöpf zeugen konnte. Als mir die Hebamme die Tochter in den Arm legte, war es mir, als wäre mit ihrer Geburt die Liebe geboren. Eine ganz andere Liebe, als ich sie bisher kannte. Auch eine andere als zu meinem Sohn. Mit ihm konnte ich mich identifizieren, denn schliesslich war ich selber mal ein kleiner Junge, dann ein grösserer, dann ein Mann. Ein Sohn ist halt ein Ebenbild, während ein kleines Mädchen doch eher ein Wunder ist.

Die Frau, die Mutter

Väter entwickeln erst ein gefühlsmässiges Engagement für ihre Kinder, wenn diese das Babystadium verlassen haben – das haben Untersuchungen gezeigt. Anders die Mütter: Bereits in den Schwangerschaftsmonaten haben sie eine Beziehung zum Kind aufgenommen, während sich die werdenden Väter einfach nur freuen können – denn als Teil ihrer selbst können sie das Ungeborene auch mit noch so viel Einfühlungsvermögen nicht spüren. Sie erleben die Schwanger-

schaft eher wie ein Naturereignis, dem sie bloss zuschauen können. Und manchmal ist da die Frage, ob sie auch wirklich die Erzeuger sind, während die Frau ganz genau weiss, dass das Kind ihr Kind ist.
Und dann ist es da: Bub oder Mädchen? Viele Frauen sagen, dass ein Junge einfach ein unbekannteres Wesen sei und sie deshalb mehr Respekt vor ihm gehabt hätten als vor einem Mädchen, das irgendwie ein sichereres Gefühl ausgelöst habe.

Claudia, 32
Als mir meine Tochter nach dem Kaiserschnitt kurz gezeigt wurde, war ich so was von glücklich und begann zu weinen. Und mein Mann auch. Wir waren beide überwältigt, sprachlos, gerührt, neugierig, stolz, beschwingt und fröhlich. Ich hätte die Kleine einfach immer anschauen und bestaunen können und war voller Sorge: Hat sie warm genug? Warum hat sie jetzt gezuckt, ist etwas nicht in Ordnung? Und vor allem sorgte ich mich immer wieder, ob sie noch atmet – der plötzliche Kindstod ist irgendwie im Hinterkopf.

Lisa, 46
Beim ersten meiner vier Kinder hatte ich gleich nach dem ersten Glücksrausch riesige Schuldgefühle, weil ich glaubte, den Erwartungen der Gesellschaft nicht zu entsprechen. Die Angst vor dem, was auf mich zukommen würde, überschattete das Glück und die Freude. Ich fühlte mich total überfordert. Mit der Geburt kam ein Bewusstsein für die immense Verantwortung, die ich nun ein Leben lang zu tragen hatte. Eine Verantwortung, die verpflichtet, die Welt ab sofort mit anderen Augen zu sehen. Und doch habe ich viermal diese Verantwortung übernommen! Wahrscheinlich, weil bei jedem Kind eine Liebe geboren wurde, die einfach da war und nichts begehrte.

Nina, 26
Ich trau mich das fast nicht zu sagen: Ich war so enttäuscht, dass das zweite Kind wieder ein Bub war. Ich hätte ihn gern zurückgegeben. Ich fühlte mich deshalb als Rabenmutter, als schlechter Mensch, und ging fast unter vor lauter Schuldgefühlen gegenüber dem Kind, meinem Mann und dem gesamten Spitalpersonal. Doch nach ein paar Tagen entstand eine ganz tief empfundene Liebe zu meinem Jüngsten. Eine Liebe, die nicht vom Himmel flog, sondern auf leisen Flügeln an mich herangetragen wurde.

Die Geburt wird für immer und ewig ein tiefes Band zwischen Mutter und Kind sein. Doch Achtung! Es ist keineswegs so, dass nur bei einer natürlichen Geburt die Mutter-Kind-Beziehung entsteht. Adoptivmütter oder Mütter, die mit Kaiserschnitt gebären, müssten sich sonst minderwertig vorkommen. Und nicht jede Mutter ist einfach nur glücklich nach der Geburt. Die Beziehung zu einem Kind wird sich entwickeln und im Lauf der Jahre auch wandeln. Quälen Sie sich nicht damit, wenn Sie für Ihr Baby nicht das empfinden, was man Liebe nennt – sie wird kommen. Aber manchmal braucht sie Zeit.

Start ins Familienleben: Nehmen Sie es gelassen!

Auch wenn jede Familie anders ist und nach ihren eigenen Werten und Normen lebt, durchläuft jede dieselben Phasen und Krisen – es sei denn, das Projekt Familie wird frühzeitig durch Tod, Scheidung oder Trennung abgebrochen. Die Krisen, die in den verschiedenen Beziehungsetappen entstehen, sind normal und kommen in den besten Familien vor. Sie sind kein Grund, den Traum zum Alptraum werden zu lassen.

Fünf Phasen des Familienlebens

Die erste Phase ist jene der Familienbildung: Man lernt sich kennen, zieht zusammen und plant das Leben. Nun wirds definitiv! Abschied zu nehmen vom Singleleben, Verantwortung zu übernehmen und sich als Paar zu bezeichnen kann nebst Freude auch Angst auslösen.

Die zweite Phase ist die Zeit des Aufbaus. Die Geburt des ersten Kindes ist eine grosse Veränderung und deshalb einschneidender als jede weitere Geburt. Weil es nun eine Familie zu ernähren gilt, steht die Arbeit im Vordergrund, die Freizeit für Hobbys, Ausgang, Freunde wird knapp. Diese Zeit der Neuorientierung wird begleitet von vielen kleinen und grossen Krisen, die es zu meistern gilt.

In der dritten Phase wird das Leben stabiler und ist gleichzeitig voller Tücken, denn die Macht der Gewohnheit kann das Leben träge machen. Die Rollen, die sich Mann und Frau gegeben haben, befriedigen vielleicht nicht mehr. Es ist die Zeit, in der manche Frauen ihre Berufstätigkeit wieder aufnehmen und sich alle Familienmitglieder erneut umorientieren müssen.

In der vierten Phase schrumpft das Familiengebilde: Die Kinder ziehen eins nach dem anderen aus und sorgen im Elternhaus für Unruhe.

In der fünften Phase ist das Paar wieder allein. Die Kinder sind ausgeflogen, das Nest ist leer. Was nun? Was hält das Paar noch zusammen?

Krise oder Chance?

Es sind alte Weisheiten, dass ein Neubeginn immer auch eine Chance ist und dass Neues Angst macht. Übergänge von einer Phase zur anderen sind deshalb fast immer mit mehr oder weniger starken Krisen verbunden. Nehmen Sies gelassen! Diese Krisen sind kein Grund, um am Abenteuer Familie zu zweifeln, denn Sie sind mit Ihren Erfahrungen in guter Gesellschaft. Bei jedem Übergang gerät das Familiensystem ins Wanken

und fällt aus dem Gleichgewicht, bis es sich wieder einpendelt.
Krisen bedeuten nur dann eine Gefahr, wenn man verlernt hat, neugierig, offen und bereit für Neues zu sein, und stattdessen den Anfang der Liebe als unerschöpfliche Quelle sieht, die endlos geplündert werden kann. Wenn Sie hingegen flexibel bleiben und neue Quellen anzapfen, wird jede Veränderung ein Prozess des Aushandelns, der eine Neugestaltung der Beziehung ermöglicht und das Leben spannend macht.

Eltern sein, Partner bleiben

Was bisher nur ein Zweipersonensystem war, wird bei der Ankunft eines Kindes mit einem Schlag zu einem Dreipersonensystem, das bisherige Regeln nicht nur in Frage stellt, sondern in vielen Punkten von Grund auf über den Haufen wirft. Es spielt zu diesem Zeitpunkt keine Rolle mehr, ob Ihr Kind ein Wunschkind war, ob Sie vor der Schwangerschaft beim Gedanken an ein Kind gezögert, abgewogen, gezweifelt und schliesslich Ja gesagt haben oder ob die Schwangerschaft «einfach so passiert» ist - Sie fühlen sich nun ins kalte Wasser geworfen.
Kommt dazu, dass Sie vermutlich schon mehrmals gehört und gelesen haben, dass die Partnerschaft nach einer Geburt grossen Belastungen ausgesetzt ist und die Qualität der Paarbeziehung in den ersten Monaten abnimmt. Schliesslich sind Sie meist nur noch müde und sehen im Gegenüber manchmal nicht mehr den Partner, sondern nur noch die Person, die doch bitte schön Ihre Belastung reduzieren soll.
Patentrezepte, im Gleichgewicht zu bleiben, gibt es keine - aber einige Tipps und den Ratschlag, möglichst vieles gelassen anzugehen.

Kleine Zweisamkeiten

Manchmal sind es kleine Gesten, die eine Krise abwenden können und Mussestunden nicht der Vergangenheit angehören lassen. Schliesslich soll Ihr Leben nicht zwischen Windeln und Schoppen auf der Strecke bleiben. Hier einige kleine Tricks, die sich auch ohne Babysitter umsetzen lassen:

> **Anerkennen Sie** die Arbeit (die daheim und die auswärts!) des Partners oder der Partnerin und erkundigen Sie sich am Abend, wie der Tag war.
> **Dem anderen** eine Arbeit abzunehmen, ohne gleich eine Gegenleistung zu erwarten – das gabs zu Beginn der Beziehung oft. Also jetzt erst recht!
> **«Ich denke gerade an dich»** – eine solche SMS sagt mehr als tausend Worte!
> **Blumenschenken** ist nicht passé!
> **Fragen Sie regelmässig:** «Wie geht es dir gerade?»
> **Besorgen Sie sich** einen Lieblingsfilm Ihres Partners, Ihrer Partnerin und machen Sie es sich zusammen vor dem Fernseher gemütlich.
> **«Geh doch heute Abend wieder mal aus,** ich warte auf dich», heisst so viel wie: «Ich freu mich auf dich!»

Allerdings: Es gibt keine ultimativen Ratschläge, wie der Alltag gemeistert werden kann, denn jede Beziehung ist anders und jede Lebenssituation eine andere. Die für Sie passende Strategie müssen Sie selbst entwickeln – die Vorschläge in diesem Buch sind Zutaten, die Sie anregen sollen.

Die Lust zurückerobern

Nach einer Geburt muss die Leidenschaft, die Lust und das Begehren oft neu entdeckt werden. Weil Sex nebst Zeit eine Prise Erotik braucht, muss man beides manchmal ein bisschen planen und organisieren. Das braucht Geduld und Verständnis. Und wenn Sex die letzte Aktivität des Tages ist, fällt die Lust der Müdigkeit oft zum Opfer.
Mangelnde Lust hat Gründe, an denen beide beteiligt sind. Gehen Sie damit behutsam um. Sprechen Sie über sexuelle Wünsche und Fantasien. Probieren Sie Neues aus.

Organisieren Sie sich Abende, die nur Ihnen beiden gehören. Wenn Sie sich in der Gestaltung des Abends abwechseln, wartet jedesmal eine Überraschung auf Sie!

Und wenns trotzdem kriselt?

Wie Elternpaare Harmonie, Glück und Zufriedenheit im Familienleben haben können, hält das Schweizerische Zivilgesetzbuch in einem trockenen Gesetzesartikel fest: «Sie verpflichten sich gegenseitig, das Wohl der

Gemeinschaft in einträchtigem Zusammenwirken zu wahren und für die Kinder gemeinsam zu sorgen.» Dies ist leichter gesagt als getan. Es gelingt, wenn jedes einzelne Familienmitglied frei von Rivalität, Neid und Missgunst sich selber sein kann und mit den anderen Familienmitgliedern eine eigene Beziehung pflegen kann. Eine Ein-Kind-Familie besteht aus drei Untersystemen:

> **Das erste System** bilden Vater und Mutter.
> **Ein weiteres System** bildet die Beziehung Mutter - Kind.
> **Das dritte** ist die Beziehung zwischen Vater und Kind.
> **Jede Geschwisterbeziehung** - wenn weitere Kinder dazukommen - ist ein zusätzliches System.

Wenn Sie ein Blatt Papier zur Hand nehmen, für jedes Familienmitglied ein Strichmännlein zeichnen und die Beziehungen mit Verbindungslinien hervorheben, sehen Sie es

Eine wichtige Zutat für das Familienglück liefert ein weiterer Gesetzesartikel aus dem Zivilgesetzbuch: «Der Vater und die Mutter haben alles zu unterlassen, was das Verhältnis des Kindes zum anderen Elternteil beeinträchtigt oder die Aufgabe der erziehenden Person erschwert.»

DAMIT AUS KRISE NICHT KRACH WIRD - SECHS TIPPS

1. Fünf gerade sein lassen, Wünsche mitteilen, Meinungsverschiedenheiten nicht ausweichen, miteinander reden und eine grossen Portion Gelassenheit - das hilft, kleine und grössere Krisen zu überstehen.
2. Drücken Sie sich so aus, dass beim Gegenüber das ankommt, was Sie mitteilen wollen.
3. Hören Sie so zu, dass Sie verstehen, was der Partner meint.
4. Wiederholen Sie, was Sie wie verstanden haben.
5. Denken Sie nie: «Das ist nicht mein Problem.» Früher oder später wirds zu Ihrem gemeinsamen!
6. Wer sagt eigentlich, dass Probleme immer gelöst werden müssen? Manchmal genügt es, wenn Sie sich sagen, dass die Krise eine Abweichung vom Sollzustand ist und Sie sie später beheben werden - sofern sie bis dahin nicht von selbst verschwunden ist.

selbst: Es gibt ein Wirrwarr an lockeren und verkrampften Verbindungen, Zusammengehörigkeitsgefühlen, Streitereien und Eifersüchteleien. Und weil jede einzelne Verbindung der beteiligten Personen ein eigenes System an Bedürfnissen, Wünschen und Lebensvorstellungen bedeutet, kann eine Familie ins Wanken geraten, wenn eine der

Verbindungen zu negativ, zu abgeschottet oder nach einem ganz anderen Fahrplan als der Rest der Familie tickt.
Wie Sie sich verhalten können, wenns einmal nicht rund läuft, steht im Kasten auf Seite 215. Einige Webseiten, auf denen Sie Adressen von Paar- und Familientherapeuten finden, stehen auf Seite 49.

Erfolgsrezepte und ihre Zutaten

Schon oft haben Psychologen die Erfolgsrezepte stabiler Paare studiert. In einer Langzeitstudie der Deutschen Forschungsgemeinschaft und der Abteilung Psychologie der Universität München wurden 663 verheiratete Paare gefragt: «Was hält Ihre Ehe zusammen?» Die Resultate sehen Sie im Kasten – die wichtigsten Eckpfeiler einer harmonischen Ehe.

WAS HÄLT IHRE EHE ZUSAMMEN?

Diese Frage wurde 663 in erster Ehe verheirateten Paaren gestellt. Die Antworten lauteten:

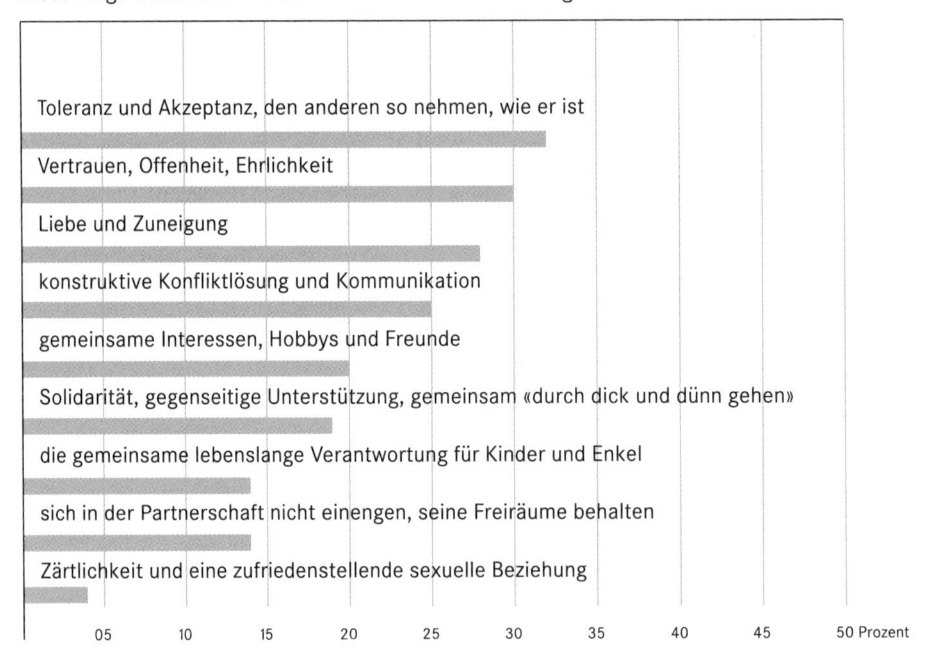

Quelle: Langzeitstudie der Deutschen Forschungsgemeinschaft in Zusammenarbeit mit der Abteilung Psychologie der Universität München

Links und Adressen

Allgemein

www.elternbildung.ch
Schweizerischer Bund für Elternbildung SBE
Steinwiesstrasse 2
8032 Zürich
Tel. 044 253 60 60
Plattform für verschiedene kantonale und regionale Kursangebote/Veranstaltungen

www.muetterberatung.ch
Unterstützung bei Fragen der körperlichen, seelischen und geistigen Entwicklung Ihres Säuglings und Kleinkindes, für Stillen, Ernährung, Pflege und Erziehung

Stillen: Tipps und Infos

www.allaiter.ch
www.stillberatung.ch
www.stillen.ch

Hilfe in der Krise

www.elternnotruf.ch
Tel. 044 261 88 66
Hilfe rund um die Uhr (nachts nur in akuter oder eskalierender Situation)

www.schreibabyhilfe.ch
Informationen, Entlastungsdienst, Links zu Beratungsstellen, Adressen

Krank werden, gesund werden

www.impfo.ch
Unterstützt eine differenzierte, unabhängige Meinungsbildung zum Thema Impfen

www.sichimpfen.ch
Alle Informationen des Bundesamtes für Gesundheit BAG

Früh verstorbene Kinder

www.engelskinder.ch
www.fpk.ch
www.verein-regenbogen.ch

Behinderte Kinder

www.egalite-handicap.ch
Egalité Handicap
Marktgasse 31
3011 Bern
Tel. 031 398 50 34
Egalité Handicap setzt sich ein für die Beseitigung von Benachteiligungen und für die Verwirklichung der Gleichstellung behinderter Menschen.

www.procap.ch
Procap
Schweizerischer Invaliden-Verband
Froburgstrasse 4
4601 Olten
Tel. 062 206 88 88
Grösste Selbsthilfeorganisation für Menschen mit Handikap.
Kontakt- und Beratungsstellen, Rechtsdienst, Bauberatung, Procap Reisen und Procap Sport

www.proinfirmis.ch
Pro Infirmis Schweiz
Feldeggstrasse 71
8032 Zürich
Tel. 044 388 26 26
Bietet zahlreiche Dienstleistungen, die die Selbständigkeit und Lebensqualität behinderter Menschen verbessern

7. Familienfreundlich wohnen

Babys Einzug wirft Fragen auf: Bleiben oder zügeln? Kaufen oder mieten? Haus oder Wohnung? Ein paar Sicherheitsmassnahmen sind zudem nötig, damit Ihr Kleines gefahrlos auf Entdeckungstour gehen kann.

7.1 Wenns zu eng wird in den eigenen vier Wänden

> Urs Zanoni

Eben noch schwärmten Sie von Ihrer Dachwohnung – und merken nun, dass sie für Kinder völlig ungeeignet ist. Wer kindgerecht und familienfreundlich wohnen möchte, tut gut daran, sich einige grundlegende Fragen zu beantworten.

Welche Erinnerungen haben Sie an die Umgebung, in der Sie aufgewachsen sind? Angenehme, weil gleich neben dem Haus ein Bach floss, den man so gut stauen konnte? Oder weil der Nachbar Schafe und Ziegen hielt, die Sie regelmässig füttern durften? Vielleicht gibt es auch einige weniger schöne Erinnerungen. Zum Beispiel an eine lärmige, gefährliche Hauptstrasse oder an den Hausmeister, der alles verbot, was Kindern Spass macht.

Der Wohnort ist ein wichtiger Bezugspunkt für Kinder. Nicht jede Umgebung ist gleich gut geeignet für sie. Deshalb bedeutet die Aussicht auf Nachwuchs oft, eine neue Bleibe zu suchen. Vielleicht haben Sie beim Zusammenziehen noch nicht an Kinder gedacht und sich für eine verwinkelte Dachwohnung im fünften Stock entschieden. Oder für einen exklusiven Loft, der für Doppelverdiener tragbar ist, nicht aber für ein tieferes Familieneinkommen. Vielleicht ist Ihre Wohnung auch schlicht zu klein für Kinder, oder Sie wohnen noch nicht mit Ihrer Partnerin, Ihrem Partner zusammen.

Die richtige Umgebung

Je wohler Sie sich zu Hause fühlen, desto eher können Sie den Familienalltag geniessen. Umso mehr lohnt es sich, wenn Sie Ihre Wohnbedürfnisse als Familie sorgfältig bedenken und diskutieren. Dazu gehört als Erstes, sich einige Fragen zur Wohnumgebung zu stellen – im Wissen, dass man nicht grenzenlos flexibel ist:

> **Möchten Sie auf dem Land,** in der Agglomeration oder in der Stadt leben?
> **Welche Infrastruktur** soll vorhanden sein (Kindergarten und Schulen, Kinderbetreuung, Geschäfte für den täglichen Bedarf, Einkaufsmöglichkeit am Sonntag, Apotheke, Arzt/Kinderärztin, kulturelle Angebote, Vereine, Sportanlagen wie Hallenbad und

Kunsteisbahn, Post, Bank, Anbindung an öffentlichen Verkehr)?

> **Sollen Kindergarten,** Schulen und Läden zu Fuss erreichbar sein?
> **Wie hoch** dürfen die Preise für Miete oder Bauland sein?
> **Wie wichtig** ist das Steuerniveau?
> **Welche Ansprüche** haben Sie an Ihre nächste Umgebung (Lärm- und Geruchsimmissionen, Nebel, Gefahr von Überschwemmungen, Besonnung und Beschattung, Grünflächen, Fernsicht, Privatsphäre)?
> **Wie kontaktfreudig** sind Sie?

Sind diese Punkte geklärt, gehts an die Suche. Fragen Sie im Freundeskreis nach familienfreundlichen Wohnorten oder Quartieren. Gehen Sie auf die Websites der Gemeinden, die in der engeren Wahl sind. Lassen Sie sich von diesen Gemeinden dokumentieren. Viele buhlen heute geradezu um junge Familien – als Steuerzahler oder um die Schulen auszulasten. Entsprechend bieten sie Unterstützung an, zum Beispiel bei der Suche von Bauland oder von familienfreundlichen und günstigen Wohnungen. Auch lokale Banken versuchen, Zuzüger mit Spezialangeboten für Baukredite oder Hypotheken anzulocken.

Die richtige Wohnung

Parallel zur Wohnumgebung werden Sie sich auch Gedanken machen zum Wohnraum. Hier empfiehlt es sich ebenfalls, sorgfältig vorzugehen. Denn jeder Umzug bedeutet einen beträchtlichen Aufwand – oder ist sogar mit einem finanziellen Verlust verbunden, wenn Sie Ihre Wohnung oder Ihr Haus unter dem Kaufpreis veräussern müssen. Erfassen Sie deshalb Ihre persönlichen Bedürfnisse und besprechen Sie sie mit Ihrer Partnerin, Ihrem Partner:

> **Alter und Architektur**
Bevorzugen Sie einen neuen oder besonders alten Bau? Soll das Gebäude einen speziellen Grundriss haben? Oder möglichst viel Fensterfläche? Möchten Sie selber Renovationsarbeiten durchführen?
> **Anzahl Zimmer**
Wie viele Kinder sind geplant? Soll jedes ein eigenes Zimmer haben? Brauchen Sie ein zusätzliches Zimmer, um sich zurückzuziehen, als Büro, für ein Hobby oder für regelmässige Gäste? Wünschen Sie als Eltern ein

gemeinsames oder getrennte Schlafzimmer?

> **Zugang ins Freie**
Bevorzugen Sie eine Parterrewohnung mit Sitzplatz? Möchten Sie einen Balkon oder eine Terrasse?

> **Standort**
Wie gut soll das Wohnhaus besonnt sein (im Sommer wie im Winter)? Soll es im Grünen stehen? Oder möglichst nahe bei Schulen und Läden? Was könnte sich in den nächsten Jahren in der Umgebung verändern (Neubauten, Verkehrsführung, Flugbewegungen)?

> **Nachbarn**
Bevorzugen Sie ein Einfamilienhaus oder ein Reihenhaus in einer Siedlung? Oder soll es ein Mehrfamilienhaus sein mit Gemeinschaftsanlagen?

Bei Entscheidungen rund ums Wohnen leisten drei Beobachter-Ratgeber gute Dienste: «Der Weg zum Eigenheim. Kauf, Bau, Finanzierung und Unterhalt», «Stockwerkeigentum. Kaufen, finanzieren, leben in der Gemeinschaft» und «Umbauen, Renovieren, Erweitern. Machen Sie das Beste aus Ihrem Eigenheim».
(www.beobachter.ch/buchshop)

> **Ökologie**
Ist der Wohnraum mit möglichst wenig Energie zu beheizen? Wurden ökologische Baumaterialien verwendet?

> **Eigentum**
Wünschen Sie sich ein Eigenheim? Wenn ja, soll es Stockwerkeigentum sein, ein frei stehendes Einfamilienhaus oder ein Haus, das zu einer Siedlung mit Gemeinschaftsanteilen gehört? Oder möchten Sie lieber zur Miete wohnen?

Alles paletti im Kinderzimmer

Schenken Sie den Kinderzimmern besondere Aufmerksamkeit: Für Kinder ab acht Jahren und besonders für Jugendliche ist ein eigenes Zimmer wünschenswert. Bei kleineren Kindern sollte dieses in Rufweite des Elternschlafzimmers sein. Achten Sie darauf, dass es gut belichtet, besonnt und belüftbar ist.

Ein zu grosser Farben- und Mustermix überreizt und lässt den Raum enger erscheinen. Lassen Sie die Decke des Kinderzimmers weiss und streichen Sie die Wände in einem hellen, freundlichen Farbton – Möbel, Vorhänge und Spielsachen bringen genug Farbe.

Da Kinder die meiste Zeit auf dem Fussboden spielen, sind Holz-, Linoleum- oder Korkbeläge zu empfehlen, allenfalls mit einer Spielmatte darauf. Solche Böden lassen sich leicht reinigen, was vor allem für allergiekranke Kinder vorteilhaft ist. Praktisch sind auch niederflorige Teppichfliesen, die nicht mit dem Unterboden verklebt sind. So lassen sich einzelne verschmutzte Fliesen leicht austauschen.

Kinder brauchen jede Menge Bewegungsraum – trotzdem sind die Kinderzimmer meist die kleinsten in der Wohnung. Vielleicht kommt für Sie ein Tausch mit dem Elternschlafzimmer in Frage, zumindest in den ersten Jahren. Oder Sie richten im Wohnbereich eine Spielecke ein.

Flächenangaben: So behalten Sie den Überblick

Die Grösse einer Wohnung oder eines Hauses ist ein wichtiges Kriterium bei der Wahl von Wohnraum. Nur sorgen die Anbieter für reichlich Verwirrung: Mal ist von Bruttogeschossfläche oder Nettowohnfläche die Rede, mal von Wohnungsbegrenzungsfläche, Verkehrsfläche, Funktionsfläche oder Nutzfläche. Die Angaben haben vor allem beim Kauf von Wohneigentum eine grosse Bedeutung, denn wenn Sie die Quadratmeterpreise von ausgewählten Objekten vergleichen wollen, brauchen Sie eine einheitliche Grundlage. Hier die zwei wichtigsten Definitionen:

> **Bruttogeschossfläche (BGF)**
Summe aller Wohn- und Nebenräume, Gänge und Treppen. Hinzu kommen die Aussenwände. Die BGF – häufig auch als Bruttowohnfläche bezeichnet – sagt allerdings wenig aus, da die Nutzer primär an der bewohnbaren Fläche interessiert sind.

> **Nettowohnfläche (NWF)**
Summe aller begeh- und belegbaren Innenflächen, die direkt dem Wohnen dienen: Wohnen, Essen, Kochen, Schlafen, Bad/WC, Treppen, Korridor. Ausgeschlossen sind Nebenräume wie Waschen, Keller oder Abstellräume, ebenso Balkone und Terrassen sowie die Aussenwände. Die NWF ist, sofern sie korrekt ausgewiesen wird, die wichtigste Kennzahl.

Achtung: Die Differenz von Brutto zu Netto kann 15 bis 20 Prozent betragen! Erkundigen Sie sich deshalb ganz genau nach den Flächenangaben. Verlangen Sie Pläne und messen Sie nach, falls Sie Zweifel haben.

7.2 Miete oder Eigenheim?

> **Urs Zanoni**

Noch sind hierzulande die Mieterinnen und Mieter in der Mehrheit. Doch der Traum vom Eigenheim ist bei Familien stark verbreitet. Genau prüfen und sauber rechnen: So sorgen Sie dafür, dass aus dem Traum kein Alptraum wird.

Das «Volk von Mietern», wie die Schweizerinnen und Schweizer oft bezeichnet werden, schwindet: In den letzten zwanzig Jahren stieg der Anteil der Eigenheime von gut 30 auf gegen 40 Prozent. Dazu hat zweifelsfrei die Möglichkeit beigetragen, Gelder aus der zweiten und dritten Vorsorgesäule für den Kauf zu verwenden, aber auch die günstigen Hypothekarzinsen der letzten Jahre. Zudem werden mancherorts kaum mehr Mietwohnungen gebaut. Lieber versuchen die Gemeinden, einkommensstarke Wohneigentümer und Steuerzahler anzulocken.

Ein Entscheid mit Konsequenzen

Tatsächlich ist Wohneigentum derzeit attraktiv. Dafür sorgen moderate Hypothekarzinsen, neue Baukonzepte (zum Beispiel verdichtete Einfamilienhaussiedlungen), attraktive Angebote von Gemeinden für Zuzüger (Beratung, Vermittlung, kurze Bearbeitungsfristen) und nicht zuletzt eine rege Bautätigkeit und damit verstärkter Wettbewerb.

Doch der Entscheid, ob Sie Ihre Familienbleibe mieten oder kaufen wollen, reicht weit über die momentane Situation hinaus. Deshalb gilt es mehr zu bedenken und zu diskutieren als die aktuelle Marktlage:

> **Sehen Sie** oder Ihr Partner, Ihre Partnerin in der Karriereplanung Umzüge vor, zum Beispiel ins Ausland?

> **Planen Sie,** dereinst das Haus oder die Wohnung der Eltern oder Schwiegereltern zu übernehmen?

> **Sind Sie** derzeit an einen bestimmten Ort gebunden, können sich aber nicht vorstellen, über längere Zeit hier zu wohnen?

> **Ist Eigenkapital** vorhanden für den Kauf von Wohneigentum?

> **Ist ein Eigenheim** auf längere Sicht und unter Berücksichtigung von verschiedenen Szenarien finanziell tragbar?

Weitere Entscheidungshilfen können Sie dem Kasten nebenan entnehmen.

Einfamilienhaus, Siedlung, Stockwerkeigentum – was passt zu Ihnen?

Wer Wohneigentum bevorzugt, hat die Wahl zwischen unterschiedlichen Konzepten:

> **Frei stehendes Haus ohne Gemeinschaftsanteile**
  Wer viel Privatsphäre wünscht, ist mit dieser Form am besten bedient. Achten Sie darauf, ob es in der Nachbarschaft Kinder hat; in Quartieren mit älteren Häusern kann der Kinderanteil sehr tief sein. Idealerweise suchen Sie bereits vor dem Kauf Kontakt zu den zukünftigen Nachbarn.

> **Frei stehendes oder Reihenhaus mit Gemeinschaftsanteilen**
  Diese Form wird von vielen Familien bevorzugt, da die Preise wegen der kleineren Landanteile tiefer sind als beim «klassischen» Einfamilienhaus. Andererseits leidet die Privatsphäre. Und für die Gestaltung, Nutzung und Pflege der gemeinschaftlichen Anteile – Wege, Spielplatz, Mehrzweckraum, Garage – ist ein gemeinsamer Nenner nötig.

> **Stockwerkeigentum**
  Hier beschränkt sich das Eigentum auf eine Wohnung (und allenfalls einen kleinen Garten); der Rest – Treppenhaus, Umgebung, Garage – gehört der Gemeinschaft. Dies setzt viel und gute Kommunikation unter den Eigentümern voraus.

MIETE UND EIGENTUM IM VERGLEICH

MIETE

Vorteile

> hohe Mobilität dank kurzen Kündigungsfristen
> vielfältiges Angebot (Ausnahme: grosse Städte)
> keine Bindung von Spar- und Vorsorgekapital

Nachteile

> Mieten sind tendenziell zu teuer (mehr dazu auf Seite 228).
> keine Abzüge in der Steuererklärung möglich

KAUF

Vorteile

> kein Kündigungsrisiko
> mehr Komfort und Platz
> Gestaltungsfreiheit in den eigenen vier Wänden
> bei Eigentumswohnungen oft tiefere monatliche Kosten als bei Mietwohnungen (bei Häusern dagegen höhere)
> steuerliche Vorteile durch Abzug von Schuldzinsen (solange diese höher sind als der Eigenmietwert)

Nachteile

> Wohnortswechsel wird aufwändiger und riskanter (Verkauf oder Vermietung nötig)
> Unterhalt und Reparaturen sind selber zu bezahlen.

Familien wünschen in aller Regel mindestens vier Schlafzimmer. Eigentumswohnungen in dieser Grösse sind aber oft teurer als vergleichbare Reihenhäuser.

Wie viel darf das Wohnen kosten?

10 Prozent, 25 Prozent, 40 Prozent: Wissen Sie, welchen Anteil Ihres Einkommens Sie fürs Wohnen ausgeben? Gemäss Bundesamt für Statistik sind es im Schnitt knapp ein Fünftel des Haushaltsbudgets. Letztlich ist es Ansichtssache, wie viel das Wohnen kosten darf: Vielleicht liegen Sie weit über dem Durchschnitt, dafür haben Sie kein Auto. Oder Sie machen lieber Ferien zu Hause als teure Reisen. Gleichwohl sind einige Regeln zu beachten, wenn Sie den finanziellen Rahmen fürs Wohnen festlegen - denn dieser Posten wird immer einer der grössten sein in Ihrem Haushaltsbudget:

- **Die Wohnung** oder das Haus sollte auch tragbar sein, wenn eine neue Situation eintritt. Etwa wenn das Einkommen zurückgeht, weil ein zweites Kind unterwegs ist und die gemeinsame Erwerbstätigkeit von 140 auf 110 Prozent reduziert wird.
- **Berücksichtigen Sie** grössere Verpflichtungen, die im Gang sind oder anstehen: Steuern oder Steuerausstände, rückzahlbare Darlehen und Stipendien, Leasing- oder Kreditraten.
- **Rechnen Sie** Schwankungen des Hypothekarzinses ein - auch beim Mieten. Leider geben viele Vermieter die Einsparungen, die sie bei sinkenden Zinsen machen, erst verzögert und nur teilweise weiter. Doch kaum steigen die Zinsen, steigen auch die Mieten.
- **Bei Wohneigentum** gilt die Faustregel: Die Kosten sollten maximal ein Drittel des Bruttoeinkommens ausmachen.

Realistisch budgetieren

Bei der Miete können Sie die Ausgaben ziemlich genau budgetieren. Werden sie dann doch zu hoch, können Sie kündigen. Anders beim Wohneigentum: Hier sind Sie gebunden. Ein Verkauf ist zwar jederzeit möglich, doch wenn die Marktlage schlecht ist, droht ein beträchtlicher Verlust. Erstellen Sie deshalb Ihr Budget so realistisch wie möglich. Ein Beispiel, an dem Sie sich orientieren können, finden Sie im Kasten nebenan. Zu einer ehrlichen Rechnung gehört, dass Sie bei den Hypothekarzinsen einen durchschnittlichen Wert einsetzen statt des aktuellen niedrigen und den Budgetposten Nebenkosten aufstocken, wenn Sie ein Haus aus zweiter Hand kaufen und wissen, dass in absehbarer Zeit Erneuerungsarbeiten fällig werden.

DIE KOSTEN FÜRS WOHNEIGENTUM BERECHNEN

(alle Angaben in Schweizer Franken)	**Wohnung**	**Haus**	**Kommentar**
Kaufpreis (inklusive Landanteil)	500 000	750 000	
Eigenkapital (mindestens 20 %)	100 000	150 000	Bleiben Sie auch dann bei mindestens 20 %, wenn Ihnen der Hypothekargeber mehr als 80 % Belehnung anbietet – Fremdkapital ist immer teurer als Eigenkapital.
1. Hypothek (66 % des Kapitals; durchschnittlicher Zinssatz: 4 %)	Betrag: 330 000 Jahreszins: **13 200**	Betrag: 495 000 Jahreszins: **19 800**	Das langfristige Zinsniveau ist schwer abzuschätzen. Erkundigen Sie sich nach Möglichkeiten, wie Sie das Risiko von stark steigenden Zinsen begrenzen können.
2. Hypothek (14 % des Kapitals; durchschnittlicher Zinssatz: 5 %)	Betrag: 70 000 Jahreszins: **3500**	Betrag: 105 000 Jahreszins: **5250**	Der Aufpreis von 0,5 bis 1 % lässt sich mit zusätzlichen Sicherheiten senken (Verpfändung von Guthaben der 2. und 3. Säule oder einer Todesfallpolice).
Amortisation (2. Hypothek auf 20 Jahre)	pro Jahr: **3500**	pro Jahr: **5250**	Mit einer indirekten Amortisation über die Säule 3a lassen sich zusätzlich Steuern sparen.
Nebenkosten (1 % des Kaufpreises)	pro Jahr: **5000**	pro Jahr: **7500**	Auch wenn die Nebenkosten einige Jahre unter 1 % liegen, sollten Sie bei diesem Budgetwert bleiben.
Kosten pro Jahr	**25 200**	**37 800**	
Kosten pro Monat	**2100**	**3150**	
Monatliches Bruttoeinkommen, damit der Kauf tragbar ist	mindestens 6300	mindestens 9450	

AUGEN AUF BEIM MIETVERTRAG

Bevor Sie den neuen Mietvertrag unterschreiben, prüfen Sie genau, auf welchem Hypothekarzins die Miete basiert. Liegt der Wert unter dem aktuellen Hypothekarzins oder wurden Vorbehalte angebracht, darf der Vermieter bei nächster Gelegenheit die Miete anheben - eine unwillkommene Überraschung. Klären Sie auch, ob der Mietzins ortsüblich ist und ob bei den Nebenkosten grössere Nachbelastungen zu erwarten sind. Bei Un-klarheiten können Sie sich beim örtlichen Mieterverband beraten lassen (www.mieterverband.ch).

Wenn Sie ganz korrekt vorgehen wollen, setzen Sie ausserdem einen Betrag ein für die Rendite auf dem Eigenkapital; diese entgeht Ihnen, sobald das Geld im Haus oder der Wohnung gebunden ist. Andererseits werden die Steuern etwas tiefer ausfallen, solange die Hypothekarzinsen höher sind als der Eigenmietwert. Kaum zu veranschlagen ist im Übrigen die Wertentwicklung der Immobilie.

Nach alledem dürften Sie zum Schluss kommen: Das Wohnen im eigenen Haus ist normalerweise deutlich teurer als in einer Mietwohnung, in der Eigentumswohnung etwa gleich teuer oder günstiger.

Die Miete tief halten

«Diese Berechnungen sind ja schön und gut», mögen Sie jetzt vielleicht denken, «doch unsere Einkommen und Vermögen lassen gar keine Wahl zu.» Dann geht es vor allem darum, den Mietzins möglichst tief zu halten, zum Beispiel mit einer Genossenschaftswohnung: Diese sind in der Regel deutlich günstiger als Wohnungen von kommerziellen Anbietern, häufig aber auch kleiner, älter und mit weniger Komfort ausgestattet. Zudem bestehen meist Zugangsbedingungen (zum Beispiel mehrere Kinder, tiefe Einkommen) und Wartelisten. Ähnliches gilt für subventionierte Wohnungen: Hier ist der Zugang ebenfalls stark limitiert, entsprechend lang sind die Wartelisten.

Eine andere Möglichkeit, den Mietzins zu senken, sind Untervermietungen: Das Gästezimmer könnte für eine Studentin interessant sein oder der Keller als Lager. Ebenso kann die Vermietung eines Parkplatzes das Budget entlasten. Wichtig: Erst klären, ob eine Weiter- oder Untervermietung überhaupt zulässig ist. Danach mit dem Mieter einen gesetzeskonformen Vertrag abschliessen (mehr dazu auf Seite 26).

Günstiger zu Wohneigentum

Wie beim Mieten gibt es auch beim Kaufen Mittel und Wege, die Belastung so tief wie möglich zu halten. Die erste und wichtigste Gelegenheit ist der Kaufpreis.

Ermitteln Sie als Erstes das Preis-Leistungs-Verhältnis des Eigenheims, für das Sie sich interessieren. Die Formel für Häuser finden Sie im Kasten nebenan, diejenige für Wohnungen auf der nächsten Seite. Anschliessend berechnen Sie denselben Wert für vergleichbare Objekte und lassen sich eingehend beraten.

HÄUSER IM VERGLEICH

So berechnen Sie das Preis-Leistungs-Verhältnis:

Gebäudepreis* : Gebäudekubatur

Beispiel:
400 000 Fr. : 750 m^3 = 533 Fr./m^3

Je nach Ausbaustandard darf das Resultat niedriger oder höher ausfallen:

Einfach, minimal
350 bis 400 Franken
Standard, mittelständisch
400 bis 500 Franken
Gehobener Standard
500 bis 650 Franken
Exklusiv, beste Bauweise
650 bis 750 Franken
Für Kellerräume und Garagen
250 bis 350 Franken

* Reine Erstellungskosten für den Wohnbereich und integrierte Garage, ohne Landkosten, Erschliessungskosten und Nebenkosten für Umgebung

Quelle: VZ Vermögenszentrum

Haus oder Wohnung?

Klar ist: Häuser sind teurer als Wohnungen. Das hat vor allem mit dem grösseren Landanteil zu tun. Und da Boden knapp ist in der Schweiz, sind die Preise entsprechend hoch – und werden weiter steigen. Dies führt dazu, dass neue, Boden sparende Nutzungskonzepte entstanden sind. Deshalb sind heute auch frei stehende Einfamilienhäuser im Angebot, die – selbst in der Nähe von grösseren Städten – für 600 000 bis 750 000 Franken

EIGENTUMSWOHNUNGEN IM VERGLEICH

So berechnen Sie das Preis-Leistungs-Verhältnis:

Kaufpreis (ohne Nebenräume und Garage) : Nettowohnfläche

Beispiel:
600 000 Fr. : 122 m² = 4918 Fr./m²

Je nach Ausbaustandard darf das Resultat niedriger oder höher ausfallen:

Einfach, zweckmässig
bis 4500 Franken
Gehobener, guter Ausbau
4500 bis 5500 Franken
Exklusiv, an gesuchten Lagen
5500 bis 6500 Franken
Luxuriös, an Top-Lagen
über 6500 Franken

Quelle: VZ Vermögenszentrum

zu haben sind. Allerdings beträgt der Landanteil dann nur etwa 300 bis 400 Quadratmeter – wovon erst noch die Hausfläche abzuziehen ist.

Vorsicht: Jeder Immobilienverkäufer hat Eigeninteressen. Deshalb besorgen Sie am besten beim örtlichen Hauseigentümerverband eine Zweitmeinung. Der Jahresbeitrag für die Mitgliedschaft kann sich selbst dann lohnen, wenn Sie letztlich auf einen Kauf verzichten.

Auch bei den Eigentumswohnungen sind Angebot und Konzepte in den letzten Jahren vielfältiger geworden. Nutzen Sie die Möglichkeiten des Internets und nehmen Sie regelmässig einen Augenschein in den grossen Immobilienportalen, ebenso bei den Banken und Immobilienfirmen der Wohnregion, die Sie anpeilen. Anschliessend nehmen Sie – gleich wie bei Häusern – einen Vergleich des Preis-Leistungs-Verhältnisses vor (siehe Kasten). Auch hier gilt: Lassen Sie sich eingehend und möglichst unabhängig beraten.

Auf diesen Immobilienportalen können Sie regelmässig das Angebot an Wohnungen und Häusern sichten – und auch selber einen Suchauftrag platzieren:

www.comparis.ch
www.home24.ch
www.homegate.ch
www.immoclick.ch
www.immoscout24.ch
www.immostreet.ch

Das Eigenkapital

Viele Leute wagen gar nicht erst, an Wohneigentum zu denken, weil die nötigen Nullen auf dem Kontoauszug fehlen. Doch Eigenmittel lassen sich auf ganz unterschiedlichen Wegen beschaffen – das Bankkonto ist nur einer davon.

Stark zugenommen hat in den letzten Jahren der Einsatz von Guthaben aus der 2. oder 3. Vorsorgesäule. Wichtig: Lassen Sie sich das Geld nicht auszahlen, sondern verpfänden Sie es. So bleiben zum einen – im Falle der 2. Säule – das Altersguthaben sowie der volle Versicherungsschutz erhalten, zum anderen sind keine Steuern fällig wie beim Bezug. Denkbar ist auch, dass Sie Schmuck oder Kunstgegenstände als Sicherheiten hinterlegen.

Weiter kommen als Eigenmittel in Frage: ein privates Darlehen (unbedingt Darlehensvertrag abschliessen!), ein Erbvorbezug, eine Schenkung oder eigene handwerkliche Leistungen. Wichtig ist auf jeden Fall, dass Sie keine Abenteuer eingehen. Die Hypothekarzinsen kosten schon genug; deshalb sollte das Eigenkapital so günstig wie möglich sein.

Eine weitere Möglichkeit, um zu Eigenkapital zu kommen, bietet die private Hypothekar-Bürgschaftsgenossenschaft. Dieser Weg empfiehlt sich für Leute, die wenig Vermögen haben, aber ein Einkommen, das problemlos für Hypothekarzinsen und Amortisationen reicht. Mehr Informationen finden Sie unter www.hbw.ch.

Die Hypothek

Ist der Kauf erst getätigt, besteht die grösste Ausgabenposition in den Hypothekarzinsen. Verwenden Sie entsprechend viel Zeit darauf, die beste Wahl zu treffen. Nur: Das Angebot ist heute kaum mehr zu überblicken, und der Zinssatz allein reicht nicht als Entscheidungshilfe. Mindestens so wichtig sind Antworten auf folgende Fragen:

> **Welche Sicherheiten** müssen Sie leisten?
> **Welche Möglichkeiten** haben Sie, von einem Modell in ein anderes zu wechseln? Welche Kündigungs- und Wartefristen gelten dabei? Welche Kosten sind damit verbunden?
> **Welche Bedingungen** gelten für die Amortisation?

Zudem sollten Sie für die Finanzierung Ihres Eigenheims eine Gesamtschau vornehmen, vor allem dann, wenn Sie auch Geld aus der 2. oder 3. Säule dafür verwenden: Welche Wirkungen hat der Kauf auf die Steuern und die Vorsorge?

Wenn Sie sicher sein wollen, dass nichts vergessen geht, empfiehlt sich eine möglichst unabhängige Beratung. Fragen Sie in Ihrem Bekanntenkreis nach seriösen Treuhändern oder Finanzberaterinnen. Kann Ihnen Ihr

Arbeitgeber jemanden vermitteln? Auch Finanzdienstleister wie das VZ Vermögenszentrum kommen in Frage, ebenso der örtliche Hauseigentümerverband. Vielleicht haben Sie eine vertrauensvolle Beziehung zu einer Bank oder einem Versicherer. Holen Sie aber in jedem Fall mehrere Offerten ein und vergleichen Sie! Verlangen Sie auch nach Modellrechnungen für die nächsten fünf bis zehn Jahre. Dann werden Sie rasch erkennen, dass die jährliche Belastung für eine Hypothek von 500 000 Franken um mehrere 1000 Franken variieren kann.

Hier finden Sie Beratung und spezielle Angebote für günstige Hypotheken:

www.comparis.ch
(> Hypotheken > Hypotheken-Börse)

www.hypothekenzentrum.ch

www.shev.ch
(> Hypothekenpooling)

7.3 Sicherheit im Haushalt

> **Urs Zanoni**

Rund die Hälfte aller Kinder erleiden in den eigenen vier Wänden einen Unfall, bevor sie zehnjährig sind. Das muss nicht sein: Vielen Gefahren können Sie vorbeugen. Hier erfahren Sie, wies geht.

Den ersten Meter gekrabbelt! Sich erstmals am Schuhgestell hochgezogen! Die ersten drei Schritte vollbracht! Wie können Eltern entzückt sein, wenn das Kleine in Bewegung kommt. Aber Achtung: Sobald ein Baby mobil wird, gerät der ganze Wohnraum zur Spielwiese und zum Experimentierfeld. Unterschätzen Sie niemals die Fähigkeiten Ihres Kindes – der Sprössling macht mitunter unvorhergesehene Fortschritte. Rechnen Sie also damit, dass Ihr Kind seine Mobilität beinahe täglich verändert.

Sprechen Sie Klartext

Versuchen Sie, Ihrem Kind mögliche Gefahren frühzeitig zu erklären. «Das ist scharf!», oder: «Das ist heiss!», mag es im Wortsinn noch nicht verstehen. Aber es wird sich die Betonung einprägen, mit der Sie darauf hinweisen.
Andererseits sollten Sie so ruhig wie möglich bleiben, wenn sich Ihr Kind wirklich einmal die Finger verbrennt oder sich schneidet. Oft hilft eine solche – hoffentlich glimpflich verlaufende – Panne, um Ihren Warnungen den nötigen Nachdruck zu verleihen.

Die Gefahrenherde

Die Unbeholfenheit und die Neugier eines Kleinkindes bringen es mit sich, dass praktisch alles in der Wohnung und ums Haus potenziell gefährlich ist. Deshalb sollten Sie – buchstäblich – mit wachen Augen durch die Räume gehen. Es lohnt sich, schon vor Ankunft des Babys einen Sicherheitscheck vorzunehmen.

TROST STATT STRAFE

Bestrafen Sie Ihr Kind nicht, wenn es eine Warnung missachtet. Häufig ist die Konsequenz – eine Beule, ein Schnitt, der Schmerz – «Strafe» genug. Trösten Sie es zuerst, und erklären Sie ihm dann mit wenigen, überlegten Worten, weshalb es Ihren Anweisungen zu folgen hat.

Nehmen Sie diesen Rundgang zu zweit vor. Oft ist einem gar nicht bewusst, dass man Gewohnheiten hat, die gefährlich werden können - zum Beispiel das Sackmesser auf einem Korpus zu deponieren, der keine 50 Zentimeter hoch ist. Beginnt sich das Baby langsam zu recken, sollten Sie regelmässig den Blick schweifen lassen. Nehmen Sie Ihr Kind dabei mit und achten Sie darauf, ob es auf bestimmte Gegenstände oder Geräusche besonders reagiert. Mit der Zeit können Sie dann versuchen, ihm Gefahren bewusst zu machen.

Im Internet finden Sie eine Vielzahl von Informationen, Merkblättern und Checklisten zur Sicherheit im Alltag mit Kindern, entweder via Suchmaschine oder direkt bei der Beratungsstelle für Unfallverhütung: www.bfu.ch.

Wohnzimmer und Treppen

Einer der grössten Gefahrenherde in allen Räumen sind die Steckdosen. Im Wohnzimmer befinden sich besonders viele davon in Bodennähe. Sichern Sie alle mit einem Steckdosenschutz, damit Ihr Kind nicht hineingreifen kann.

Ebenso gehört Zerbrechliches weggeschlossen, und wandhohe Möbel müssen kippsicher sein. Machen Sie Treppen mit Gummimatten rutschsicher und sichern Sie sie mit einem Gitter. Ausserdem gilt:

> **Balkon- und Terrassentür** sowie Fenster sichern, damit Kinder sie nicht öffnen können
> **Keine giftigen Zimmerpflanzen** (mehr dazu auf Seite 237)
> **Kantenschutz** an exponierten, scharfkantigen Stellen
> **Kabelkanäle** statt frei liegende Kabel

Kinderzimmer

Da Ihr Kind später auch alleine in seinem Zimmer spielen wird, sollten Sie hier besonders genau hinschauen. Grundsätzlich gilt: Lassen Sie Ihr Kind nie alleine auf dem Wickeltisch. Stellen Sie sicher, dass Sie während dem Wickeln nicht gestört werden und nichts anderes erledigen müssen, zum Beispiel die Milch vom Herd nehmen oder einen Telefonanruf beantworten. Machen Sie Ihrem Kind so bald wie möglich verständlich, wie es sich verhalten soll, wenn es sich in Gefahr begibt (rufen/schreien, klopfen, etwas zu Boden werfen). Weitere wichtige Vorkehrungen:

> **Fenster mit Sicherungen** beziehungsweise Fensterfeststellern versehen
> **Sturzsicherung** am Wickeltisch
> **giftfreie Möbel,** Teppiche und Farben verwenden
> **Aufbewahrungsboxen für Spielsachen** beschaffen (je weniger Spielsachen am Boden desto geringer die Sturzgefahr)

Küche

Hier passieren viele und vor allem schwere Unfälle: Töpfe und Pfannen, deren Stiele über den Herdrand hinausragen, fallen leicht und können zu schweren Verbrühungen führen. Wenn Flüssigkeiten überschwappen, wird der Boden schnell zur Rutschbahn. Ausserdem sind Reinigungsmittel im Schrank sowie scharfe Ecken und Kanten für Kinder gefährlich. Deshalb gilt:

> **Schubladen, Türen,** Schränke und Backofen sichern
> **Messer** und andere Schneidewerkzeuge immer an einem gut gesicherten Ort aufbewahren
> **Kochplatten** und Herdarmaturen mit einem speziellen Schutz versehen
> **Abwasch- und Putzmittel** mindestens 160 cm über Boden lagern

Badezimmer/WC

Viele Unfallursachen in der Küche sind auch im Badezimmer vorhanden: Beugen Sie vor bei rutschigen Böden, scharfen Ecken, Reinigungsmitteln. Ausserdem bewahren Sie im Bad wahrscheinlich Kosmetika und Arzneimittel auf. Deshalb gilt hier besonders: Lassen Sie Ihr Kind nicht alleine – schon gar nicht, wenn es in der Badewanne oder unter der Dusche ist. Auch wenn es im Bad in der Regel schön warm ist, eignet es sich nicht als Spielzimmer. Sie riskieren sonst, dass sich Ihr Baby mit der Toilettenbürste vergnügt. Daneben sollten Sie beachten:

> **Medikamente** und Pflegeprodukte/ Kosmetika mindestens 160 cm über Boden lagern
> **Bad und Dusche** mit rutschfesten Matten ausstatten
> **Kleinkinder altersgerecht** und sicher baden (Baby-Bad für die ersten Monate,

danach mit Badesitz/Badesitzring; allenfalls Schwimmhilfen anziehen). Kinder im Bad immer beaufsichtigen!
> **Sämtliche Elektrogeräte** ausser Reichweite des Kindes aufbewahren

Vergiftungen vorbeugen

Kleine Kinder stecken alles ins Maul – sie müssen erst lernen, zwischen essbaren und unbekömmlichen Dingen zu unterscheiden. Vor allem Flaschen nehmen sie schnell als etwas wahr, woraus man trinken kann. Aber auch Medikamente in Form von Pillen und Tabletten ziehen Kinder fast schon magisch an, besonders wenn sie in bunten Farben leuchten. Deshalb sollten Sie ein besonderes Augenmerk auf die Verhütung von Giftunfällen haben. Hier lauern die Gefahren:

> **Küche:** Ablaufreiniger, Geschirrspül- und Putzmittel, Entkalker
> **Bad/WC:** Medikamente, Kosmetika, Entkalker, Desinfektionsmittel, Luftverbesserer, Waschmittel
> **Schlafzimmer:** Medikamente, Kosmetika, Stärkungsmittel
> **Wohnzimmer:** Alkoholhaltige Getränke, Tabakwaren, giftige Planzen
> **Balkon/Terrasse/Garten:** Giftige Pflanzen, Pflanzenschutzmittel, Gartenchemikalien, Öl für Öllämpchen
> **Hobbyraum:** Bastel- und Fotochemikalien, Farben, Lacke
> **Garage:** Reinigungs- und Pflegemittel für Motorfahrzeuge, Benzin, Frostschutz

GIFTIGE ZIMMER-, BALKON- UND GARTENPFLANZEN

Vorsicht bei folgenden Pflanzen, sie sind giftig:

> Weihnachtsstern *(Euphorbia pulcherrima)*
> Oleander *(Nerium oleander)*
> Dieffenbachie *(Dieffenbachia)*
> Wandelröschen *(Lantana camara)*
> Korallenkirsche *(Solanum pseudocapsicum)*
> Klivie *(Clivia minata)*
> Laternenblume *(Physalis alkekengi)*
> Rizinus *(Ricinus communis)*
> Eibe *(Taxus baccata)*
> Stechapfel *(Datura stramonium)*
> Eisenhut *(Aconitum napellus)*
> Engelstrompete *(Datura suaveolens)*

So kehren Sie vor

Bewahren Sie Chemikalien und Medikamente immer in der Originalverpackung auf; füllen Sie sie auf keinen Fall in Getränkeflaschen ab. Lagern Sie sie nie neben Nahrungsmitteln. Füllen Sie sie zur Anwendung nie in eine Tasse oder ein Trinkglas – ein Kleinkind könnte daraus den Schluss ziehen, es sei etwas Gutes. Nehmen Sie Medikamente grundsätzlich nicht vor den Augen kleiner Kinder ein. Und geben Sie ihnen keine Süssigkeiten, die wie Pillen aussehen.
Arzneimittel gehören nicht an Orte, die Kleinkinder schon mal durchwühlen dürfen,

zum Beispiel die Nachttischschublade oder eine Handtasche. Auch dürfen Medikamente für ein krankes Kind nicht im Kinderzimmer stehen gelassen werden.

Besondere Vorsicht ist angebracht, wenn Sie mit Kindern in einer fremden Wohnung sind. Personen, die Ihr Kind in der eigenen Wohnung betreuen, sollten Sie besonders sorgfältig instruieren. Vor allem bei älteren Menschen, die häufig Medikamente einnehmen, ist Vorsicht geboten. Umgekehrt empfiehlt sich ein Sicherheitscheck, bevor Sie Besuch mit Kindern bekommen.

Wenden Sie sich beim Verdacht auf eine Vergiftung umgehend an Telefon 145. Die Nummer führt zum Schweizerischen Toxikologischen Informationszentrum und ist rund um die Uhr in Betrieb. Weitere Informationen: www.toxi.ch.

RAUMLUFT

Gehört die Raumluft zu den Risiken für Kinder? Ja, wenn Zigarettenrauch, giftige Dämpfe aus Farben und Lacken oder das natürliche, aber radioaktive Gas Radon eine Rolle spielen. Die möglichen Folgen reichen von leichten Beschwerden wie Atemproblemen, Schleimhautreizungen, Kopfschmerzen oder allgemeinem Unwohlsein bis hin zu tödlichen Krebserkrankungen.

Raumluft ist - buchstäblich - ein Lebensmittel. Beeinträchtigen Sie die Qualität nicht mit Zigarettenrauch, lüften Sie regelmässig und ziehen Sie bei Verdacht auf gesundheitsgefährdende Belastungen eine Fachperson bei. Weitere Informationen finden Sie beim Bundesamt für Gesundheit (www.bag.admin.ch > Themen > Chemikalien > Chemikalien und Gesundheit > Wohngifte).

7.4 Baby und Haustier unter einem Dach

> **Urs Zanoni**

Viele Paare haben ein Haustier, wenn die Frau schwanger wird. Und die meisten Kinder wünschen sich früher oder später eines. Haustiere und Babys sind grundsätzlich vereinbar – doch gibt es einiges zu beachten.

Jöööö! Kinder lieben Tiere – und gegen das Zusammenleben mit einem vierbeinigen Freund ist in aller Regel nichts einzuwenden. Zumal Kinder, die mit Tieren aufwachsen, ein stärkeres Immunsystem haben. Zudem suchen und finden sie in ihren kleinen Lieblingen eine wichtige emotionale Stütze. Vor allem Knaben zeigen mehr Mitgefühl für andere Menschen, wenn sie daheim ein Haustier haben. Verhaltensauffällige Kinder werden dank einem tierischen Hausgefährten häufig ruhiger und ausgeglichener. An Tieren gibt es viele spannende Dinge zu entdecken, und sie werfen immer neue Fragen auf: Kann ein Hamster rechnen lernen? Warum fliegt ein Vogel? Und Tiere verhalten sich anders als Menschen. So lernen Kinder, die Eigenheiten unterschiedlicher Lebewesen zu respektieren.

Voraussetzungen für die Haltung

Bei allen Vorteilen für die Entwicklung des Nachwuchses: Der Entscheid für ein Haustier will gut bedacht sein. Denn oft verflüchtigt sich die Euphorie der Kinder für die neuen Mitbewohner innert kurzer Zeit. Falsche Ernährung, zu wenig Bewegung und Einsamkeit machen Tieren schwer zu schaffen. Prüfen Sie daher folgende Fragen sorgfältig:

- **Hat Ihr Kind** lange Freude an etwas, das es sich sehr gewünscht hat? Verleidet ihm das neue Spielzeug schnell, wird dies bei einem Tier kaum anders sein.
- **Geht Ihr Kind liebevoll** und achtsam mit Tieren um? Es muss verstehen, was es heisst, einem Tier wehzutun – andernfalls ist es noch zu klein.
- **Ist Ihr Kind gewillt** und fähig, auch die Pflichtarbeiten fürs Haustier zu übernehmen? Streicheln und liebkosen reichen nicht. Das Tier will gefüttert, geputzt und gepflegt sein. Oder es braucht Auslauf.
- **Ist Ihr Kind frei von Allergien?** Wegen Tierhaarallergien müssen Haustiere oft wieder weggegeben werden. Informieren Sie sich beim Kinderarzt – vor dem Kauf!

- **Sind Sie als Eltern bereit,** sich um das Tier zu kümmern, falls Ihr Kind seine Aufgaben nicht erfüllt oder erfüllen kann?
- **Ist die ganze Familie bereit,** zugunsten des Haustiers Abstriche in der Freizeitgestaltung wie auch in den Ferien auf sich zu nehmen? Ein Hund ist am Strand ebenso fehl am Platz wie im Museum.
- **Lässt das Familienbudget** ein Haustier zu? Die Kosten summieren sich selbst bei Kleintieren rasch auf 1000 Franken im Jahr. Bei einem grösseren Hund sind es leicht 2000 Franken.
- **Ist die Wohnung** oder das Haus geeignet für ein Haustier? Ist die geplante Tierhaltung mit dem Mietvertrag und anderen rechtlichen Gegebenheiten, zum Beispiel Tierschutz-Vorschriften, vereinbar?

Besonders ungeeignet sind Tiere als Überraschungen, sei es als Geschenk oder als Belohnung. Ein Kind sollte ausreichend Zeit haben, um sich aufs Zusammenleben einstellen zu können. Die Planungsphase ist auch wichtig, um zu spüren, wie ernst der Wunsch nach einem Tier ist.

Ein Haustier auswählen

Tiere sind weder Gegenstände noch Spielzeuge, sondern lebendige Wesen mit Eigenarten und speziellen Bedürfnissen. Deshalb sind längst nicht alle als Haustiere geeignet. Namentlich Kleinsäuger wie Meerschweinchen leiden unter ihrem Ruf als Kuscheltiere. Dabei sind sie von Natur aus Fluchttiere, die sich nur ungern anfassen lassen. Da sie zart gebaut sind, werden sie bei unvorsichtiger Behandlung schnell verletzt. Zudem brauchen sie Artgenossen und viel Raum. Und das Vertrauen zu Menschen muss mit viel Geduld aufgebaut werden.
Die Tabelle auf Seite 243 zeigt Ihnen, welche Tiere sich fürs Familienleben eignen und welche nicht.

Tierheim oder Züchter?

Bleibt die Frage, woher Hund oder Katze kommen sollen. Erkundigen Sie sich als Erstes in einem Tierheim. Dort werden Sie in der Regel kompetent und praxisnah beraten. Vielleicht hat auch jemand in Ihrem Bekanntenkreis ein Tier abzugeben. Oder Sie wenden sich an eine seriöse Zoohandlung, die ihre Tiere artgerecht hält.

Falls Sie an einen Züchter gelangen, achten Sie auf sein Verhalten. Informiert er Sie umfassend oder will er sofort verkaufen? Zeigt er Ihnen das ganze Rudel, den ganzen Wurf? Bietet er Ihnen an, Besitzer von Tieren aus seiner Zucht zu kontaktieren und sich erst dann zu entscheiden? Ist dies unerwünscht, sollten Sie besonders vorsichtig sein. Ausserdem gilt: Kaufen Sie Tiere nur dort, wo sie artgerecht gehalten wurden.

Das Tier aufs Baby vorbereiten

Je mehr ein Haustier an Menschen gebunden ist, desto stärker empfindet es sich als vollwertiges Familienmitglied - dies gilt besonders für Hunde und Katzen. Deshalb kann ihre Welt durch ein Baby völlig auf den Kopf gestellt werden. Hunde etwa können es als sehr verwirrend oder bedrohlich empfinden, wenn plötzlich ein neues Familienmitglied da ist.

Wenn Sie bereits einen Hund oder eine Katze besitzen, machen Sie das Tier mit der neuen Situation vertraut: Gehen Sie mit ihm schon vor der Geburt ins künftige Kinderzimmer. Lassen Sie Hund oder Katze ausgiebig an Spielsachen und anderen Gegenständen schnüffeln. Gleich nach der Geburt können Sie dasselbe mit einer gebrauchten Windel machen - das Baby ist dann nicht mehr gänzlich fremd, wenn es einzieht. Ansonsten behandeln Sie den Vierbeiner wie immer: Zeigen Sie ihm, dass er dazu gehört und geliebt wird.

Unterbinden Sie andererseits gewisse Unarten - zum Beispiel das Schlafen des Tiers im Babybett - von Beginn weg. Überhaupt sollte das Zimmer, in dem sich das Baby in den ersten Wochen mehrheitlich aufhält, «haustierfrei» sein. Auch darf das Baby nicht panisch von Hund oder Katze weggenommen werden; das Tier könnte sonst den Eindruck gewinnen, der Säugling stelle eine Gefahr dar. Schliesslich gilt: Lassen Sie Ihr Baby nie mit dem Tier allein.

VON SINNVOLL BIS UNGEEIGNET

Tier	Eignung	Kommentar
Hund	Sehr geeignet	Hunde sind ideale Spielkameraden, der Zeitaufwand ist aber nicht zu unterschätzen, vor allem bei jungen Hunden. Informieren Sie sich genau, bevor Sie sich für eine Hunderasse entscheiden.
Landschildkröte	Sehr geeignet	Fördert die Beobachtungsgabe des Kindes. Sehr pflegeleicht, aber kein Kuscheltier. Gute Alternative für Kinder mit Allergien.
Katze	Geeignet	Kleine Katzen haben einen ausgeprägten Spieltrieb und sind sehr verschmust. Ältere dagegen sind oft eigenwillig und fordern Respekt.
Zierfische im Aquarium	Geeignet	Das Schwimmen der Fische hat häufig eine beruhigende Wirkung auf Kinder. Kenntnisse der Wasserchemie erforderlich.
Vögel	Wenig geeignet	Keine Streicheltiere. In Gruppen halten.
Kaninchen, Zwergkaninchen	Wenig geeignet	Keine Streicheltiere. In Gruppen halten, am besten draussen in einem Naturgehege.
Meerschweinchen	Wenig geeignet	Sollten in Gruppen gehalten werden und besser draussen als drinnen (Innengehege mindestens 0,75 mal 1,5 Meter).
Rennmäuse	Wenig geeignet	Sollten in Gruppen gehalten werden und in einem grossen Innengehege ihr natürliches Bedürfnis nach Graben in unterirdischen Gängen ausleben können.
Hamster	Ungeeignet	Sind nachtaktiv und möchten tagsüber schlafen. Sie zum Spielen aufzuwecken ist Quälerei.
Ratten	Ungeeignet	Sind zwar menschenfreundlich, markieren aber ständig mit Urin und sterben oft früh an Krebs.

Links und Adressen

Häuser und Wohnungen suchen

www.comparis.ch
Hier lassen sich auch Hypotheken vergleichen.

www.home24.ch (www.wohnung24.ch)
www.homegate.ch
www.immoclick.ch
www.immoscout24.ch
www.immostreet.ch

Rund um Hypotheken

www.hbw.ch
Die Hypothekar-Bürgschaftsgenossenschaft für Wohneigentumsförderung bezweckt die Erleichterung des Erwerbs, der Erstellung und Erneuerung von selbstgenutztem Wohneigentum.

www.hypothekenzentrum.ch
www.shev.ch (> Hypothekenpooling)

Hilfe in Mietfragen

www.mieterverband.ch

Sicherheit im Haushalt

www.bag.admin.ch (> Themen > Chemikalien > Chemikalien und Gesundheit > Wohngifte)
Infos des Bundesamtes für Gesundheit zur Raumluft, zum gesund Wohnen und gesund Bauen

www.bfu.ch
Die Website der Schweizerischen Beratungsstelle für Unfallverhütung ist eine Fundgrube für Informationen rund um Sicherheitsfragen.

www.toxi.ch, Tel. 145
Rund um die Uhr Auskünfte in Vergiftungsfällen

8. Finanzen und Vorsorge – was junge Familien brauchen

Die Frage nach einem Kind ist auch eine Rechenaufgabe – aber eine, die sich bewältigen lässt. Dieses Kapitel informiert darüber, was ein Kind kostet, wie Sie Ihre Familienfinanzen im Lot halten und wie Sie Ihre Liebsten absichern.

8.1 Gestern Sparheft, heute Kind

> **Doris Huber**

Kinder bringen Freude und Herausforderung. Kinder sind aber auch teuer. Wie teuer genau? In diesem Kapitel steht, mit welchen zusätzlichen Ausgaben Sie rechnen müssen, wenn ein Kind unterwegs ist.

Paare, bei denen beide voll erwerbstätig sind, verfügen in der Regel über ein komfortables Einkommen. Da liegt jederzeit ein spontaner Besuch im Restaurant drin, ein verlängertes Städtewochenende, ein luxuriöser Einkauf. Dass man sich etwas leisten kann – und es auch tut –, gehört zu dieser Lebensphase.
Mit der Geburt eines Kindes ändert sich die finanzielle Situation drastisch: Oft ist das Einkommen nahezu halbiert. Auf jeden Fall ist es reduziert – um jenen Teil, den Mutter, Vater oder beide weniger erwerbstätig sind, um das kleine Wesen zu betreuen. Dem reduzierten Einkommen stehen zusätzliche Ausgaben gegenüber – für Kleider, Ausstattung, Versicherungen, medizinische Leistungen. Denn Eltern sind verpflichtet, für den Unterhalt ihrer Kinder aufzukommen (mehr dazu auf Seite 121 und 126).

Was kostet ein Kind – im Durchschnitt?

Selbstverständlich soll ein Kind nicht zum Kostenfaktor reduziert werden. Kinder sind ja keine Renditeanlage, sondern bringen neue Perspektiven ins Leben. Sie bedeuten Herausforderungen und Erlebnisse, auf die sich Eltern freuen und für die sie bereit sind, persönliche Bedürfnisse nach Konsum, Freizeit, Weiterbildung hintanzustellen. Dennoch ist es wichtig, sich rechtzeitig mit den finanziellen Veränderungen auseinanderzusetzen, die das neue Familienmitglied auslöst.

Kinder in Franken und Rappen

Wie teuer ist ein Kind? Darauf gibt es natürlich keine endgültige Antwort. Denn viele Ausgaben für Kinder sind abhängig von den finanziellen Möglichkeiten der Eltern, von ihren und später auch von den Ansprüchen der Kinder.
Doch die Frage «Wie teuer ist ein Kind?» hat eine gesamtgesellschaftliche Bedeutung – zum Beispiel in der politischen Diskussion über Familienförderung. Das Bundesamt für Sozialversicherung gab deshalb eine wissenschaftliche Studie in Auftrag, welche die Kosten für Kinder in der Schweiz errechnet («Kinder, Zeit und Geld», 1998). Auch wenn die

Berechnungen auf Daten der 1990er-Jahre beruhen, sind die Zahlen weiterhin aussagekräftig.

Die Studie unterscheidet zwischen direkten Kosten – den Mehrausgaben, die in einem Kinderhaushalt anfallen – und indirekten Kosten oder Zeitkosten; gemeint sind damit die Mindereinnahmen, wenn Eltern, vorab die Mütter, ihre Erwerbstätigkeit einschränken oder aufgeben.

Die Resultate sind beeindruckend: Ein Kind kostet seine Eltern, bis es 20 Jahre alt ist, 340 000 Franken direkt plus 480 000 Franken indirekt als Folge der Erwerbseinbusse, also total 820 000 Franken (siehe Tabelle auf Seite 250). Bei einem Paarhaushalt mit Durchschnittseinkommen – das sind um die 110 000 Franken im Jahr – schätzt die Studie die durchschnittlichen direkten Kosten für ein Kind auf 1100 Franken pro Monat.

Manuela ...

... und Roger haben kürzlich geheiratet und erwarten ihr erstes Kind. Manuela ist 27, arbeitet als Laborantin in der Textilindustrie und verdient mit ihrer Vollzeitstelle brutto 50 000 Franken im Jahr. Roger ist 31, arbeitet Vollzeit als Sachbearbeiter in einer Speditionsfirma. Sein Jahresgehalt beträgt 60 000 Franken brutto. Mit ihren 110 000 Franken inklusive 13. Monatslohn liegen die beiden etwa im gesamtschweizerischen Durchschnitt für erwerbstätige Haushalte. Was bedeutet nun die Geburt des Kindes finanziell? Wenn Manuela ihre Erwerbsarbeit auf ein Zweitagespensum reduziert, beträgt ihr Lohn monatlich noch 1600 Franken. Zusammen mit Rogers 100-Prozent-Pensum ergibt das ein Monatseinkommen von rund 6200 Franken. Gemäss der Studie kostet ein Kind 18 Prozent des effektiven Haushalteinkommens. Für ihr Kind werden Manuela und Roger also mit rund 1100 Franken pro Monat rechnen müssen.

1100 Franken im Monat: Eine happige Summe! Doch dieser Betrag ist ein Durchschnittswert, der die ganzen Lebensjahre bis zum 20. Geburtstag umfasst. Die Belastung der Eltern ist nicht immer gleich hoch, sondern verändert sich über die Jahre. Denn die Kinderkosten hängen stark vom Alter des Kindes ab.

Eine erste Ausgabenspitze bedeutet die Geburt – etliche Anschaffungen sind nötig. Doch dann sind beim Säugling und Kleinkind bis etwa zum dritten Altersjahr die Ausgaben nicht mehr so hoch. Sie beschränken sich vorab auf Windeln, Produkte für die Körper-

Bei der Geburt weiterer Kinder steigen die Ausgaben erneut an, allerdings nicht im gleichen Umfang, weil verschiedene Kosten mit wachsendem Haushalt unterproportional zunehmen (z.B. Wohnkosten).

DURCHSCHNITTLICHE KINDERKOSTEN BIS ZUM 20. ALTERSJAHR						
	Direkte Kinderkosten (Mehrausgaben)		**Indirekte Kinderkosten (Mindereinnahmen)**		**Gesamte Kinderkosten**	
	vom Einkommen	Franken	vom Einkommen	Franken	vom Einkommen	Franken
Paar mit 1 Kind	18%	340000	25%	480000	43%	820000
Paar mit 2 Kindern	26%	490000	35%	680000	61%	1170000
Paar mit 3 Kindern	35%	670000	40%	760000	75%	1430000
Alleinerziehend mit 1 Kind	44%	440000	74%	740000	118%*	1180000

*Bei Alleinerziehenden schlagen die indirekten Kinderkosten besonders zu Buch. Ohne Kind könnten sie im Durchschnitt 74 % mehr verdienen. Daher liegen ihre gesamten Kinderkosten bei über 100 % des Einkommens.
Quelle: Bauer, Tobias u.a.: Familien, Geld und Politik, Verlag Rüegger, Zürich 2004

pflege, Versicherung, eventuell besondere Ernährung. Erst mit zunehmendem Alter brauchen die Kinder mehr Geld – für Ausstattung (Kleider), Freizeit (Sportklub), Bildung (Musikunterricht), Unterhaltung (Kino) und Verkehr.

Eineltern-Familien

Für Alleinerziehende ist die finanzielle Belastung durch ein Kind erheblich grösser. Die Studie gibt 44 Prozent des Einkommens an – allein für die direkten Kosten. Das hängt damit zusammen, dass sich bestimmte Kosten wie zum Beispiel die Ausgaben fürs Wohnen in einem Eineltern-Haushalt auf weniger Personen verteilen und damit die relative Belastung grösser ist. In einem Paarhaushalt ist das erste Kind bereits die dritte Person, in einem Eineltern-Haushalt erst die zweite. Daher erstaunt es auch nicht, dass Eineltern-Haushalte am häufigsten von Armut betroffen sind.

Der Beobachter-Buchverlag bietet den ersten Schweizer Ratgeber für Alleinerziehende an: «Allein erziehen - so schaff ich's! Kinder, Rechtliches, Existenz sichern».
(www.beobachter.ch/buchshop)

Was kostet ein Kind - konkret?

Um die Kinderkosten konkret abschätzen zu können, unterscheidet man am besten die folgenden Bereiche: Vorbereitung aufs Baby, Geburt, neue regelmässige Ausgaben, familienergänzende Betreuung.

Das Nest bauen

Nach oben ist alles offen: Wer will, kann für die erste Kinderausstattung mehrere tausend Franken ausgeben - für eine vollständige Kinderzimmereinrichtung, edle Strampelhöschen, eine Design-Geburtsanzeige. Man kommt aber auch mit ein paar hundert Franken aus, wenn man sich auf das Notwendige beschränkt, allerlei *Nice-to-have*-Artikel weglässt und sich zudem von Kreativität, handwerklichem Geschick und Findigkeit leiten lässt. Ihr Baby wird sich auf jeden Fall im einfachen Nestchen genauso wohlfühlen wie im gestylten.

Wo ist Sparen sinnvoll, wo lohnt sich eine eigene Anschaffung? Nur wenige Baby-Gegenstände nutzt man intensiv - zum Beispiel das Tragetuch oder den Kinderwagen. Hier lohnt es sich, etwas Neues und qualitativ Gutes zu kaufen. Vieles hingegen braucht man nur ein paar Monate: Wiege oder Stubenwagen, Baby-Badewanne, Waage, Schoppenwärmer und vor allem die ersten Kleider. Das alles sind Gegenstände, die man ausleihen kann. Fragen Sie in Ihrem Freundes- und Bekanntenkreis herum - Sie werden staunen, was alles auf Estrichen lagert. Nutzen Sie zudem die Angebote von Kinder- und Tauschbörsen.

Wer Zeit hat, kann auch selber Hand anlegen und so etliches sparen: Mit etwas Stoff und Schaumgummi lässt sich ein alter Wäschekorb in ein erstes Bettchen verwandeln, mit ein paar schreinerischen Massnahmen wird eine alte Kommode zum Wickeltisch.

Um Ihr Know-how auf die neue Familiensituation hin zu erweitern, brauchen Sie vielleicht noch etwas Geld für Fachlektüre, für einen Geburtsvorbereitungs- oder einen Säuglingspflegekurs.

Rund um die Geburt

Auch wenn die Geburt keine Krankheit ist, deckt die obligatorische Grundversicherung die Kosten grundsätzlich ab. Positiv: Bei normalem Verlauf müssen die werdenden Mütter weder Franchise noch Selbstbehalt zahlen. Treten allerdings Komplikationen auf, müssen sie sich an diesen Kosten mit Selbstbehalt und Franchise beteiligen.

Bei der Geburt im Spital – was weitaus am häufigsten der Fall ist – übernimmt die Grundversicherung der Krankenkasse die Kosten für die Entbindung und den Aufenthalt auf der allgemeinen Abteilung eines Spitals, das auf der offiziellen Liste des Wohnkantons steht. Bei einer normalen Geburt sind das in der Regel fünf Tage, bei einem geplanten oder notfallmässigen Kaiserschnitt acht Tage. Dabei können die zukünftigen Mütter die Ärztin oder die Hebamme nicht selber wählen.

Wenn Sie von Ihrer Gynäkologin entbunden werden möchten, müssen Sie die Versicherungsdeckung genau abklären. In der Regel ist das nur mit einer Zusatzversicherung möglich und nur dann, wenn Sie schon vor der Schwangerschaft privat oder halbprivat versichert waren. Prüfen Sie auch die Versicherung Ihres Kindes (siehe Seite 273).

Wer das Kind in einem Geburtshaus zur Welt bringen will, muss vorgängig mit der Krankenkasse klären, für welche Kosten sie aufkommt. Aufenthaltskosten – Unterkunft und Verpflegung – sind nur dann gedeckt, wenn das Geburtshaus auf der Spitalliste des

Kantons steht. Die Kosten für die Ärztin, die Hebamme, die Medikamente und das Material (Bandagen, Klammern usw.) werden hingegen von der Grundversicherung übernommen. Letzteres gilt auch für die Hausgeburt. Angenehm: In beiden Fällen zählt zur Hebammenleistung auch die Wochenbettbetreuung zu Hause bis zum zehnten Tag nach der Geburt.

Weitere Kosten, die bei der Geburt eines Kindes anfallen, haben nichts mit der Krankenkasse zu tun – aber mit Ihrem Portemonnaie: Es sind dies Auslagen für die Geburtsanzeige (inklusive Porto), für die Taufe und für die Bewirtung der Gäste, die alle den neuen Erdenbürger begrüssen möchten.

Windeln gehören fortan dazu

Ab jetzt beinflussen die regelmässigen Ausgaben für den Säugling Ihr Budget. Dafür müssen pro Monat etwa 300 bis 400 Franken aufgewendet werden. Dieser Betrag setzt sich im Wesentlichen zusammen aus:

- > **Krankenkasse fürs Baby:** ca. 70 Franken (siehe auch Seite 273)
- > **Windeln:** 80 bis 100 Franken
- > **Nahrung:** 60 bis 150 Franken
- > **Haushalt-Nebenkosten** (Waschmittel, Körperpflege usw.): ca. 40 Franken
- > **Kleider, Wäsche:** ca. 50 Franken

Planen Sie auch Geld für einen Babysitter ein, damit die Paarbeziehung nicht zu kurz kommt. Die Ansätze für Jugendliche bewegen sich um 6 bis 15 Franken pro Stunde oder um 20 bis 50 Franken pro Abend, wenn Sie lieber eine Pauschale abmachen.

Familienergänzende Betreuung

Wenn beide Eltern nach der Geburt respektive nach dem Mutterschaftsurlaub die Erwerbsarbeit weiterführen, kommen zu den regelmässigen Ausgaben die Kosten für die Kinderbetreuung hinzu. Welche Angebote es gibt, steht detailliert im Kapitel «Kinder, Partner, Beruf – wie organisieren Sie sich?» (Seite 140). Die Kosten variieren stark. Hier ein paar Zahlen im Überblick:

Kinderkrippe: Die Kosten sind je nach Trägerschaft unterschiedlich. Wenn die Krippe subventioniert ist, richten sich die Kosten nach dem Einkommen der Eltern. Ohne Sozialtarif muss man grob mit 120 Franken pro Betreuungsbetrag und Kind rechnen. Private Krippen verlangen manchmal auch ein Depot, etwa in der Höhe eines Monatsbetrags.

Tageseltern: Tageseltern – meist sind es Tagesmütter – sind in der Regel einem Verein angeschlossen, der die Entschädigung und Sozialversicherungsfragen regelt. Für die Betreuung wird ein Vertrag abgeschlossen, der das Pflegeverhältnis zwischen den Eltern und den Tageseltern bestimmt. Auch hier variieren die Kosten stark: Die Pro Juventute empfiehlt einen Mindestansatz von 6 Franken pro Stunde und Kind. Hinzu kommen Mahlzeiten, Versicherungsprämien und Ferienentschädigung. Das ergibt einen Betrag von etwa 70 Franken pro Kind und Tag. Auch Budgetberatung Schweiz hat Richtlinien zur Betreuung von Kindern im Privathaushalt. Ihre Ansätze bewegen sich für eine ganztägige Betreuung inklusive Mahlzeiten zwischen 55 und 80 Franken pro Tag.

Betreuung im eigenen Haushalt: Die teuerste Lösung ist die «Kinderfrau» – eine Betreuungsperson, die zu Ihnen ins Haus kommt. Die Pro Juventute empfiehlt für Personen ohne spezifische Ausbildung einen Stundenansatz von 17 bis 22 Franken, für Personen mit Erziehungsausbildung 21 bis 30 Franken. Kinderfrauen arbeiten in der Regel als Angestellte, also mit einem Arbeitsvertrag. Das bedeutet, dass die Eltern als Arbeitgeber auch die Sozialversicherungsbeträge abrechnen müssen. Für einen achtstündigen

Betreuungstag ergeben sich so Kosten von rund 150 bis 270 Franken.

Spielgruppen: Der Schweizerische Spielgruppenleiterinnen-Verband empfiehlt einen Stundenansatz von 5 bis 15 Franken. Der Ansatz richtet sich danach, ob die Spielgruppe in ländlichem oder städtischem Gebiet angeboten wird und ob sie öffentliche Unterstützung, zum Beispiel von der Gemeinde, bekommt.

Aupair: Aupair-Angestellte eignen sich nicht zur regelmässigen Kinderbetreuung. Denn der Zweck eines Aupair-Aufenthalts ist in erster Linie die sprachliche Weiterbildung. Der Lohn beträgt - neben Kost und Logis - je nach Alter und vereinbarter Arbeitszeit mindestens 500 bis 700 Franken pro Monat. Hinzu kommen die Kosten für Versicherungen gegen Unfall, eventuell auch gegen Krankheit und - ab dem 17. Altersjahr - die AHV-Beiträge.

8.2 Ein bisschen hilft der Staat mit

> **Doris Huber**

Mit finanziellen Massnahmen anerkennt der Staat, dass Eltern mit dem Aufziehen von Kindern eine gesellschaftliche Aufgabe erfüllen. In diesem Kapitel steht, wie viel Geld er in die Familienkassen fliessen lässt.

Wer Kinder aufzieht, trägt im Verhältnis zu kinderlosen Personen eine finanzielle Mehrbelastung. Um hier einen gewissen Ausgleich zu schaffen, unterstützt der Staat Eltern mit verschiedenen Massnahmen. Am bedeutendsten sind die Familienzulagen als Zuschuss zum Lohn (siehe Kasten auf Seite 257 unten). Daneben erleichtert der Staat das Budget von Eltern mit steuerlichen Massnahmen und – je nach Einkommen – mit Verbilligungen der Krankenkassenprämie.
All diesen Budgeterleichterungen ist gemeinsam, dass sie kantonal geregelt sind – das heisst, in einer verwirrenden Vielfalt. Familienunterstützung ist Kantönligeist pur.

Zuschuss zum Lohn: Kinderzulagen

Die Familienzulagen kennt man vorab unter dem Begriff «Kinderzulagen»: Sie sind als eine Ergänzung zum Einkommen gedacht. Deshalb haben Eltern normalerweise nur einen Anspruch darauf, wenn sie unselbständig erwerbstätig sind. Wer nicht erwerbstätig oder selbständig erwerbstätig ist, bekommt für seine Kinder meist keine Zulagen (Ausnahmen siehe Seite 258).

Die Kinderzulagen sind kantonal geregelt – mit zwei Ausnahmen: Für die Landwirtschaft gilt eine schweizweite Gesetzgebung, ebenso für das Bundespersonal. Für einen grossen Teil der öffentlichen Verwaltung von Kantonen und Gemeinden bestehen ebenfalls besondere Regelungen.

Die Höhe der Kinderzulagen ist von Kanton zu Kanton verschieden und hängt von der Kinderzahl ab. Sie reicht für das erste und zweite Kind von 160 bis 260 Franken, ab dem dritten Kind gibt es bis zu 344 Franken pro Monat. Wenn Sie nicht im gleichen Kanton wohnen und arbeiten, ist der Erwerbsort massgebend.

Adrian …

… und Ursula wohnen im Kanton Luzern, seinen Arbeitsort hat Adrian in Thalwil, Kanton Zürich. Seit Sohn Patrick auf der Welt ist, erhält Adrian zusätzlich zu seinem Lohn eine Kinderzulage von 170 Franken. Würde er nicht nur in Luzern wohnen, sondern auch dort arbeiten, bekäme er 200 Franken.

Weitere praktische Hinweise:

> **Die Kinderzulage** gibt es bereits für den Monat der Geburt. Zusammen mit dem Geburtsschein oder dem Familienbüchlein stellen Sie bei Ihrem Arbeitgeber einen Antrag. Dieser zahlt die Zulage zusätzlich zum (Netto-)Lohn aus. Sie muss auf der Lohnabrechnung separat ausgewiesen werden.

> **Bei Teilzeitarbeit** gibt es oft bloss eine Teilzulage. Beispiel Kanton Schwyz: Bei einem Arbeitspensum von 30 bis 49 Prozent gibts hier nur die Hälfte. Gewisse Kantone richten aber auch bei einem Teilpensum den vollen Betrag aus, und viele kennen günstigere Regelungen für Alleinerziehende.

> **Wer kann die Kinderzulage** beanspruchen, wenn beide Elternteile erwerbstätig sind? Wiederum sind es die Kantone, die in diesen Fällen detaillierte Bestimmungen kennen. Auf jeden Fall gibt es die Kinderzulage nicht doppelt.

> **Und schliesslich:** Kinderzulagen gibt es auch für Stief-, Adoptiv- und Pflegekinder.

HIER GIBTS INFOS

Zu allen Fragen rund um Familienzulagen geben die kantonalen Ausgleichskassen Auskunft. Ihre Adressen finden Sie zuhinterst im Telefonbuch oder unter www.ausgleichskasse.ch.

Ausführliche Informationen zu Familienzulagen, Bedarfsleistungen etc. finden Sie auch auf der Seite des Bundesamtes für Sozialversicherung (www.bsv.admin.ch > Familien- und Jugendfragen > Grundlagen > Familienzulagen/Themenübersicht).

KINDERKOSTEN: STARK PRIVATISIERT

Die gesamten Kinderkosten werden von Fachleuten auf mindestens 47 Milliarden Franken geschätzt. Demgegenüber stehen rund 7,6 Milliarden Franken staatliche Unterstützungsleistungen:

> 4,3 Milliarden (56 Prozent) erhalten Eltern mit Familienzulagen.

> 1,9 Milliarden (25 Prozent) sparen sie durch Steuerabzüge.

> 1,4 Milliarden (19 Prozent) fliessen in Unterstützungen wie Stipendien, subventionierte Krippen, Bedarfsleistungen.

Der Staat beteiligt sich also mit rund einem Sechstel an den gesamten Kinderkosten – im internationalen Vergleich ein eher bescheidener Lastenausgleich.

VON DEN ARBEITGEBERN FINANZIERT

Die Kinderzulagen an Arbeitnehmende werden von den Arbeitgebern finanziert. Diese bezahlen auf der gesamten Lohnsumme einen Prozentsatz an die Familienausgleichskasse, der sie angeschlossen sind. Von dieser erhalten die Arbeitgeber die ausgerichteten Zulagen wieder zurück. Gesamthaft werden jährlich rund 4,3 Milliarden Franken Kinderzulagen ausgerichtet.

Geld für die Geburt

Neben den beschriebenen Zulagen gibt es zehn Kantone, die bei der Geburt eines Kindes den Eltern einen einmaligen Beitrag auszahlen. Die Beträge reichen von 600 Franken im Kanton Solothurn bis 1500 Franken (Freiburg, Waadt und Wallis).

Geld für Selbständige und Nichterwerbstätige

Zehn Kantone zahlen auch selbständig Erwerbstätigen Familienzulagen aus (Appenzell Innerrhoden und Ausserrhoden, Genf, Graubünden, Luzern, St. Gallen, Schaffhausen, Schwyz, Uri, Zug). Und auch für Nichterwerbstätige gibt es in fünf Kantonen Geld (Freiburg, Genf, Jura, Schaffhausen und Wallis). Der Anspruch ist aber in beiden Fällen an bestimmte Bedingungen geknüpft.

Bedarfsleistungen

Wenn das Einkommen der Eltern zur Deckung der Lebenskosten nicht ausreicht, unterstützen elf Kantone die Eltern mit einer Art Ergänzungsleistung; es sind dies Aargau, Freiburg, Glarus, Graubünden, Luzern, St. Gallen, Schaffhausen, Tessin, Waadt, Zug und Zürich.

Diese Bedarfsleistungen (auch Mutterschaftsbeihilfe, Unterhaltszuschuss, Familienbeihilfe oder Kleinkinderbetreuungsbeitrag genannt) stellen eine Mischform zwischen Sozialversicherung und Sozialhilfe dar. Es besteht ein Rechtsanspruch auf diese Leistungen, aber sie können nur unter bestimmten Voraussetzungen beansprucht werden (z.B. Einkommens- und Vermögensgrenze, Mindestwohnzeit im Kanton).

Diese Leistungen werden kantonal unterschiedlich, aber längstens bis zum zweiten Lebensjahr des Kindes erbracht. Eine Ausnahme bildet der Kanton Tessin: Er zahlt im Bedarfsfall Leistungen bis zum 15. Altersjahr des Kindes. Je nach Kanton sind die Mütter oder alleinerziehende Väter bezugsberechtigt. Die Auszahlungen erfolgen monatlich.

Politische Diskussionen und kein Ende

Seit über 15 Jahren gibt es um die Harmonisierung von Kinderzulagen ein politisches Seilziehen. Im Frühling 2006 hat das Parlament beschlossen, die Zulagen zu vereinheitlichen und für jedes Kind mindestens

200 Franken respektive 250 Franken Ausbildungszulage auszurichten. Dagegen haben bürgerliche und Arbeitgeber-Kreise das Referendum ergriffen. Die Behörden rechnen mit einer Neuregelung erst auf Anfang 2009.

Steuern: mit Kindern tiefer

Neben Familienzulagen sind es vor allem Vergünstigungen bei der Bundes- und der Staatssteuer, mit denen der Staat Eltern gezielt entlastet. Rund ein Drittel der staatlichen Familienunterstützung oder etwa 2,3 Milliarden Franken pro Jahr machen diese Steuervergünstigungen aus.

Der Beobachter-Ratgeber «Steuern leicht gemacht. Praktisches Handbuch für Angestellte, Selbständige und Eigenheimbesitzer» zeigt, wie man mit wenig Aufwand die Steuerrechnung optimiert.
(www.beobachter.ch/buchshop)

Kinderabzüge bei Kanton und Bund

Für Eltern heisst das konkret, dass sie zum einen ihr Einkommen zu einem milderen Tarif versteuern können, und zwar sowohl beim Bund wie bei den Kantonen. Zum andern können Eltern für jedes Kind einen pauschalen Abzug vom steuerbaren Einkommen machen – den sogenannten Kinderabzug. Die Spannweite reicht von 3000 bis 10500 Franken. Beispiel Kanton Freiburg: Er erlaubt einen Abzug von 5500 Franken für jedes minderjährige Kind oder jedes Kind, das eine Lehre oder ein Studium absolviert. Ab dem dritten Kind erhöht Freiburg den Abzug um 1000 Franken. Beispiel Kanton Schaffhausen: Er erlaubt einen Abzug von 6000 Franken für jedes minderjährige oder in Ausbildung stehende Kind. Der Bund liegt mit einem Abzug von 5600 Franken im Mittel der Kantone.

Die Abzüge sind so lange erlaubt, bis das Kind 18-jährig ist, für Jugendliche in Ausbildung auch darüber hinaus. In den meisten Kantonen werden diese Abzüge allerdings nur zugestanden, wenn der Sohn oder die Tochter nicht selbst genug Geld für den Lebensunterhalt verdient.

Abzüge für Kinderbetreuung

Die meisten Kantone erlauben auch Abzüge für die Fremdbetreuung der Kinder (z.B. in Krippen oder bei Tageseltern). Dies aber nur, wenn die Eltern verheiratet und beide erwerbstätig sind. Im Kanton Zürich zum Beispiel sind das höchstens 3000 Franken pro Kind, im Kanton Bern 1500 Franken, im Kanton Solothurn 2500 Franken für jedes fremd betreute Kind unter 15 Jahren. Die Kosten müssen belegt werden. Beim Bund gibt es diese Abzugsmöglichkeit nicht.

Zweitverdienerabzug

Schliesslich erlauben sowohl der Bund wie alle Kantone ausser dem Thurgau einen Sonderabzug, wenn beide Ehepartner erwerbstätig sind – den sogenannten Zweitverdienerabzug. Er ist ein Ausgleich für die höheren Haushaltskosten von Doppelverdienern und für die stärkere Progression, von der verheiratete Paare betroffen sind. Der Sonderabzug kann aber nur bei einem Einkommen vorgenommen werden, nämlich beim niedrigeren. Im Kanton Luzern zum Beispiel beträgt er maximal 4200 Franken, im Kanton Schaffhausen sind es 2800 Franken, im Kanton Zürich 5200 Franken, bei der Bundessteuer 7000 Franken.

Konkubinate: immer noch im Vorteil

Wenn Mutter und Vater erwerbstätig sind, führt das geltende Steuersystem dazu, dass Konkubinatseltern bei der Besteuerung günstiger fahren als verheiratete. Der Grund: Ehepaare müssen ihre beiden Einkommen zusammenzählen, und dieser Gesamtbetrag wird wegen der Progression zu einem höheren Satz versteuert, als dies bei zwei einzelnen Einkommen der Fall wäre.

Diese Benachteiligung ist seit etlicher Zeit ein grosses Thema in der politischen Steuerdiskussion. Einzelne Kantone haben bereits das sogenannte Splitting eingeführt: Dabei werden die beiden Einkommen zwar zusammengerechnet, aber zu einem tieferen Tarif versteuert. Es sind dies Aargau, Appenzell Innerrhoden, Basel-Land, Freiburg, Graubünden, Neuenburg, Nidwalden, Obwalden, St. Gallen, Schaffhausen, Schwyz, Thurgau, Uri und Waadt.

Auskunft zu den Steuervergünstigungen erhalten Sie bei der Gemeinde oder bei der kantonalen Steuerverwaltung. Auch die Wegleitungen zu den Steuererklärungen geben Hinweise. Im Internet hilft www.estv.ch weiter (mit Links zu allen kantonalen Steuerverwaltungen).

Verbilligung der Krankenkassenprämien

Wer in bescheidenen finanziellen Verhältnissen lebt, hat Anspruch darauf, dass der Staat einen Teil der Krankenkassenprämie für die Grundversicherung übernimmt. Diese «Prämienverbilligung» ist im Krankenversiche-

rungsgesetz festgelegt und war ursprünglich gedacht, um in erster Linie Familien mit Kindern zu entlasten; inzwischen erhält mehr als ein Drittel der Versicherten diese Prämienzuschüsse.
Die Verbilligungen sind kantonal geregelt. Ob Sie einen Anspruch geltend machen können, hängt unter anderem vom Einkommen, vom Vermögen und von der Kinderzahl ab.

Sandra, Stefan …

… und ihre einjährige Tochter wohnen in der Stadt Luzern. Der Kanton Luzern gewährt eine Verbilligung, wenn die Krankenkassenprämie 11,5 Prozent des massgebenden Einkommens übersteigt. Als massgebendes Einkommen gelten 100 Prozent des steuerbaren Einkommens plus 10 Prozent des steuerbaren Vermögens. Für Sandra und Stefan heisst das: Mit Wohnsitz in der Stadt Luzern gehören sie zur Prämienregion 1; sie bezahlen – für alle drei Familienmitglieder – eine durchschnittliche Krankenkassenprämie von 7176 Franken. Ihr massgebendes Einkommen beträgt 52 000 Franken, 11,5 Prozent davon sind 5980 Franken. Ihre durchschnittliche Prämie liegt 1196 Franken über diesem Grenzwert – somit erhalten Sandra und Stefan diesen Betrag als Prämienverbilligung vergütet.

Nicht nur die Grenzwerte sind von Kanton zu Kanton verschieden, auch die Ausrichtung ist unterschiedlich geregelt: Zum Teil wird der Beitrag bei den Prämien abgezogen, zum Teil mit den Steuern verrechnet, zum Teil direkt ausbezahlt.
Je nach Kanton müssen Anspruchsberechtigte einen Antrag auf Prämienverbilligung stellen, oder sie werden automatisch aufgrund der Steuerunterlagen ermittelt. Deshalb ist es am besten, wenn Sie selber aktiv werden.

HIER GIBTS MEHR INFOS

Wie sind die Einkommensgrenzen in meinem Kanton? Wie muss ich vorgehen? Auskünfte bekommen Sie bei Ihrer Gemeindeverwaltung, bei der kantonalen Ausgleichskasse oder bei der Krankenkasse.
Eine gute Übersicht über die Bestimmungen in den einzelnen Kantonen bietet der Internet-Vergleichsdienst www.comparis.ch (> Krankenkasse > Übersicht > Krankenversicherung von A bis Z).
Eine Liste der zuständigen kantonalen Stellen zur Prämienverbilligung finden Sie unter www.bag.admin.ch (> Themen > Krankenversicherung > Prämien).

8.3 Budget: Und plötzlich diese Übersicht

> **Doris Huber**

Warum ist am Ende des Geldes noch so viel Monat übrig? Wenn Ihnen dieser Seufzer immer mal wieder über die Lippen geht, kann ein Haushaltsbudget helfen.

Was für den grossen Staatshaushalt unverzichtbar ist, bringt auch im kleinen Privathaushalt grossen Nutzen: ein Budget. Es ist das beste Mittel, um herauszufinden, wie viel Einkommen man hat, wie viel man tatsächlich ausgibt und wie man beides miteinander in Einklang bringt. Der Moment der Familiengründung ist ein guter Anlass, um sich einen Überblick über die finanzielle Situation zu verschaffen.

Besonders wichtig ist ein Haushaltsbudget, wenn das Einkommen knapp ist. Denn damit lassen sich Sparmöglichkeiten erkennen. Und nicht zu vernachlässigen: Ein Budget wirkt auch klärend auf der Beziehungsebene. Viele Paare leiden darunter, dass es ständig Streit ums Geld gibt. Das bringt die Liebe in Gefahr. Deshalb dient ein gemeinsam erstelltes und ausdiskutiertes Budget auch der Beziehungspflege.

Finanzen im Griff

Ein Budget ist etwas Individuelles, bei dem es weder richtig noch falsch gibt. Entscheidend ist bloss, ob es gelingt, die Finanzen so im Griff zu haben, dass die Ausgaben nicht grösser sind als die Einnahmen. Auch das ultimativ richtige System gibt es nicht: Die einen führen verschiedene Konten, andere arbeiten mit Kuverts und unterschiedlichen Portemonnaies, wieder andere führen ein Haushaltsbuch. Welches System Sie wählen, ist egal – Hauptsache, Sie wenden es konsequent an.

Um zwei Grundsätze werden Sie allerdings nicht herumkommen, wenn Sie Ihr Budget ernst nehmen wollen:

- **Kein Geld ausgeben,** das noch nicht verdient ist.
- **Kein Geld ausgeben,** das via Rückstellungen für anderes reserviert ist.

Das Budget aufstellen

Ein Budget erstellen heisst zunächst, Einnahmen und Ausgaben auflisten. Beim ersten Mal braucht das etwas Geduld und Fleiss, insbesondere um die Ausgaben zusammen-

zutragen. Auf der Einnahmenseite gibt es in der Regel nicht viele Zahlen aufzulisten: Hier setzt man den Lohn ein, inklusive die Kinderzulage, wenn das Kind da ist (mehr dazu Seite 256).
Idealerweise können Sie das Budget im Ausgleich halten, ohne den 13. Monatslohn einsetzen zu müssen. Das gibt Spielraum für Unvorhergesehenes. Komfortabel ist zudem, wenn Sie auch die Kinderzulage auf die Seite legen können, wenigstens in der Familien-Startzeit. Eine solche Rückstellung ist beruhigend im Hinblick auf die Schulzeit, weil sich dann die Ausgaben merklich erhöhen.

Der Beobachter-Ratgeber «Mit Geld richtig umgehen. So haben Sie Ihre Finanzen im Griff» hilft weiter, wenn das Geld nicht reicht. Er enthält Spartipps und zeigt konkret, wie man ein Budget für den Alltag aufstellt.
(www.beobachter.ch/buchshop)

Die wichtigsten Posten

Die Budgetpositionen auf der Ausgabenseite lassen sich besser ordnen, wenn man sie unterteilt. Budgetberatung Schweiz arbeitet mit folgender Gliederung:

Feste Verpflichtungen:

> Wohnkosten inklusive Nebenkosten
> Energie (Strom, Gas)
> Kommunikation (Telefon, Handy, Internet, Radio, TV)
> Versicherungen (Krankenkasse, Hausrat-, Privathaftpflichtversicherung, evtl. 3. Säule)
> Steuern
> Mobilität (öffentlicher Verkehr, Velo, Auto)
> Verschiedenes wie Zeitungs- und Zeitschriftenabonnemente, Vereinsbeiträge, Weiterbildung, Musik, Sport, Kreditrückzahlungen

Haushaltungsgeld:

> Nahrung, Getränke
> Nebenkosten (Wasch- und Putzmittel, Drogerie, Körperpflege, tägliche Kleinigkeiten)
> Haustier

Persönliche Ausgaben:

> Kleider, Wäsche, Schuhe
> Auswärtige Verpflegung
> Coiffeur, Hobby, Taschengeld

Rückstellungen:

> Medizinische Kosten (Franchise, Selbstbehalt von Arztrechnungen, Zahnarzt, Optikerin)
> Geschenke, Spenden
> Ferien
> Sparen

Sich beraten lassen

Wer sich bei der Zusammenstellung eines Budgets beraten lassen möchte, kann das Angebot von Budgetberatung Schweiz nutzen

FRÜHZEITIG RAT SUCHEN

Wenn man mit den eigenen Finanzen nicht zurande kommt, ist nicht Scham, sondern Rat angesagt. Je früher man Hilfe in Anspruch nimmt, umso einfacher ist es, Lösungen zu finden, und umso geringer ist die Gefahr der Verschuldung. Budgetberatung Schweiz bietet eine Palette von Dienstleistungen an. Auf ihrer Homepage www.budgetberatung.ch finden Sie unter anderem:

> Erhebungsblatt für die persönliche Budgetkontrolle (Download)
> Formular zur jährlichen Ausgabenkontrolle (Download)
> Merkblätter, zum Beispiel für Konkubinatspaare
> Budgetbeispiele für Familien (ein, zwei oder drei Kinder)
> Richtlinien für Autokosten
> Adressen für eine individuelle Beratung in den Kantonen

Eine individuelle Beratung dauert zwischen ein und eineinhalb Stunden und kostet grob zwischen 40 und 150 Franken. In vielen Kantonen erfolgt die Honorierung nach einem Sozialtarif.

(siehe Kasten). Dazu müssen Sie nicht in einer speziellen Notlage sein; viele Leute – quer durch alle sozialen Schichten hindurch – machen davon Gebrauch, um ihre Finanzen einmal genauer unter die Lupe zu nehmen. Gehen Sie zu zweit hin, wenn Sie sich für Ihre künftige Familiensituation beraten lassen möchten.

Was ändert beim Familienstart?

So weit zur technischen Seite der Budgetaufstellung. Was müssen künftige Eltern nun aber speziell beachten? Wichtig ist, dass sie sich ausgiebig und partnerschaftlich überlegen, wie sie sich organisieren möchten, wenn das Kind da ist. Wer übernimmt wie viel Betreuungs- und Haushaltsarbeit? Werden beide erwerbstätig bleiben? In welchem Umfang? Um wie viel werden dadurch die Einkünfte reduziert?

Setzen Sie nicht nur auf ein Modell, sondern besprechen Sie verschiedene Szenarien – möglichst konkret. Denn das Leben, erst recht mit einem Kind, ist unwägbar. Was zudem nicht unterschätzt werden darf: Erst wenn das Kind da ist, entwickelt sich eine Beziehung zu ihm. Alles, was Vater und Mutter

sich dazu im Voraus überlegen, bleibt letztlich theoretisch.

Schon bevor Noemi …

… zur Welt kam, war für die Eltern Yvonne und Tom klar, dass sie beide weiter in ihren spannenden Jobs tätig sein würden, und zwar in grösserem Umfang. Ihr Plan: Tom bleibt zu 100 Prozent erwerbstätig, Yvonne reduziert auf 70 Prozent. Der Krippenplatz war schon organisiert, als Yvonne sich im Laufe des Mutterschaftsurlaubs je länger je weniger vorstellen konnte, Noemi fast vier Tage pro Woche wegzugeben. Sie organisierte sich schliesslich ein 40-Prozent-Pensum. Das brachte die Familien-Budgetplanung gehörig ins Wanken, vor allem wegen der teuren Wohnung und der hohen Leasingraten fürs Auto.

Varianten durchrechnen

Nützlich ist also durchzurechnen, mit welchem Einkommen Sie im Minimum noch zurechtkämen, ohne ins Minus zu rutschen. Es ist wichtiger, sich über die Arbeitsorganisation und das damit verbundene Einkommen Gedanken zu machen, als überstürzt eine neue Wohnung zu suchen. Denn ein Säugling braucht in den ersten Monaten kein eigenes Zimmer, keinen Spielplatz vor dem Haus und keinen gefahrlosen Weg zum Kindergarten. Das alles lässt sich noch genug früh organisieren, wenn die neue Lebenssituation mit dem Kind gefestigt ist.

Jeannine und Urs …

… verdienen zusammen 11 500 Franken pro Monat, den 13. nicht eingerechnet. Sie diskutieren hin und her, wie sie Erwerbs- und Familienarbeit aufteilen sollen, wenn ihr Kind in fünf Monaten da sein wird. Eigentlich würde Urs auch gern einen Tag zu Hause beim Kind und im Haushalt sein. Jeannine ist bis jetzt davon ausgegangen, dass sie voll auf den Beruf Hausfrau umsteigt. Zusammen rechnen sie durch, was die Varianten für ihr Budget bedeuten. Das Resultat ihrer Überlegungen ist in der Tabelle auf der nächsten Seite zu sehen.

DIE BUDGETVARIANTEN VON URS UND JEANNINE

(Alle Angaben in Schweizer Franken)

EINNAHMEN PRO MONAT	Jeannine 100 % Urs 100 % ohne Kind	Jeannine 40 % Urs 80 % 1 Kind	Jeannine – Urs 100 % 1 Kind
Einkommen Mann monatlich netto	6500	5200	6500
Einkommen Frau monatlich netto	5000	2000	
Anteil 13. Monatslohn	1000	650	560
Kinderzulage		170	170
Einnahmen total	**12500**	**8020**	**7230**

AUSGABEN PRO MONAT			
Feste Verpflichtungen			
Miete (inkl. Heizkosten)	1800	1800	1800
Energie (Elektrizität/Gas)	70	80	80
Telefon/2 Handys	120	120	120
Radio/Fernsehen/Internet (Konzession)	68	68	68
Steuern (kantonale Regelung)	1900	1000	880
Krankenkasse/Unfall (Grundversicherung)	580	650	650
Hausrat-/Privathaftpflichtversicherung	50	50	50
Fahrkosten (öffentlicher Verkehr)	120	120	120
2 Velos	20	20	20
Auto (ohne Amortisation)	670	580	580
Zeitschriften/Mitgliedschaften	50	50	50
Sport/Fitness	280	80	80
Krippe (1 Tag pro Woche)		430	
Total feste Verpflichtungen	**5728**	**5048**	**4498**

Berechnung von Budgetberatung Schweiz exklusiv für diesen Ratgeber

Variable Kosten			
Haushalt			
Nahrung/Getränke	700	830	850
Gäste/Alkohol	340	180	180
Nebenkosten	200	240	240
Windeln		100	100
Persönliche Auslagen			
Frau			
Kleider/Wäsche/Schuhe	250	140	120
Taschengeld (Coiffeur/Freizeit/Kultur)	350	200	150
Berufsbedingte auswärtige Verpflegung	220	90	
Mann			
Kleider/Wäsche/Schuhe	250	140	120
Taschengeld (Coiffeur/Freizeit/Kultur)	350	200	150
Berufsbedingte auswärtige Verpflegung	220	180	220
Säugling			
Kleider/Wäsche/Schuhe		50	50
Rückstellungen			
Franchise (minimal)/Arzt/Zahnarzt/Optiker	100	120	120
Geschenke/Spenden	120	80	70
Gemeinsame Freizeit		120	120
Unvorhergesehenes/Anschaffungen	200	150	140
Total variable Kosten	**3300**	**2820**	**2630**
Total feste Verpflichtungen	**5728**	**5048**	**4498**
Total variable Kosten	**3300**	**2820**	**2630**
Gesamtausgaben (ohne Ferien, Sparen)	**9028**	**7868**	**7128**
Reserve, zum Beispiel für Ferien, Sparen	**3472**	**152**	**102**

Erläuterungen zur Tabelle

Augenfällig ist zunächst die Differenz beim Restbetrag, der für Ferien und Sparen übrig bleibt: Mit lediglich 100 Franken pro Monat machen Jeannine und Urs keine grossen Sprünge mehr, auch wenn sie aufgrund der neuen Familiensituation nun deutlich tiefere Steuern zahlen. Die folgenden Ausgabenposten haben sie auf die neue Situation ausgerichtet:

> **Krankenkasse:** Hier kommt die Prämie für das Kind hinzu – 70 Franken.

> **Erhöht sind auch** die Haushaltausgaben (Essen, Nebenkosten), weil die Eltern häufiger zu Hause sein werden – und natürlich wegen der Windeln.

> **Fürs Auto** haben die beiden einen um 90 Franken reduzierten Betrag eingesetzt, da sie in absehbarer Zeit wohl kaum mehr so oft ins Wochenende fahren wie vorher.

> **Sparen** werden sie künftig bei den Ausgaben für Sport, Gäste und Kleider. Auch das persönliche Taschengeld ist reduziert – Jeannine und Urs werden nicht mehr allzu häufig im Ausgang sein. Dafür haben sie einen Betrag für gemeinsame Freizeit eingesetzt.

Dank diesem Budget erkennen Jeannine und Urs, dass beim traditionellen Modell – Urs arbeitet 100 Prozent, Jeannine ist zu Hause – der Mietzins nicht mehr zum Einkommen passt. Budgetberatung Schweiz empfiehlt generell, dass die Mietkosten nicht mehr als ein Viertel des monatlichen Einkommens betragen sollen. Das wären für Jeannine und Urs rund 1600 Franken. Da sie aber vorläufig in ihrer Wohnung bleiben möchten, müssen sie bei andern Ausgaben sparen.

Jeannine und Urs entscheiden sich schliesslich für die Variante 80/40. Und setzen diese auch gleich um: Sie eröffnen ein gemeinsames Konto, auf das künftig beide Löhne fliessen. Aus diesem Konto bestreiten sie alle gemeinsamen Ausgaben. Zusätzlich eröffnen sie ein gemeinsames Sparkonto, auf das sie die monatlichen Rückstellungen überweisen. Ihre eigenen bisherigen Konten führen sie weiter – dahin wird das Taschengeld überwiesen und hälftig der Rest, wenn Ende Jahr Geld übrig ist.

Bezüglich Kontenorganisation sind selbstverständlich verschiedene Modelle möglich – es können auch beide ihr Konto behalten und daraus anteilmässig die gemeinsamen Kosten bestreiten. Wichtig ist: Die Aufteilung darf nicht einseitig, sondern soll partnerschaftlich und angemessen sein. Und beide sollen ein eigenes Konto haben.

Sparmöglichkeiten ausschöpfen

Vielleicht wird beim Budgetieren klar, dass es ohne Sparen nicht geht. Hier ein paar Hinweise für Einsparmöglichkeiten:

> **Auto:** Hier lässt sich sehr wirksam sparen, denn es nimmt mit 600 bis 800 Franken pro Monat einen gewichtigen Platz bei den Ausgaben ein. Eine günstige Alternative ist, das Auto zu teilen (Mobility).
> **Krankenkasse:** Können Sie zu einer günstigeren Kasse wechseln, auf den Spitalzusatz halbprivat verzichten, eine HMO-Versicherung wählen oder den Unfallzusatz streichen (siehe auch Seite 278)? Die Franchise heraufzusetzen und so die Prämie zu senken lohnt sich dagegen nur, wenn Sie so gut wie nie zum Arzt müssen.
> **Ferien:** Eine Ferienwohnung ist wesentlich günstiger als ein Hotel und – nebenbei – auch viel praktischer mit kleinen Kindern. Ein reichhaltiges Ferienwohnungsangebot bietet zum Beispiel die Schweizer Reisekasse Reka (www.reka.ch). Auch die Schweizer Jugendherbergen haben ihr Angebot für Familien stark ausgeweitet (www.youthhostel.ch).
> **Handy:** Wählen Sie ein günstigeres Abonnement.
> **Kleider, Alltagsgegenstände:** Vermeiden Sie beim Kleidereinkauf Frustkäufe. Nutzen Sie für Alltagsgegenstände vermehrt auch andere Märkte: Börsen, Brockenhäuser, Internet, Flohmärkte, Ludotheken.

Setzen Sie bewusst Schwerpunkte beim Sparen. Wenn Sie durchgehen, was Sie problemlos streichen können, gibt Ihnen das mehr Spielraum für anderes, worauf Sie lieber nicht verzichten.

Spezialferienangebote für Familien mit kleinem Budget hat Kovive, das Hilfswerk für Kinder in Not. In begründeten Fällen prüft Kovive eine Teilfinanzierung der Erholungskosten der Kinder durch den Ferienhilfefonds (www.kovive.ch).

Stolpersteine beim Sparen

Kreditkarten können das Einhalten des Budgets erschweren. Langfristige Verträge ebenfalls – zum Beispiel für ein Leasingauto. An einen solchen Vertrag bleibt man während vier, fünf Jahren gebunden, ein vorzeitiger Ausstieg ist nur mit einer grossen finanziellen Einbusse möglich.

FAMILIENBUDGET OFFENLEGEN

Viele Eltern verzichten auf manches, um ihren Kindern keine Wünsche abschlagen zu müssen. Doch wenn Kinder immer nur erleben, wie der Automat Geld ausspuckt und ihnen alle Begehrlichkeiten erfüllt werden, darf man sich nicht wundern, wenn ihre Wünsche mit der Zeit überborden. Kinder sind von sich aus nicht masslos, im Gegenteil: Sie können sich innerhalb von klar gezogenen Grenzen sehr gut einrichten. Aber die Eltern müssen die Grenzen auch klar machen.
Beziehen Sie Ihr Kind deshalb schon früh in die Überlegungen zum Familienbudget ein. Zeigen Sie ihm, wie viel Sie verdienen und was der Lebensunterhalt der Familie kostet. Leben Sie ihm vor, dass auch Sie selber verzichten oder länger warten müssen, bis Sie sich einen Wunsch erfüllen können. Damit nehmen Sie Ihr Kind als Familienmitglied ernst, und Sie geben ihm die Chance, gemeinschaftlich mitzudenken und sich verantwortungsbewusst zu zeigen.

Schulden: den Stier bei den Hörnern packen

Immer wieder zeigen Studien, dass Haushalte mit Kindern ein grösseres Risiko haben, sich zu verschulden. Ein Grund sind die unterschätzten Auslagen für die Kinder. Eine weitere Ursache sind hohe Fixkosten, die Paare noch aus der kinderlosen Zeit haben – zum Beispiel für Lebensversicherungen, Leasingverträge, Konsumkredite. Da solche Verträge nicht ohne weiteres gekündigt werden können, lassen sich die daraus entstehenden Kosten nur bedingt senken.
Warten Sie nicht zu lange zu, wenn es finanziell prekär wird. Treten Sie rasch mit Ihren Gläubigern in Kontakt, suchen Sie zusammen mit ihnen Lösungsmöglichkeiten. Kleinkredite sind trügerische Lösungen – damit verschiebt man den Schuldenberg bloss. Oft beginnt sich die Schuldenspirale erst recht zu drehen.
Wenn Sie den Überblick über die offenen Rechnungen verlieren, sollten Sie eine Schuldenberatungsstelle aufsuchen. Wenden Sie sich unbedingt an eine seriöse Stelle; diese sind dem Dachverband Schuldenberatung Schweiz angeschlossen.

Die Adresse der Schuldenberatungsstelle in Ihrer Region finden Sie im Internet unter www.schulden.ch.

Vertrauen Sie sich auf keinen Fall einer privaten Schuldensanierungsfirma an. Diese Unternehmen versprechen nicht nur Unmögliches («Wir übernehmen Ihre Schulden»). Sie sind auch viel zu teuer.

Und wenn es trotzdem nicht reicht?

Wenn die finanzielle Not drückend wird und es hinten und vorne nicht reicht, um alle notwendigen Auslagen für den Lebensbedarf zu decken, ist es höchste Zeit, professionelle Beratung und Unterstützung in Anspruch zu nehmen.

Sie haben einen Anspruch auf Sozialhilfe, der in der schweizerischen Bundesverfassung und den kantonalen Sozialhilfegesetzen verankert ist. Allerdings ist die Sozialhilfe als eine Ergänzung zu verstehen. Bevor sie einspringt, müssen zuerst alle Möglichkeiten der Selbst- und Fremdhilfe ausgeschöpft sein - insbesondere müssen unter bestimmten Voraussetzungen auch Eltern ihren Kindern und umgekehrt aushelfen.

Es ist nicht einfach, sich die Hilflosigkeit in finanziellen Dingen einzugestehen. Dennoch sollten Sie nicht zögern, die Unterstützung von erfahrenen Fachpersonen in Anspruch zu nehmen. Je früher die professionelle Hilfe einsetzt, umso besser sind die Chancen, Lösungen zu finden, umso einfacher lässt sich eine momentane Finanznotlage überbrücken, bis Sie wieder auf eigenen Beinen stehen können. Professionelle Hilfe finden Sie beim Sozialamt Ihrer Wohngemeinde.

Der Ratgeber «Habe ich Anspruch auf Sozialhilfe? Rechte, Pflichten und Richtlinien» aus dem Beobachter-Buchverlag informiert über alles Wissenswerte zum Thema Sozialhilfe.
(www.beobachter.ch/buchshop)

8.4 Vorsorge für Eltern und Kind

> Doris Huber
und Katja Rauch

Bevor das neue Lebewesen kommt, müssen Eltern nicht nur ein Kinderbett herrichten und Windeln kaufen, sondern auch einen Versicherungscheck machen – damit sie ab dem ersten Schrei für alle Eventualitäten gerüstet sind.

Singles haben es einfach – sie brauchen nur für sich selbst zu sorgen. Sobald sie Eltern werden, ändert sich das: Mit der grösseren Verantwortung müssen sie vorsorglicher denken. Das Kind, das zur Welt kommen wird, braucht eine Krankenversicherung. Der Elternteil, der die Erwerbsarbeit reduziert oder einstellt – oft die Mutter –, muss die Unfallversicherung überprüfen. Und der Elternteil, der hauptsächlich das Geld nach Hause bringt – oft der Vater –, muss sich eingestehen, dass sein Tod nicht nur ihn selber treffen würde, sondern auch seine Familie.

Risiken absichern – aber gezielt

Es sind also etliche Versicherungsfragen zu prüfen. Ein zugegebenermassen eher komplexes Thema, in das sich die meisten lieber nicht vertiefen. Springen Sie über Ihren Schatten: Die nachfolgende, auf das Wesentliche reduzierte Zusammenstellung hilft Ihnen, sich rasch einen Überblick zu verschaffen und allfällige Lücken zu erkennen.

Beruhigend: Ein noch viel komplexeres Thema können Sie zum jetzigen Zeitpunkt gleich links liegen lassen – nämlich alle jene Versicherungsangebote mit Sparanteil, die langfristig aufs Alterssparen hin angelegt sind. Die Altersvorsorge hat für junge Familien mit kleinen Kindern und knappem Budget keine Priorität. Viele dieser Finanzprodukte sind

Wenn sich neues Leben ankündigt, meldet oft auch der Versicherungsberater seinen Besuch an. Nehmen Sie die Gelegenheit wahr, sich informieren zu lassen. Doch unterschreiben Sie nicht sofort. Vergleichen Sie das unterbreitete Angebot mit andern Produkten, holen Sie eine Zweitmeinung ein. Und vor allem: Unterschreiben Sie nichts, was Sie nicht verstehen!

zudem teuer und machen unflexibel. Junge Familien konzentrieren sich besser auf die Absicherung von existenzbedrohenden Risiken, also auf längeren Erwerbsausfall, Tod und Invalidität.
Zudem müssen die Prämien bezahlbar bleiben. Fachleute schätzen, dass die Ausgaben für Versicherungen bis zu 25 Prozent des Familienbudgets ausmachen. Es lohnt sich also, wenn Sie sich sorgfältig informieren und vor allem auch vergleichen.
Das komplizierte Thema Vorsorge für junge Familien lässt sich mit folgenden Fragen einfach portionieren: Welche Risiken bestehen? Welche Absicherung gibt es bereits? Wo tut sich eine Lücke auf? Wie stopft man diese? Was kostet das?

DIE WICHTIGSTEN RISIKEN

Folgende Risiken müssen junge Eltern prüfen:

- **Krankheit:** Wer deckt die Arzt-, Spital- und Pflegekosten?
- **Unfall:** Wer deckt die Heilungskosten?
- **Erwerbsausfall:** Wie kommen wir finanziell zurecht, wenn ein Lohn längere Zeit wegen Krankheit oder Unfall ausbleibt?
- **Invalidität:** Wer deckt den ausbleibenden Lohn bis zur Pensionierung?
- **Tod:** Was müssen wir vorkehren, damit der weiterlebende Familienteil nicht in finanzielle Not gerät?

Kind: neu geborenes Risiko

Was müssen die Eltern veranlassen, damit ihr Kind richtig abgesichert ist? Neben der Anmeldung bei der Krankenkasse und einem guten Schutz für den Fall der Invalidität gibt es einige Finessen zu beachten.

Risiko Krankheit

In der Schweiz ist die Krankenversicherung von Geburt an obligatorisch; Grundlage ist das Krankenversicherungsgesetz (KVG). Neugeborene müssen innerhalb von drei Monaten nach der Geburt bei einer Krankenkasse versichert werden, dann gilt der Versicherungsschutz vom Zeitpunkt der Geburt an. Auch später muss die Krankenkasse ein Kind in die Grundversicherung aufnehmen, doch gilt dann die Deckung erst ab Eintritt. Wenn Sie nichts verpassen möchten, können Sie Ihr Kind schon vor der Geburt anmelden – für Zusatzversicherungen ist dies sogar empfehlenswert (siehe Seite 275).
Für Kinder wird keine Franchise erhoben. Zwar können Sie freiwillig eine Franchise wählen, doch sparen Sie damit kaum. Denn mit kleineren Kindern muss man immer mal wieder zur Ärztin.
Es ist möglich, das Kind bei einer andern Kasse zu versichern als die Eltern. Da auch Kinderprämien unterschiedlich hoch sind, gibt es hier Sparpotenzial.

Jonas …

… ist soeben zur Welt gekommen. Seine Eltern wohnen in St. Gallen. Sie holen bei verschiedenen Krankenkassen Offerten für seine Grundversicherung ein. Die Angebote reichen von rund 50 bis 80 Franken (mit Unfalldeckung, ohne Franchise). Mit der Wahl eines günstigeren Angebots spart die Familie jährlich immerhin rund 300 Franken – ohne Leistungseinbusse.

Kinderprämien sind generell tiefer als jene der Erwachsenen – sie bewegen sich ungefähr zwischen 40 und 110 Franken pro Monat, je nach Region. Die Familienrabatte, die verschiedene Krankenkassen anbieten, betreffen nur die Zusatzversicherungen; in der Grundversicherung sind solche Rabatte nicht erlaubt.

Diese Vergleichsmöglichkeiten gibts im Internet:

Bundesamt für Gesundheit: www.praemien.admin.ch

Internetvergleichsdienst: www.comparis.ch

Vermögenszentrum: www.vzonline.ch (> Krankenkassen > Grundversicherung)

Zusatzversicherung – ja oder nein?

Anders als die Grundversicherung sind Zusatzversicherungen freiwillig. Je nach Wohnort macht der Spitalzusatz «allgemeine Abteilung ganze Schweiz» Sinn. Zwar sind Notfälle sowie medizinisch angeordnete Behandlungen in einem andern Kanton auch über die Grundversicherung gedeckt. Doch mit dem Zusatz können Sie sich unter Umständen längere Auseinandersetzungen ersparen. Einen solchen Zusatz bekommen Sie für rund zwei bis vier Franken pro Monat. Je nach Ihren Bedürfnissen wählen Sie vielleicht auch einen Zusatz für komplementärmedizinische Behandlungen. Unnötig ist der Spitalzusatz halbprivat oder privat. Nur wenn

Manchmal liefert die Krankenversicherung Zusätze unaufgefordert mit der ersten Police mit – als «Eintrittsgeschenk», weil diese Supplements zunächst gratis sind. Prüfen Sie genau, was Sie haben möchten und was nicht. Bei Zusätzen, die für eine erste Zeit gratis sind, sollten Sie sich den entsprechenden Kündigungstermin notieren, wenn Sie nicht wollen, dass sich die Deckung in einen kostenpflichtigen Zusatz umwandelt.

ZAHNVERSICHERUNG: FRÜH GENUG ABSCHLIESSEN

Eine Zahnpflegeversicherung ist wenig sinnvoll. Empfehlenswert hingegen ist eine Zusatzversicherung für Zahnstellungskorrekturen. Diese können sich schnell auf mehrere tausend Franken belaufen.
Wenn Sie das zahnlose Baby in Ihren Armen wiegen, scheint Ihnen dieses Thema sicher weit weg. Doch wenn Sie zu lange warten, laufen Sie Gefahr, dass die Versicherung Sie nicht mehr aufnimmt - dann nämlich, wenn sich bereits ein Korrekturbedarf abzeichnet. Denken Sie also in den ersten zwei, drei Lebensjahren daran, diese Zusatzversicherung abzuschliessen. Vergleichen Sie die Angebote und achten Sie dabei auf eine möglichst hohe Deckung. Gemeint ist damit eine hohe Kostenbeteiligung der Versicherung - zum Beispiel 75 Prozent - und ein hoher (10 000 Franken) oder gar unbeschränkter jährlicher Maximalbetrag. Zusatzversicherungen, die diese Voraussetzungen erfüllen, gibt es für rund zehn bis zwölf Franken pro Monat.

Eltern die freie Arztwahl wollen, brauchen sie dieses eher luxuriöse Supplement.
Wenn Sie eine Zusatzversicherung für Ihr Kind abschliessen möchten, sollten Sie dies schon vor der Geburt tun. Damit können Sie allfällige Vorbehalte umgehen. Allerdings akzeptieren nicht alle Krankenkassen eine vorgeburtliche Anmeldung.

Lücke mit Kostenfolgen

Die Spital- und Pflegekosten für das gesunde Neugeborene zahlt die Grundversicherung der Mutter. Liegt die Mutter privat oder halbprivat, heisst das nicht automatisch, dass ihre Krankenkasse auch die halbprivate oder private Unterbringung des Neugeborenen übernimmt. Einige Kassen ersetzen diese Kosten nur, wenn auch das Neugeborene bei ihnen versichert wird, andere Kassen überhaupt nicht.
Damit Sie nach der Geburt nicht von einer zusätzlichen Spitalrechnung überrascht werden, klären Sie frühzeitig ab, wie Ihre Krankenkasse das handhabt. Am besten lassen Sie sich die Zusage mit einer Kostengutsprache schriftlich bestätigen.
Kommt das Kind krank zur Welt oder wird es kurz nach der Geburt krank, muss die Krankenkasse des Kindes zahlen. Auch hier kann eine Lücke entstehen, wenn das Kind allgemein versichert ist, es aber zusammen mit der Mutter privat oder halbprivat liegt. Die Mehrkosten gehen wiederum zulasten der Eltern, ausser sie seien damit einverstanden, dass das Kind auf die allgemeine Abteilung des Spitals verlegt wird.

Risiko Unfall

Wenn Sie Ihr Kind bei der Krankenkasse anmelden, läuft die obligatorische Unfallversicherung gleich mit. So ist das Kind nach Krankenversicherungsgesetz (KVG) gegen Unfall versichert.

Risiko Invalidität

Ein Kind, das invalid wird, ist lediglich über die Invalidenversicherung (IV) abgedeckt. Diese Deckung ist bescheiden, während unter Umständen hohe Kosten für Pflege und Betreuung anfallen können oder Aufwendungen, um zum Beispiel die Wohnung rollstuhlgängig zu machen. Diese Lücke können Sie mit einer Zusatzversicherung füllen – entweder bei der Krankenkasse oder auch bei einem Privatversicherer.

Man spricht in diesem Zusammenhang oft von der UTI-Versicherung – Unfall, Tod, Invalidität. Gemeint ist damit eine Risikoversicherung, die im Invaliditätsfall eine vereinbarte Summe auszahlt (mehr dazu auf Seite 287).

Da Krankheit als Ursache von Invalidität viel häufiger ist als ein Unfall, sollte die Versicherung, wenn Sie sie abschliessen möchten, unbedingt auch die Krankheit einschliessen. Das ist zwar teurer, dafür verfügen Sie so über einen sinnvollen Schutz.

Risiko Tod

Der Tod eines Kindes ist für Eltern überaus schmerzhaft. Er bewirkt aber keine finanzielle Einbusse. Deshalb braucht man dieses Risiko nicht abzusichern. Aus der oben erwähnten UTI-Versicherung lässt es sich allerdings nicht heraustrennen. Achten Sie deshalb darauf, dass Sie ein hohes Invaliditätskapital und ein möglichst tiefes Todeskapital wählen. Beispiel: Kombiprodukte, bei denen im Todesfall 10 000 Franken und im Invaliditätsfall 100 000 Franken versichert sind, kosten rund zehn Franken pro Monat.

Für die Eltern: nicht zu viel und nicht zu wenig

Daniela und Jürg …

… leben seit zwei Jahren zusammen. Beide haben sie eine befriedigende Arbeit mit einem gesicherten Einkommen. Nun wünschen sie sich ein Kind. Für Jürg ist wichtig, dass er einen guten Kontakt zu seinem Kind aufbauen kann; deshalb möchte er sich an der Familienarbeit beteiligen. Daniela kann sich beides vorstellen: Einerseits würde sie gerne erwerbstätig bleiben, andererseits sind ihr ein paar Jahre Babypause auch nicht unsympathisch. Beide überlegen hin und her: Was ist der Vorteil, wenn wir beide erwerbstätig bleiben? Wie sind wir abgesichert, wenn jemand von uns die Arbeit aufgibt?

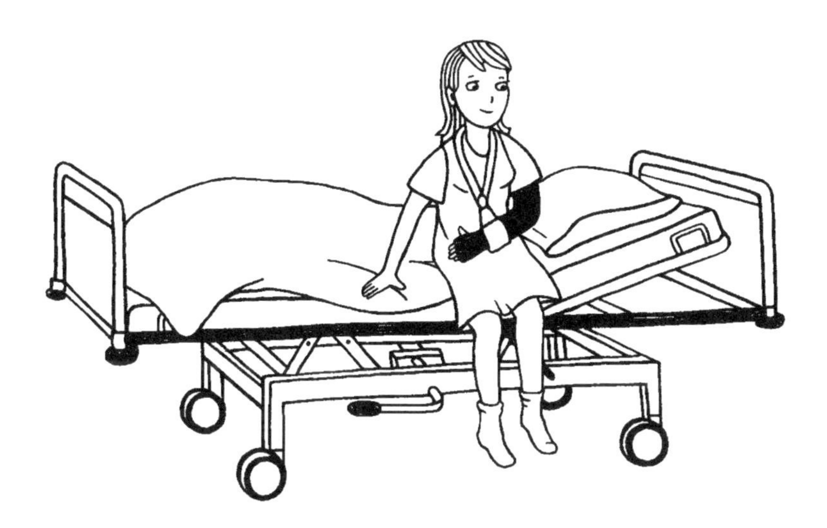

Welchen Schutz bietet das Heiraten? Was müssen wir vorkehren, wenn wir weiter im Konkubinat leben?

Vorteil für Arbeitnehmende …

Ein paar Informationen gleich vorweg: Etliche Absicherungen sind automatisch gegeben mit einem Mindestpensum Erwerbsarbeit. So sind alle Arbeitnehmenden, die mindestens acht Stunden pro Woche beim gleichen Arbeitgeber arbeiten, obligatorisch gegen Unfälle versichert, die sich am Arbeitsplatz oder in der Freizeit ereignen (Nichtberufsunfälle). Gesetzliche Grundlage dieses Obligatoriums ist das Unfallversicherungsgesetz (UVG). Die Leistungen nach UVG sind einiges besser als diejenigen nach Krankenversicherungsgesetz (KVG). So muss man bei der Unfallversicherung weder Franchise noch Selbstbehalt selber tragen. Zudem erbringt die Unfallversicherung je nach Situation weitere Leistungen.

Bei einem kleinen Arbeitspensum bis acht Stunden pro Woche ist man immerhin gegen Berufsunfälle versichert, zu denen auch Unfälle auf dem Arbeitsweg zählen. Bei wechselnden Arbeitseinsätzen (z.B. einmal drei Tage hintereinander, dann wieder eine Woche gar nicht) zählt der Durchschnitt.
Mit einem Jahreslohn von mindestens 19 980 Franken sind Arbeitnehmende zudem obligatorisch in der beruflichen Vorsorge versichert, also bei der Pensionskasse ihres Arbeitgebers. Damit können sie – abgesehen von den Leistungen im Alter – auch Leistungen bei einer Invalidität oder im Todesfall erwarten, die allerdings limitiert sind durch die Höhe des Einkommens.

… und für Verheiratete

Die Heirat ist ebenfalls eine besonders gute, weil einfache Form der Vorsorge – auch wenn das nicht besonders romantisch tönt. Mit dem Bund fürs Leben ist vor allem im Todesfall

für die Partnerin oder den Partner ohne weitere Vorkehrungen vorgesorgt. Denn sowohl die AHV wie auch die obligatorische Unfallversicherung zahlen Rentenleistungen grundsätzlich bloss an Witwen und Witwer (an letztere allerdings nur, solange die Kinder unter 18 sind). Bei den Pensionskassen kommt es drauf an: Fortschrittliche Kassen ermöglichen die Begünstigung von Konkubinatsleuten (mehr zum Thema Vorsorge im Konkubinat siehe Seite 284).
Was heisst das nun konkret für die fünf Risiken Krankheit, Unfall, Erwerbsausfall, Invalidität und Tod?

Risiko Krankheit

Mit der in der Schweiz obligatorischen Krankenversicherung (KVG) besteht für Mutter und Vater ein ausreichender Schutz: Alle notwendigen Behandlungen und Untersuchungen, die eine Ärztin oder ein Arzt vornimmt oder anordnet, sind bezahlt.

Über die Deckung in der Grundversicherung und die zahlreichen Zusatzversicherungsmöglichkeiten, ebenso über Sparmöglichkeiten in der Krankenversicherung informiert ausführlich der Beobachter-Ratgeber «Krankenkasse. Was Gesunde und Kranke wissen müssen».
(www.beobachter.ch/buchshop)

Risiko Unfall

Wenn Daniela und Jürg beide mit einem Mindestpensum von acht Wochenstunden erwerbstätig bleiben, ändert sich hier nichts. Würde jedoch einer von ihnen, zum Beispiel Daniela, die Arbeit völlig aufgeben, müsste sie eine erste Versicherungsmassnahme treffen – sie müsste sich wieder bei der Krankenkasse gegen Unfall versichern. Das kostet einen Prämienaufschlag von fünf bis zehn Prozent. Auch bei der Krankenkasse sind die Heilungskosten nach einem Unfall gedeckt, aber nicht mehr so grosszügig wie bei der Unfallversicherung nach UVG. Bei der Unfallversicherung nach KVG muss man wie bei Krankheit die Franchise und den Selbstbehalt an die Heilungskosten zahlen. Und Achtung: Auch wenn die Unfalldeckung obligatorisch ist, muss man diese Änderung selber in die Wege leiten.

Risiko längerer Erwerbsausfall

Wiederum gilt: Bleiben Daniela und Jürg erwerbstätig, verändert sich im Grunde genommen nichts. Da sie mit dem Kind aber mehr auf das gemeinsame (weil reduzierte) Einkommen angewiesen sind, lohnt sich ein Check des Risikos Erwerbsausfall.
Zu unterscheiden ist, ob der Lohnausfall durch Krankheit oder Unfall verursacht wird.

Können Daniela oder Jürg wegen eines Unfalls längere Zeit nicht arbeiten, erhalten sie als Berufstätige von der obligatorischen Unfallversicherung (nach UVG) bereits ab dem dritten Tag nach dem Unfall ein Taggeld. Dieses beträgt bei voller Arbeitsunfähigkeit 80 Prozent ihres Lohnes.
Bei Lohnausfall wegen Krankheit sieht es anders aus – übrigens ein Unterschied, der generell beachtet werden muss, denn anders als bei Unfällen ist bei Krankheit der Schutz löchrig. Dies obwohl Krankheiten rund achtmal häufiger zu längerem Lohnausfall, auch zu Invalidität oder gar Tod führen.
Wer längere Zeit krank ist und nicht arbeiten kann, erhält zunächst vom Arbeitgeber den Lohn weiterhin – jedoch nur für eine beschränkte Zeit, die abhängt von der Anstellungsdauer. Bei einem drei- bis vierjährigen Arbeitsverhältnis sind das nur zwischen zwei und drei Monate. Viele Arbeitgeber haben für ihre Angestellten aber eine kollektive Krankentaggeld-Versicherung abgeschlossen – das verbessert die Situation.
Was heisst das nun für Jürg und Daniela? Danielas Betrieb hat eine solche Krankentaggeld-Versicherung für die Angestellten. Wenn Daniela schwer krank würde, übernähme diese den Lohnausfall, allerdings nur zu 80 Prozent des Gehalts und für höchstens zwei Jahre. Damit, so rechnen die beiden aus, kämen sie zusammen mit dem Einkommen von Jürg durch.
Würde Jürg länger krank, sähe es anders aus, denn sein Arbeitgeber hat keine Kollektiv-Taggeldversicherung abgeschlossen. Jürg bekäme nur noch drei, vier Monate den Lohn, danach wäre die Firma zu keiner Lohnzahlung mehr verpflichtet und es würde sich ein finanzielles Loch öffnen.
Angesichts dieser Sachlage beschliessen die beiden: Sobald ein Kind unterwegs ist und sich ihr gemeinsames Einkommen reduziert, wird sich Jürg um eine private Taggeldversicherung kümmern.

Die kollektive Krankentaggeld-Versicherung gibt es zwar in vielen Betrieben, sie ist aber nicht obligatorisch. Prüfen Sie unbedingt, ob Sie durch Ihren Arbeitgeber einer solchen Taggeldversicherung angeschlossen sind. Und informieren Sie sich bei dieser Gelegenheit auch gleich darüber, welche Leistungen diese Versicherung konkret bietet, damit Sie wissen, was Sie in kranken Tagen erwarten können.

Eine private Taggeldversicherung abschliessen

Die Taggeldversicherung deckt den Lohnausfall, wenn man wegen Krankheit längere Zeit nicht arbeiten kann. Deswegen nennt man sie auch Lohn- oder Erwerbsausfallversicherung. Diese freiwillige Versicherung kann man im Rahmen der sozialen Krankenversicherung (KVG) oder nach Privatversicherungsrecht (VVG) abschliessen. Krankenkassen bieten beide Varianten an, Privatversicherungsgesellschaften lediglich jene nach VVG.

Der Vorteil beim Krankentaggeld nach KVG: Die Kassen müssen alle Interessierten unabhängig von ihrem Gesundheitszustand aufnehmen. Der Nachteil: Die versicherbaren Taggelder liegen sehr tief – bei gerade mal 10 bis 30 Franken pro Tag.

Bei der Variante nach VVG lassen sich höhere Taggelder versichern, die einen Lohnausfall wirklich decken können. Der Nachteil hier: Die Versicherungen können Antragsteller mit Gesundheitsproblemen ablehnen oder lebenslängliche Vorbehalte anbringen. Bereits bestehende Krankheiten sind gar nicht versicherbar.

Im Verhältnis zur geringen Tagesentschädigung sind KVG-Taggeldversicherungen zu teuer. Für eine wirkliche Absicherung wählen Sie besser eine Taggeldversicherung nach VVG. Doch auch das ist nicht günstig: Ein Taggeld von 200 Franken, das nach einer Wartefrist von 60 Tagen und während zweier Jahre ausbezahlt wird, kostet rund 80 bis 180 Franken pro Monat.

PRÜFEN UND VERGLEICHEN

Holen Sie für ein Krankentaggeld nach VVG Offerten von verschiedenen Anbietern ein. Die Prämienunterschiede sind markant. Prämien können Sie sparen, wenn Sie eine Wartefrist vereinbaren – zum Beispiel so, dass die Taggeldversicherung erst beginnt, wenn die Lohnfortzahlung des Arbeitgebers endet. Vielleicht können Sie einen weiteren Monat auch mit Erspartem überbrücken. Sparen lässt sich zudem, wenn man nur den unverzichtbaren Lohnbetrag versichert und den Unfall ausschliesst.

Taggelder für Familienfrauen und -männer

Und was wäre, wenn Daniela als nicht erwerbstätige Hausfrau und Mutter infolge einer Krankheit länger ausfallen würde? Ein Szenario: Daniela bekommt massive Rückenprobleme und darf einige Monate lang nichts mehr tragen – weder das Baby noch die Wäsche. Jürg ist für seine Arbeit viel unterwegs; Danielas Eltern wohnen weit weg, Jürgs Eltern sind schon zu alt, um genügend aushelfen zu können. Daniela braucht also Unterstützung bei der Betreuung des Kindes und auch im Haushalt. Doch wie verkraften sie diesen zusätzlichen Ausgabenposten?

Bei Familienfrauen oder Familienmännern hängt die Absicherung von den jeweiligen Umständen ab. Sind sie länger krank, ist damit zwar kein Lohnausfall verbunden. Doch wenn bei einem längeren Ausfall die Unter-

ANGEBOTE FÜR NICHTERWERBSTÄTIGE

Auch Personen, die nicht erwerbstätig sind, können ein Taggeld versichern – einige Versicherer haben spezielle Angebote. Achten Sie beim Vergleichen darauf, dass die Versicherung das Taggeld tatsächlich auch ohne Lohnausfall zahlt und dass sie den Arbeitsausfall sowohl bei Krankheit wie bei Unfall deckt. Die Kosten: Eine Versicherung für ein Taggeld von 50 Franken, ausbezahlt nach einer Wartefrist von 30 Tagen und für zwei Jahre, kostet zwischen 50 und 80 Franken pro Monat. Etliche Versicherungen zahlen dieses Taggeld höchstens ein Jahr lang. Dann sind immerhin auch die Prämien deutlich tiefer, nämlich zwischen 20 und 40 Franken.

stützung von Verwandten oder Nachbarn nicht ausreicht, muss die Familie für den Haushalt und die Betreuung des Kleinkindes eine fremde Hilfe engagieren. Wenn es im Familienbudget für eine solche Zusatzausgabe keinen Platz hat, kann man sich dafür ebenfalls mit einer Taggeldversicherung absichern (siehe oben stehenden Kasten).

Risiko Invalidität

Daniela und Jürg überlegen weiter: Wird einer von ihnen invalid, bekommt er bzw. sie zunächst eine Rente von der Invalidenversicherung (IV). Die Höhe der Rente ist abhängig vom Grad der Invalidität, von der lückenlosen Beitragsdauer und dem durchschnittlichen Einkommen; sie beträgt zurzeit höchstens 2210 Franken für eine ganze IV-Rente. Renten gibt es ab einem Invaliditätsgrad von 40 Prozent (Viertelsrente). Hinzu kommt eine Kinderrente, welche die IV für jedes Kind bezahlt, bis es 18 Jahre alt ist. Steht das Kind dann noch in Ausbildung, gibt es die Kinderrente bis längstens zum 25. Altersjahr. Die Kinderrente macht 40 Prozent der Hauptrente aus.

Erneut bedeutet die Erwerbstätigkeit eine bessere Absicherung: Im Invaliditätsfall gibt es auch von der Pensionskasse eine Invalidenrente, basierend auf dem Invaliditätsgrad, den die IV ermittelt hat. Als Ergänzung kommen auch hier Kinderrenten hinzu. Die Rentenhöhen hängen vorab von den jeweiligen Pensionskassenlösungen ab.

Nutzen Sie diese Gelegenheit, um Ihren Pensionskassenausweis und auch das Reglement Ihrer Pensionskasse einmal genau zu lesen.

Ist ein Unfall die Ursache für die Invalidität, richtet auch die obligatorische Unfallversicherung eine Rente aus. Bei einem Invaliditätsgrad von 100 Prozent beträgt diese 80 Prozent des versicherten Verdienstes. Die

LUXUSLÖSUNG: ERWERBSUNFÄHIGKEITSRENTE

Die finanzielle Absicherung bei Krankheit ist - wie bereits erwähnt - einiges schlechter als bei Unfall. Das kann bedeuten, dass Sie zu wenig Rente aus den Sozialversicherungen IV und Pensionskasse bekommen, wenn Sie wegen einer Krankheit invalid werden. Für diese Lücke gibt es private Invaliditätsrenten, auch Erwerbsunfähigkeitsrenten genannt. Sie lassen sich im Rahmen der Säule 3a oder 3b abschliessen. Eine kostspielige Lösung: Für eine konstante Jahresrente von 24 000 Franken, ausbezahlt bis 65, zahlt ein 35-jähriger Nichtraucher zwischen rund 900 und 1800 Franken jährlich (Wartefrist: 24 Monate).
Und Achtung: Die Versicherungen behalten sich zum Teil vor, trotz Invalidität nicht zu zahlen - zum Beispiel bei Alkohol- oder anderer Drogensucht, bei Selbsttötungsversuch. Überprüfen Sie dazu die allgemeinen Versicherungsbedingungen. Für den Abschluss einer solchen Versicherung sollten Sie sich beraten lassen und verschiedene Offerten einholen. Vergleichen Sie dazu auch die Hinweise zur Risikoversicherung auf Seite 287.

UVG-Rente wird allerdings als sogenannte Komplementärrente zur IV-Rente ausgerichtet, das heisst: Bei voller Invalidität stockt die Unfallversicherung die IV-Rente auf 90 Prozent des versicherten Lohnes auf. Das bedeutet weiter, dass die Pensionskasse, die grundsätzlich auch eine Invalidenrente ausrichtet, oft gar nicht mehr zahlt.
Und wie sähe es aus, wenn Daniela als Hausfrau oder Jürg als Hausmann invalid würde? Schlecht - um die Antwort gleich vorweg zu nehmen. Zwar sind bei der IV alle versichert und können grundsätzlich eine Rente erwarten. Doch weil die IV bei der Berechnung der Rente von der Einkommenseinbusse ausgeht und Hausfrauen und -männer kein Einkommen erzielen, ermittelt sie den Grad der Invalidität anders: Sie prüft, wie weit die Einschränkungen in der Haushaltführung gehen - wie sich diese etwa auf das Kochen, Einkaufen, Putzen, Kinderbetreuen auswirken. Aufgrund dieser Prüfung berechnet sie den Invaliditätsgrad. Die Erfahrung zeigt, dass auch bei erheblichen gesundheitlichen Be-

Detaillierte Informationen zum Thema Invalidität und viele Beispiele aus der Praxis enthält der Beobachter-Ratgeber «Invalidität. Alles über Renten, Rechte und Versicherungen».
(www.beobachter.ch/buchshop)

einträchtigungen oft nur tiefe Invaliditätsgrade festgelegt werden – was zur Folge hat, dass gar kein Rentenanspruch mehr besteht, weil der Invaliditätsgrad unter 40 Prozent liegt. Damit entfällt auch die Kinderrente, die aufgrund der Basisrente ausgerichtet wird.
Einkommenslücken im Invaliditätsfall lassen sich zum Beispiel mit einer Erwerbsunfähigkeitsrente (siehe Kasten) oder einer Risikoversicherung – genauer: Invaliditätskapital-Versicherung – abdecken (siehe Seite 287). Beides sind kostspielige Lösungen.

Risiko Tod

Während es bei den oben beschriebenen Risiken keine Rolle spielt, ob die Eltern verheiratet sind oder nicht, ist das beim Todesfall anders: Hier haben Daniela und Jürg klare Vorteile, wenn sie sich auf dem Standesamt das Ja-Wort geben.
Stirbt Jürg, zahlt die AHV Daniela eine Witwenrente in der Höhe von 80 Prozent der voraussichtlichen Altersrente von Jürg. Ausserdem bekommt jedes Kind eine Rente, bis es 18 ist respektive 25, wenn seine Ausbildung länger dauert. Eine solche Waisenrente beträgt 40 Prozent der Altersrente. Bleibt die Ehe kinderlos, erhält Daniela die Rente nur, wenn sie beim Tod ihres Mannes älter ist als 45 Jahre und wenn sie mindestens fünf Jahre verheiratet waren.
Wenn Daniela stirbt, bekommt Jürg als Witwer eine Rente (basierend auf Danielas Rentenanspruch), bis die Kinder 18 Jahre alt sind. Danach hat er keinen Rentenanspruch mehr – im Unterschied zu Daniela, die auch danach weiterhin eine Witwenrente bekäme. Und für Witwer gilt: keine Kinder, keine Rente.
Die berufliche Vorsorge behandelt Witwer und Witwen gleich: Sie haben Anspruch auf eine Rente, wenn sie für Kinder sorgen müssen oder wenn sie 45 Jahre alt sind und die

Pensionskassen können auch grosszügigere Lösungen vorsehen – schauen Sie im Reglement nach. Die konkreten Beträge finden Sie in Ihrem Vorsorgeausweis.

Ehe mindestens fünf Jahre gedauert hat. Erfüllen Witwen und Witwer die Voraussetzungen für eine Rente nicht, werden ihnen drei Jahresrenten als Abfindung ausgezahlt. Auch die Kinder erhalten eine Rente; dies bis zum 18. Altersjahr oder bis zum Abschluss der Ausbildung, längstens bis 25.

Ist der Tod die Folge eines Unfalls, richtet auch die obligatorische Unfallversicherung (UVG) der Witwe eine Hinterlassenenrente aus, wenn Kinder da sind oder sie über 45 Jahre alt ist. Erfüllt sie diese Voraussetzungen nicht, gibt es eine Abfindung von einer bis fünf Jahresrenten. Als Witwer hätte Jürg nur Anspruch auf Rente, wenn er mit rentenberechtigten Kindern im gleichen Haushalt lebt. Die Kinder sind bis zum 18. Geburtstag rentenberechtigt – oder, falls sie in Ausbildung sind, bis 25.

Die Witwer- bzw. Witwenrente hängt vom versicherten Verdienst des Verstorbenen ab; sie beträgt 40 Prozent davon. Die Rente von Halbwaisen beträgt 15 Prozent des versicherten Verdienstes.

Zu den verschiedenen Rentenleistungen kommt im Todesfall das Geld aus der Erbschaft. Details finden Sie im Kapitel «Was Sie über das Erbrecht wissen müssen» (Seite 108).

Die Besonderheiten im Konkubinat

Im Konkubinat ist es besonders wichtig, den Partner, die Partnerin mit einem finanziellen Auffangnetz zu sichern. Denn per Gesetz ist hier für den Todesfall kaum etwas vorgesehen. Besonders Paare, bei denen der eine die Erwerbstätigkeit ganz aufgibt, tun gut daran, ein paar Regelungen zu treffen.

Was in einen Konkubinatsvertrag gehört, steht in Kapitel 1 (Seite 22). Jetzt braucht es eine wichtige Ergänzung, falls nicht bereits vorhanden: Wenn einer von Ihnen in gemeinsamer Absprache die Erwerbstätigkeit reduziert oder ganz aufgibt, um sich um die Kinder und den Haushalt zu kümmern, sollten Sie regeln, wie sie bzw. er im Trennungsfall am Vermögenszuwachs beteiligt wird.

AHV und Unfallversicherung

Wenn Daniela und Jürg nach der Geburt des Kindes weiter ohne Trauschein zusammenleben, verzichten sie im Todesfall auf die Rentenleistungen der AHV und der obligatorischen Unfallversicherung. Die beiden Vorsorgeeinrichtungen zahlen nur die Waisenrenten aus.

Auch ohne Leistungen im Todesfall sind bei der AHV zwei Punkte zu erwarten:

> **Wer die Erwerbstätigkeit aufgibt,** muss Beiträge als Nichterwerbstätiger zahlen. Sie müssen dies von sich aus einleiten. Tun Sie es unbedingt, sonst entstehen

Beitragslücken, die zu Kürzungen bei der Alters- und Invalidenrente führen.

> **Sobald ein Kind da ist,** gibts für die Eltern Erziehungsgutschriften. Diese werden dem AHV-Konto als Einkommen gutgeschrieben - bei gemeinsamem Sorgerecht je hälftig. Nehmen Sie Kontakt auf mit der zuständigen Ausgleichskasse und lassen Sie diese Erziehungsgutschriften voll auf das Konto des nicht erwerbstätigen Partners buchen.

Unterstützte eine durch Unfall verstorbene Person ihren Lebensgefährten massgeblich, so muss der Unfallverursacher respektive dessen Haftpflichtversicherung unter Umständen den Wegfall dieser Unterstützung finanziell ausgleichen (Versorgerschaden, siehe Beispiel Seite 27). Eine Beratung durch eine Anwältin ist in diesem Fall angezeigt.

Unter www.ahv.ch finden Sie alle wichtigen Informationen zur AHV. Die zuständige Ausgleichskasse ist die letzte, die auf Ihrem AHV-Ausweis aufgeführt ist. Die Adresse finden Sie auf der Website oder zuhinterst im Telefonbuch.

Bestimmungen der Pensionskasse prüfen

Bei der Pensionskasse sind Konkubinatsleute von Gesetzes wegen nicht mehr so stark benachteiligt wie früher. Voraussetzung ist aber, dass die Pensionskasse ein entsprechend fortschrittliches Reglement hat. Ist das der Fall, können Frauen ihren Lebensgefährten und Männer ihre Lebenspartnerin begünstigen, wenn sie seit mindestens fünf Jahren zusammenleben oder wenn der überlebende Partner für den Unterhalt eines gemeinsamen Kindes aufkommen muss. Dabei spielt es keine Rolle mehr, ob eine Seite die andere wirtschaftlich unterstützt oder nicht. Je nach Kasse wird im Todesfall eine Rente oder ein Todesfallkapital ausbezahlt.

Klären Sie anhand des Reglements ab, ob und wie Ihre Pensionskasse und jene Ihrer Partnerin Konkubinatspartner begünstigt. Wenn die Kasse Leistungen vorsieht, erkundigen Sie sich, unter welchen Bedingungen diese erbracht werden und welche Unterlagen Sie einreichen müssen, damit die Pensionskasse die Begünstigung vermerkt.

Übrigens: Falls Sie momentan ein Freizügigkeitskonto oder eine Freizügigkeitspolice besitzen (etwa als Selbständigerwerbender oder weil Sie arbeitslos sind), reichen Sie bei der Bank oder Versicherung eine Begünstigungserklärung ein, damit Ihr Konkubinatspartner zum Zug kommt. Zwar sind gemäss Gesetz in erster Linie hinterlassene Ehegatten und unmündige oder in Ausbildung stehende Kinder bis 25 Jahre die Begünstigten. Doch Sie können die Begünstigung zulasten der allfälligen Witwe, des Witwers oder der Waisen auf den Lebenspartner ausdehnen – unter der Bedingung, dass Sie diesen massgeblich unterstützen oder dass die Lebensgemeinschaft mindestens fünf Jahre gedauert hat oder dass der überlebende Partner für den Unterhalt eines gemeinsamen Kindes aufkommen muss.

Testament oder Erbvertrag

Egal, wie gross die Liebe war: Konkubinatspartner erben von Gesetzes wegen nichts, wenn der Gefährte stirbt. Bleiben Jürg und Daniela ohne Trauschein, sollten sie daher per Testament oder Erbvertrag den jeweils anderen als Erben bezüglich der verfügbaren Quote einsetzen (mehr dazu auf Seite 109). Ist das Kind bereits da, kann es testamentarisch auf den Pflichtteil gesetzt werden.

Wenn keine Nachkommen vorhanden sind, sind die eigenen Eltern pflichtteilsgeschützt, nicht jedoch Geschwister und weitere Verwandte. Mit einem Testament oder Erbvertrag können Jürg und Daniela ihre Eltern auf den Pflichtteil setzen und Geschwister und weitere Verwandten von der Erbfolge ausschliessen. Den Rest können sie einander gegenseitig zuweisen.

Wollen Sie Ihren Lebenspartner zum Alleinerben bestimmen, können Sie versuchen, die Pflichtteilserben wie Eltern und erwachsene Kinder – bei unmündigen geht das nicht – zu einem Erbverzichtsvertrag zu bewegen.

Absicherung im Rahmen der 3. Säule

Jürg und Daniela haben das Reglement ihrer Pensionskassen geprüft und sich erkundigt: Beide Einrichtungen sind noch nicht so weit, dass auch Lebenspartnerinnen und Lebenspartner begünstigt werden. Und bei der Säule 3a sind Konkubinatspartner, die nicht (mehr) verheiratet sind, zusammen mit allfälligen Kindern nur begünstigt, wenn sie entweder massgeblich unterstützt wurden oder wenn die Lebensgemeinschaft mindestens fünf Jahre gedauert hat oder der überlebende Partner für den Unterhalt eines gemeinsamen Kindes aufkommen muss.

Daniela und Jürg erfüllen diese Kriterien noch nicht. Weil sie aber beide noch nie verheiratet waren und noch keine Kinder haben, können sie einander das gesamte Säule-3a-Guthaben trotzdem vermachen. Dafür muss

jeder den anderen in seinem Testament als Erben einsetzen und zudem der Vorsorgeeinrichtung gegenüber erklären, dass der Partner bzw. die Partnerin im Todesfall das gesamte Guthaben erhalten soll.
Da Daniela und Jürg noch jung sind, konnten sie noch nicht viel in ihrer Säule 3a ansparen. Sie kommen deshalb zum Schluss: Die besten Optionen zurzeit wären Heiraten oder eine reine Todesfallrisiko-Versicherung im Rahmen der Säule 3b, denn hier ist die begünstigte Person und die benötigte Versicherungssumme frei bestimmbar (mehr dazu auf Seite 288).

Trennt sich ein unverheiratetes Paar, so lösen sich Begünstigungen bei Bank, Versicherern, Pensionskassen nicht einfach in Luft auf. Dazu braucht es wiederum eine schriftliche Mitteilung.

Nach all diesen Überlegungen ist für Daniela und Jürg klar: Falls Daniela tatsächlich eine längere Babypause einlegen wollte, würden sie auf jeden Fall heiraten. Doch steht bei ihnen inzwischen eine andere Aufteilung im Vordergrund, denn Jürg ist es ernst damit, als Vater präsent zu sein. Er möchte seine Erwerbsarbeit auf 80 Prozent reduzieren - erste Vorgespräche hat er mit seiner Chefin schon geführt und ist auf offene Ohren gestossen. Daniela ihrerseits kann sich vorstellen, mit einem Pensum von 40 bis 50 Prozent weiterzuarbeiten. Mit dieser Aufteilung wollen Daniela und Jürg mit dem Heiraten noch zuwarten. Nur eines beunruhigt sie: das Risiko eines frühzeitigen Todes. Für diesen Fall fassen sie eine Versicherungslösung ins Auge.

Risikoversicherung für Tod und Invalidität

Das schweizerische Sozialversicherungsnetz ist recht tragfähig. Doch in bestimmten Fällen können empfindliche Lücke entstehen. Ein Beispiel: Der erwerbstätige Familienvater stirbt oder wird invalid, die hohe Hypothekarschuld für das Eigenheim sprengt das geschrumpfte Familienbudget.
Für solche Risiken gibt es unter dem Begriff «Lebensversicherung» zahlreiche Absicherungsmöglichkeiten im Rahmen der privaten Vorsorge (Säule 3a und 3b). Die Vielfalt ist enorm - man kann zwischen Kapitalauszahlung oder Rente wählen, zwischen konstanten oder abnehmenden Versicherungssummen, fixen oder rollenden Prämien und so weiter.

Detaillierte Informationen zu Lebensversicherungen bietet der Beobachter-Ratgeber «Richtig vorsorgen. Finanziell gesichert in die Pensionierung». (www.beobachter.ch/buchshop)

Wenn junge Eltern neben allen andern Verpflichtungen überhaupt noch finanzielle Kapazität haben, können sie sich hier eine weitere Absicherung überlegen. Im Vordergrund steht die Risikoversicherung bei Tod oder Invalidität. Sie zahlt eine vereinbarte Summe – zum Beispiel 200 000 Franken – bar aus, wenn der Familienvater oder die Familienmutter stirbt oder invalid wird. Doch eine solche Versicherung hat ihren Preis: Ein 35-jähriger Mann, Nichtraucher, zahlt für eine konstante Todesfallsumme von 200 000 Franken bei einer Laufzeit von 20 Jahren je nach Versicherung zwischen etwa 600 und 1200 Franken pro Jahr.
Hier ein paar Hinweise, worauf Sie beim Abschluss einer solchen Versicherung achten sollten:

> **Es gilt** der allgemeine Grundsatz: Versichern bei der Versicherung, sparen bei der Bank. Beschränken Sie sich auf die reine Risikoversicherung ohne zusätzliche Kapitalbildung. Das ermöglicht Ihnen auch eine alljährliche Kündigung.
> **Achten Sie darauf,** dass insbesondere die Krankheit als Ursache für den Tod oder die Invalidität gedeckt ist. Bei Unfall erhalten Sie aus der obligatorischen Unfallversicherung ja ohnehin höhere Leistungen.
> **Achten Sie** auf die Prämienbefreiung bei Erwerbsunfähigkeit.
> **Die Prämienunterschiede** sind markant; holen Sie deshalb verschiedene Offerten ein und lassen Sie sich gegebenenfalls beraten. Übrigens: Gewisse Versicherungen haben für Nichtraucher tiefere Tarife.
> **Günstiger ist** auch eine Police mit abnehmender Todesfallsumme, und zwar rund 30 bis 40 Prozent. Das macht Sinn, wenn zugleich das Risiko abnimmt – weil zum Beispiel die Hypothek laufend amortisiert wird oder die Kinder älter werden.

Solche Risikoversicherungen können Sie sowohl bei der Krankenkasse wie bei Privatversicherungsgesellschaften abschliessen. Sie müssen dafür einen Gesundheitsfragebogen ausfüllen. Erledigen Sie das peinlich genau, denn bei falschen oder fehlenden Angaben kann die Versicherung die Leistung verweigern.

Bei einer Todesfallrisiko-Versicherung im Rahmen der Säule 3b können Sie frei bestimmen, wen Sie begünstigen wollen, und diese Begünstigung auch jederzeit abändern. So können sich insbesondere unverheiratete Paare absichern.

Selbständigerwerbend: massgeschneiderter Schutz

Selbständigerwerbende müssen sich besonders sorgfältig um den Versicherungsschutz für sich und ihre Familie kümmern. Denn viele Versicherungen, in deren Genuss Angestellte automatisch kommen, fallen für sie weg:

> **AHV:** Sie müssen Beiträge als Selbständiger zahlen. Befolgen Sie diese Pflicht minutiös. Es entstehen sonst Lücken, die sich empfindlich auf Renten auswirken.
> **Pensionskasse:** Sie können sich einer Kasse anschliessen, sind dazu aber nicht verpflichtet. Der Vorteil eines Beitritts (neben dem Alterssparen): Er bringt einen Risikoschutz bei Tod und Invalidität. Sie können sich für diese Risiken aber auch anders versichern lassen – werden Sie aktiv, sobald Sie eine Familie abzusichern haben. Detailinformationen zu Risikoversicherungen finden Sie auf Seite 278.
> **Unfallversicherung:** Selbständigerwerbende sind der obligatorischen Unfallversicherung (UVG) nicht automatisch unterstellt, sie können sich aber freiwillig versichern. Dann erhalten sie dieselben Leistungen wie Angestellte. Es lohnt sich allerdings zu prüfen, ob der Deckungsumfang gemäss UVG für Sie sinnvoll ist oder ob Sie mit einer massgeschneiderten privaten Lösung besser fahren.
> **Säule 3a:** Bei einer Vorsorge über die Säule 3a können Sie sich Ihren Versicherungsschutz massschneidern – prüfen Sie diese Variante. Erwerbsunfähigkeitsrenten, Todesfallrisiko- und/oder Taggeld-Versicherungen lassen sich alle im Rahmen der Säule 3a abschliessen. Gleichzeitig profitieren Sie von steuerlichen Vorteilen.

Eine Beratung bezüglich der Versicherungssituation ist für Selbständigerwerbende in der Familiengründungsphase zu empfehlen. Lassen Sie sich aber durch die Fülle des Angebots nicht blenden: Picken Sie das heraus, was Sie wirklich brauchen, und vermeiden Sie eine Überversicherung.

Weitere Informationen zur Vorsorge für Selbständigerwerbende finden Sie in den Beobachter-Ratgebern «Ich mache mich selbständig. Von der Geschäftsidee zur erfolgreichen Firmengründung» und «Richtig vorsorgen. Finanziell gesichert in die Pensionierung».
(www.beobachter.ch/buchshop)

Links und Adressen

Familienzulagen, Steuern

www.ausgleichskasse.ch
Links zu den kantonalen Ausgleichskassen

www.bsv.admin.ch
(> Familien- und Jugendfragen > Grundlagen > Familienzulagen/Themenübersicht)
Seiten des Bundesamtes für Sozialversicherung mit Tabellen mit aktuellen Zahlen (auch kantonale Regelungen), detaillierten Informationen zu Familienzulagen, Bedarfsleistungen und Antworten auf häufige Fragen

www.estv.ch
Links zu allen kantonalen Steuerverwaltungen

Krankenkassenprämien

www.bag.admin.ch
(> Themen > Krankenversicherung > Prämien)
Hier finden Sie eine Liste der zuständigen kantonalen Stellen zur Prämienverbilligung.

www.praemien.admin.ch
Übersicht über die aktuellen Prämien aller Versicherer – Sie können Ihre persönliche Prämie berechnen und vergleichen.

www.comparis.ch
Verschiedene Prämienvergleichsmöglichkeiten; unter dem Link Krankenkasse (> Krankenversicherung von A bis Z) finden Sie Wissenswertes zur Krankenversicherung

www.vzonline.ch
(> Krankenkassen > Grundversicherung)

Budget

www.budgetberatung.ch
Budgetberatung Schweiz (ASB)
Hashubelweg 7
5014 Gretzenbach
Tel. 062 849 42 45
Hier können Sie ein Erhebungsblatt für Ihr persönliches Budget herunterladen.

www.schulden.ch
Infos, Tipps und die Adressen von Schuldenberatungsstellen in allen Kantonen

Preisgünstige Familienferien

www.kovive.ch

Das Schweizer Hilfswerk für Kinder in Not setzt sich dafür ein, dass Kinder und Familien mit kleinem Budget sich vom Alltag erholen können.

www.reka.ch

Über 3000 familienfreundliche und preisgünstige Ferienwohnungen in der Schweiz und im Ausland

www.youthhostel.ch

Angebote der Schweizer Jugendherbergen für Familien

Vorsorgen

www.ahv.ch

Alle wichtigen Infos zur AHV, Merkblätter zum Herunterladen

www.bvg.ch

Informatives Portal rund um die berufliche Vorsorge in der Schweiz

9. Vom Baby zum Kleinkind – die ersten zwei Lebensjahre

Ihr Baby entwickelt sich in rasantem Tempo – Sie sind mit ersten Erziehungsfragen oder gar -konflikten konfrontiert. Ob klassische Familie, Konkubinat oder Patchwork-Gefüge: Das spielt für das Wohlergehen Ihres Kleinen keine Rolle, für Sie als Eltern hingegen schon.

9.1 Die Entwicklung vom Baby zum Kleinkind

> **Sarah Renold**

Niemals später wird sich Ihr Kind so viel aneignen wie in den ersten zwei Lebensjahren. Motorik, Sprache und Sozialverhalten erlernt es spielerisch durch hundertfache Wiederholung. Und mit einem gesunden Urvertrauen wird es sich optimal entwickeln.

Die Entwicklung der Motorik ist ebenso grundlegend für das spätere Leben Ihres Babys wie die der verbalen und nonverbalen Kommunikation und des sozialen Verhaltens. Sie als Eltern können den Bewegungsdrang des Kleinen fördern und unterstützen - ohne dabei zu vergessen, dass jedes Kind seinen eigenen Rhythmus hat und dass die Reihenfolge der Lernschritte von Kind zu Kind variiert.

Bewegung von Anfang an

Als Mutter spüren Sie schon während der Schwangerschaft, wie Ihr Baby im Bauch herumturnt. Es erprobt und entwickelt schon vor der Geburt alle möglichen Bewegungen, die es mit seinem Körper anstellen kann - und danach erst recht. Die motorischen Entwicklungsphasen folgen durch die Reifung des Gehirns gewissen Gesetzmässigkeiten, die Sie weder beeinflussen können noch sollen. Jedes Kind kommt in seinem Tempo voran. Forcieren Sie nichts: Ihr Baby sollte sich zuerst ausreichend auf einer flachen Unterlage (Spielmatte) bewegen dürfen und erst dann aufstehen und gehen, wenn es dies aus eigener Kraft und aus eigenem Interesse tut. Verzichten Sie auf Lauflernhilfen (wie etwa

BABYS HIRN FÜTTERN

Viele Eltern unterschätzen die Bedeutung der ersten Lebenswochen und -monate massiv. Ein Baby anzuschweigen, nur weil es nicht antworten kann, ist eine fatale Unterlassung: Dadurch wird die Sprachentwicklung des Säuglings behindert. Stattdessen sollten Sie seine Sinne ganz generell anregen und ihm viele positive und sinnliche Eindrücke vermitteln - streicheln, flüstern, singen, schaukeln, lachen. So kann Ihr Kleines die Gewissheit und das Vertrauen entwickeln, aufrichtig geliebt zu sein - eine wesentliche Voraussetzung für ein gesundes Selbstbewusstsein.

Laufgestelle auf Rädern) - sie sind nach physiologischen Richtlinien ungeeignet und können schädlich sein.

Man spricht von der Fein- und Grobmotorik, die es zu entwickeln gilt. Damit ist die allgemeine Fähigkeit gemeint, sich zu bewegen. Die Feinmotorik betrifft vor allem die Fingerfertigkeit, bei der Grobmotorik geht es um die gesamte Körperkontrolle.

Die motorische Entwicklung in den ersten zwei Jahren

Die wachsende Mobiliät ihres Babys mitzuerleben ist für Eltern eine Freude. Ganz von selbst werden die Bewegungsmöglichkeiten fast täglich vielfältiger. Die Entwicklung läuft in typischen Schritten ab:

Erster Schritt: Kopf hoch und Rolle seitwärts. Nachdem das Baby zunächst Kopf, Arme und Beine bewegt, aufstützt oder in der Luft halten kann, fängt es an, sich auf den Bauch und wieder zurück zu drehen.

Zweiter Schritt: Mehr Übersicht. Als Nächstes wird sich Ihr Kleines fürs freie Sitzen interessieren, das mit der Zeit immer sicherer wird.

Dritter Schritt: Den Boden erobern. Nun beginnt das Baby zu robben; dabei zieht es die Knie nach vorn und stösst sich ab. Beim Krabbeln wippt es erst auf Händen und Knien vor und zurück, um das Gleichgewicht zu finden; dann wagt es erste Krabbelschritte.

Vierter Schritt: Voll und ganz Zweibeiner. Um aufzustehen, zieht sich Ihr Kind zunächst an Tischen, Stühlen etc. hoch. Im Stand hält es sich fest und wippt hin und her, auf den Zehenspitzen rauf und runter. Nun probiert es erste Schritte, wobei es sich zunächst noch festhält. Bald kann es frei gehen, die Richtung nach Belieben wechseln.

Fünfter Schritt: Vielfältig mobil. Mit der Zeit fängt das Kleine an, unter Möbeln hindurchzukriechen, zu hüpfen, zu stampfen und herumzurennen. Schon bald kann es auf dem Spielplatz schaukeln, rutschen und klettern - zuerst mit Hilfe der Eltern, dann alleine.

Einige Kinder überspringen einzelne Entwicklungsschritte – das ist normal. Und ein kleiner Teil der Kinder krabbelt nicht auf allen Vieren, sondern bewegt sich auf dem Hosenboden rutschend vorwärts. Die Hände werden dabei zum Abstossen eingesetzt. Auch das ist normal und kein Anlass zur Besorgnis.

Mit seinen Händen beginnt das Baby zudem schon sehr bald, nach Dingen zu greifen. Auch dies muss zunächst durch vielfache

Wiederholung geübt werden. Erst nach einigen Monaten beherrscht es den sogenannten Pinzettengriff: Es kann jetzt mit Daumen und Zeigefinger einen Gegenstand greifen.

Beobachten Sie Ihr Kind: Ist es fähig, seine Positionen und Bewegungsmuster zu verändern? Ist es sehr ängstlich, verharrt es lange in einer Haltung oder ist es ständig auf fremde Hilfe angewiesen, sollten Sie dies mit dem Kinderarzt besprechen.

Den eigenen Körper kennenlernen

Die Körperwahrnehmung ist eng mit der Entwicklung der Motorik verknüpft. Das Baby hat bereits einen vorgeburtlich entwickelten Sinn fürs Tasten und Fühlen.

Das Gefühl, sicher gehalten zu werden, gehört zu den grundlegenden Bedürfnissen Ihres Kleinen. Nicht gehalten zu werden löst bei ihm tiefe Ängste aus – es kann kein Urvertrauen aufbauen. Wiegen und Schaukeln unterstützen hingegen sein Körpergefühl ebenso positiv wie eine sanfte Babymassage oder das beruhigende Streicheln des Rückens.

So fördern Sie die Motorik und Körperwahrnehmung Ihres Kindes optimal:

> **Jegliche Bewegung** ist positiv: Ermöglichen und gestatten Sie Ihrem Kind so viel davon, wie es möchte.
> **Bieten Sie** so wenig Hilfestellung wie möglich, aber so viel wie nötig.
> **Gehen Sie** mit Ihrem Baby und Kleinkind täglich nach draussen.

Sprechen lernen

Das ungeborene Kind bekommt schon im Mutterleib die Grundelemente seiner Muttersprache mit. Natürlich kann es in der Fruchtblase keine klaren Laute oder gar Worte verstehen, aber es nimmt die Melodie des Gesprochenen wahr. Aus dieser erkennt es später Struktur und Grammatik seiner Muttersprache.

Wichtig: Kinder nehmen die nonverbale Botschaft ihres Gegenübers schneller wahr als den Inhalt gesprochener Worte. Achten Sie deshalb von Anfang an darauf, dass Ihre Mimik zu Ihrer Aussage passt – Ihr Kind wird Sie so besser verstehen können. Erwarten Sie beispielsweise nicht, dass Ihr Kind aufhört, Sie mit Wasser anzuspritzen, wenn Sie ihm dies unter Lachen und Kichern verbieten. Zynische Bemerkungen («Das hast du ja wieder super gemacht!») und Nicht-Botschaften («Fall hier *nicht* runter!») sind ebenfalls ungeeignet, um beim Kind die richtige Reaktion zu erzielen. Besser: Klar und positiv formulieren, was Sie vom Kind erwarten («Bleib oben! Halt dich gut fest!»).

Der Spracherwerb in den ersten zwei Jahren

Zu Beginn hört das Baby den typischen Singsang Ihrer Stimme und reagiert immer schneller darauf. Seine Sprache ist vorerst die des Weinens und Schreiens. Heute weiss man, dass Ihr Baby Sie damit nicht tyrannisieren, sondern Ihnen etwas mitteilen will: Ich habe Hunger und Durst, mir ist zu heiss, zu kalt, meine Windel ist voll, ich habe Bauchweh, mir ist langweilig, ich fühle mich einsam. Nehmen Sie Ihr Kind in diesen Momenten ernst - mit Verwöhnen hat das nichts zu tun!

Die Grundversicherung der Krankenkasse übernimmt von der Geburt bis ins Vorschulalter acht Vorsorgeuntersuchungen. Dabei wird der Kinderarzt neben gesundheitlichen Aspekten (Grösse, Gewicht, Impfungen etc.) auch die allgemeine Entwicklung Ihres Kindes in den Gebieten Motorik und Sprache prüfen – eine gute Gelegenheit, allfällige Fragen zu stellen.

Wussten Sie, dass Babys schon sehr bald über einen grossen Passivwortschatz verfügen? Sie verstehen – auch intuitiv – mehr, als Sie ahnen. Bedenken Sie dies, wenn Sie mit andern Personen in dessen Anwesenheit über Ihr Kind reden.

Mit der Zeit beginnt Ihr Baby, Laute von sich zu geben: Quietschen, Gurren, Lachen und Kichern. Schon bevor es ein Jahr alt ist, ahmt es Laute nach und lallt verschiedene Silben. Und wenn Ihr Kleines alles Mögliche in seinen Mund steckt, trainiert es nicht bloss den Geschmackssinn, sondern auch die Motorik des Gaumens, die für das Formulieren von Lauten nötig ist. Es kann bald Tierlaute und einzelne Worte nachahmen. Erste klar verständliche Worte fallen, zum Beispiel Mama und Papa - oder, zum Schrecken umweltbewusster Eltern, Auto. Nach einzelnen Tätigkeitsworten folgen bald die ersten Zwei- bis Dreiwortsätze. Bis zu seinem zweiten Geburtstag kann es Personen benennen, und sein Wortschatz nimmt stetig zu.

Reden ist Gold

Sie fördern die Sprachentwicklung Ihres Kindes, indem Sie so viel wie möglich mit ihm reden: wenn es auf Ihrem Arm ist, beim Wickeln, Baden, Füttern und Spazierengehen. Ahmen Sie Geräusche und Klänge von Tieren und Fahrzeugen nach, singen Sie ihm Lieder vor und schauen Sie mit ihm Bilderbücher an. Wird es älter, stellen Sie ihm einfache Fragen zu Dingen, die Sie gemeinsam sehen, malen, hören. Sprechen Sie mit der Puppe oder dem Teddy Ihres Kindes. Es wird Sie beobachten und später imitieren.

Soziales Wesen Kind

Ihr Baby fängt schon früh an, mit Ihnen Kontakt herzustellen und auf Ihr Kommunikationsangebot einzugehen. Es betatscht Sie, lächelt Sie an, lutscht an Ihren Fingern, kräht freudig, wenn es Sie sieht, und weint, wenn Sie weggehen. Bald streckt es seine Arme nach Ihnen aus und freut sich am Versteckspiel «Guggus – Dada», es nimmt sein Spiegelbild wahr, hält fest, was Sie ihm wegnehmen möchten, und erwidert aktiv Zärtlichkeiten. Etwas später winkt und klatscht es bei entsprechendem Anlass, hilft beim Anziehen, rollt den Ball zurück und zeigt sein Spielzeug her. Es beginnt, mit seinem Spieltier oder der Puppe zu kommunizieren: Es spricht mit ihnen, drückt und streichelt sie. Jetzt kann es bereits kurze Zeit alleine spielen, ahmt einfache Hausarbeiten nach und äussert sich, wenn es etwas möchte.

BEKANNT UND UNBEKANNT: FREMDELN

Fremdeln gehört zur Entwicklung des Selbstbewusstseins: Meist um den achten Lebensmonat herum lassen sich Babys oft nicht mehr von andern Personen halten als von Mama und Papa – und wenn, dann nur unter lautstarkem Protest und Weinen. Keine Sorge: Dies ist völlig normal und ändert sich nach einigen Wochen wieder. Lassen Sie Ihrem fremdelnden Kind Zeit, sich langsam und ohne Druck an andere Personen anzunähern.

Zeigen, wie es geht

Sie können das soziale Denken und Handeln Ihres Kleinen bereits im ersten Lebensjahr fördern, denn es wird sich schon früh für den Kontakt mit andern Lebewesen interessieren. Leben Sie ihm soziales Handeln vor, lassen Sie es teilhaben, wenn Sie sein Geschwister trösten, die Katze sanft streicheln und sachte mit den Pflanzen in der Natur umgehen.

Sobald Ihr Kind seinen Tastsinn gezielt anwenden kann, begleiten Sie es darin, Berührungen sanft auszuüben – etwa mit den Worten: «Liebe Katze, ganz lieb.» Machen Sie es vor und führen Sie die Hand Ihres Babys. Loben Sie es dann dafür! Dasselbe gilt für Babys Lieblingspuppe: Fällt sie zu Boden, verzichten Sie auf die Moralpredigt, trösten Sie sie dafür mit Worten und Gesten. Ihr Kind wird verstehen, dass dies der Puppe gut tut, und sich künftig ebenso verhalten. Der erste Schritt zum Einfühlungsvermögen ist getan.

Sozialkontakte in den ersten zwei Jahren

Kinder müssen erst lernen, sich in einer Gruppe mit andern zu bewegen: Sei es zu

Hause, im Müttertreff, bei Besuchen oder auf dem Spielplatz. Das Zusammentreffen mit andern Menschen verläuft für Ihr Kind nicht immer nach Wunsch. Es wird Strategien anwenden, um seine Vorstellungen durchzusetzen: Es ist im Trotzalter. Auch wenn das anstrengend ist: Nehmen Sie Ihrem Kind diese wichtige und gesunde Phase der Grenzerfahrung nicht - etwa in der Meinung, ihm dadurch Leid zu ersparen. Wenn Sie Ihrem Kind alles erlauben, alle Wünsche erfüllen und jedes Verhalten dulden, erschweren Sie ihm seinen weiteren Weg. Je älter ein Kind, das seinen Egoismus nicht zügeln kann, desto schwieriger die Eingliederung und Akzeptanz in der Gesellschaft.

Studien belegen, dass eine gute familienergänzende Betreuung die geistige, soziale und sprachliche Entwicklung des Kindes unterstützt.
Die Kinder profitieren vom Aufenthalt in altersgemischten Gruppen, wo sie hauptsächlich durch Nachahmung lernen. Ausserdem üben sie sich darin, sich im sozialen Gefüge zu behaupten, zu teilen und Rücksicht zu nehmen. Einen Überblick über das Angebot finden Sie auf Seite 140.

LOB WIRKT WUNDER

So loben Sie Ihr Kind richtig:

> Nehmen Sie Blickkontakt mit ihm auf.
> Sprechen Sie es mit seinem Namen an.
> Formulieren Sie das Lob kurz und klar. Ein bis zwei Sätze reichen. Seien Sie überzeugend und echt.
> Untermauern Sie das Lob mit einer Geste: Lächeln, Nicken, Berühren.

... und alles spielend leicht

Der Drang zum Spielen ist dem Menschen angeboren. Für ein Kind ist das Spiel der Zugang schlechthin zu den Dingen, Aufgaben und Erkenntnissen dieser Welt, die es im wahrsten Sinne des Wortes «spielend» kennenlernt.
Die meisten Spiele sind für die Entwicklung Ihres Babys also äusserst sinnvoll. Bei der Beschäftigung mit Puppen und Plüschtieren, Bauklötzen, Autos und Malstiften, mit unterschiedlichsten Materialien, beim Mittun im Haushalt und draussen in der Natur trainieren die Kleinen in hundertfacher Wiederholung ihre Motorik, die Sprache und das Sozialverhalten. Denn Spielen ist nicht nur Zeitvertreib, sondern viel mehr: Erlernen von Fertigkeiten, Anhäufung von Wissen, Erprobung von Rollen, Lösen von Problemen - und nicht zuletzt: Entspannung pur.

GEEIGNETE SPIELSACHEN

Welche Spielsachen braucht Ihr Kind in den ersten zwei Lebensjahren? Ein guter Grundstock sieht so aus:

> Lieblingspuppe, -plüschtier oder Nuscheli
Muss immer verfügbar sein, denn es beruhigt und vermittelt Sicherheit in jeder Situation (beim Einschlafen, beim Arztbesuch, auf Reisen etc.)

> Babyspielzeug, das rasselt, raschelt, sich bewegen lässt, glänzt und bunt ist (aktiviert und fasziniert)

> Puppen und/oder Plüschtiere, Autos etc. (fürs Sozialverhalten)

> Bauklötze aus Holz oder grosse Legos, Einsteckspiele (für die Motorik)

> Bilderbücher mit kartonierten Seiten oder aus Stoff (für die Sprachbildung)

> Musikdose zum Aufziehen, zum Beispiel in Plüschtier (beruhigt)

> Malstifte (giftfrei), Papier und Knetteig (fürs kreative Werken)

9.2 Erziehung – was von Anfang an hilfreich ist

> **Sarah Renold und Urs Zanoni**

Ein Kind erziehen bedeutet, es auf seinem Weg zu einem selbständigen Menschen zu begleiten und zu fördern. Grenzen setzen gehört ebenso dazu wie Freiraum lassen – alles in Massen und zu seiner Zeit.

Bis zu seiner Volljährigkeit muss Ihr Kind eine Menge lernen: mit anderen angemessen zu kommunizieren und umzugehen, seine eigenen Bedürfnisse und Gefühle ebenso zu respektieren wie die der andern, Herausforderungen des Alltags zu meistern und selbständig zu werden. Den Grundstein dafür legen Sie schon nach der Geburt, spätestens aber ab dem Zeitpunkt, da sich Ihr Kind von Ihnen fortbewegen kann. Wie Sie als Eltern diesen anspruchsvollen Prozess begleiten und unterstützen, hängt oft von Ihrer eigenen Biografie und Lebenserfahrung ab. Da sich jedoch unsere Gesellschaft mit ihren Erkenntnissen und Werten in stetem Wandel befindet, lohnt es sich, die eine oder andere Information von Fachleuten beizuziehen – zum Beispiel in einem Erziehungskurs.

Lässt sich Kindererziehung erlernen?

Sie müssen eine Prüfung ablegen, um ein einfaches Moped lenken zu dürfen – nicht aber, um Kinder grosszuziehen. Kindererziehung gilt seit jeher als Privatsache, Schwierigkeiten werden häufig tabuisiert. Was früher selbstverständlich von einer Generation an die nächste weitergegeben wurde, geht heute mehr und mehr verloren: das Wissen im Umgang mit Babys und Kleinkindern bis hin zum Teenager. Moderne Eltern leben meist alleine mit ihren Kindern. Aus dieser soziokulturellen Veränderung entstand der Trend, sich als Eltern in Sachen Erziehung weiterzubilden. Das Angebot, das heutigen Eltern offensteht, ist vielfältig: für jede Lebensphase ist etwas dabei.

Vom Säuglings- zum Erziehungskurs

Im Säuglingskurs lernen Sie alles, worauf Sie als Eltern achten sollten, damit Ihr Kind sich von Beginn an wohlfühlt: Pflege, Ernährung, Geborgenheit usw.
Bei älteren Kindern verlagern sich die Fragen hin zu erzieherischen Themen: Ist es normal, wenn mein Kind Wutanfälle hat, sobald etwas nicht nach seinen Wünschen verläuft?

Wie kann ich erreichen, dass mein Kind abends schneller einschläft? Solche Fragen werden zwar auch in Büchern und im Internet beantwortet, aber wirksamer - weil interaktiv - ist der Besuch eines Erziehungskurses. Dort erfahren Sie nicht nur viel Wissenswertes und erhalten praktische Anleitungen für Ihren Alltag, sondern können sich auch mit anderen Eltern austauschen. Informieren Sie sich im Internet, fragen Sie bei der Mütter- und Väterberatung sowie bei der Gemeinde nach und achten Sie auf Prospekte, die meist bei Ärzten, in Apotheken etc. aufliegen.

Ein breites Angebot an verschiedensten Kursen hält der Schweizerische Bund für Elternbildung SBE bereit (www.elternbildung.ch). Der SBE bietet eine Plattform für verschiedene kantonale und regionale Kursangebote und Veranstaltungen.

Mit Ritualen den Tag strukturieren

Immer zuerst den linken Schuh anziehen und dann den rechten. Niemals ins Bett gehen, ohne im Teletext die jüngste Wetterprognose konsultiert zu haben. Beim Überqueren des Fussgängerstreifens auf keinen Fall die gelben Flächen betreten: Alle Menschen kennen und leben solche Gewohnheiten. Die einen nennen sie etwas despektierlich Marotten, die anderen bezeichnen sie liebevoll als Rituale - und als solche sollten Sie sie auch betrachten.

Rituale sind ein Segen. Sie strukturieren den Tag (oder das Jahr), sie schaffen Vertrautheit, sie beruhigen. Rituale holen die Erfahrungen von Fest und Feier in den Alltag, vertiefen den Gemeinschaftssinn und das Gefühl von Geborgenheit. Kinder können dank Ritualen ihre Eindrücke leichter verarbeiten. Und lieb gewonnene Gewohnheiten unter den Erwachsenen - der Abschieds- und Willkommenskuss, ein Glas Wein am Abend - festigen das Gefühl der Verbundenheit und den Willen, Schwierigkeiten gemeinsam zu meistern.

Rituale für Kinder

Rituale laufen immer nach dem gleichen Muster ab, haben einen festen Anfang und ein Ende. Sie sind ein wichtiger Beitrag zu einem friedfertigen und vertrauensvollen Umgang in der Familie. Je mehr Rituale eine Familie lebt, desto weniger Konflikte entstehen - das ist wissenschaftlich belegt. Dabei ist es nicht einmal nötig, dass sich immer alle Familienmitglieder daran beteiligen. Auch ein Ritual mit nur einem Elternteil wird sich bei einem Kind einprägen.

Viele Rituale gehen Kindern in Fleisch und Blut über: Sie pflegen sie noch als Erwachsene und geben sie dann wiederum an ihre Kinder weiter. Manche Rituale ähneln sich, andere sind ganz individuell auf eine Familie zugeschnitten. Lassen Sie Ihre Fantasie spielen!

Bei Tagesbeginn

Bei einem Baby ist der Tagesanfang sehr individuell. Doch wie Sie Ihr Kind aufnehmen, ob Sie als Erstes etwas summen, mit ihm zum Mobile mit den Schmetterlingen gehen oder mit seinem Händchen über ein samtweiches Fell streichen: Das Baby wird Ihr Verhalten rasch als Ritual wahrnehmen. Später dann wird Ihre Tochter, Ihr Sohn die Weck- oder Aufstehrituale zumindest mitbestimmen: zuerst die Lieblingspuppe von der linken auf die rechte Seite drehen oder das zerknautschte Kissen fein säuberlich glätten. Was immer es ist: Lassen Sie es zu – selbst wenn Sie bereits fünf Minuten in Verzug sind.

Wasch- und Pflegerituale

Bei Babys kann die Körperpflege zum Ritual werden, wenn Sie alles immer in der gleichen Reihenfolge machen und jeweils erklären, was Sie tun. Sprüche und Fingerspiele geben der Körperpflege einen fröhlichen und teils feierlichen Rahmen. Bauen Sie das Pflegeritual mit allerlei Zärtlichkeiten aus, zum Beispiel einem Kitzeln in der Hand- und auf der Fussfläche oder einem Kuss auf den Bauch. Beim Kitzeln können Sie die Reflexe des Kindes beobachten, zugleich werden die Sinne stimuliert. Auch bei älteren Kindern wird die Körperpflege unkompliziert, wenn sie spielerisch ritualisiert wird.

Gemeinsam essen

Der Esstisch ist der Sammelplatz für die Familie. Schon kleine Kinder erleben sich und die Eltern als Gemeinschaft, die miteinander kommuniziert und sich gegenseitig stützt. Zum Frühstücksritual kann ein Morgengebet oder ein Morgenlied gehören. Später, wenn die Kinder älter sind, wird das Gespräch über die Nacht im Vordergrund stehen: Wie war die Nacht? Hast du gut geschlafen oder schlechte Träume gehabt? So können die Kinder ihre Erlebnisse verarbeiten – das schafft Vertrauen und steigert die Tatkraft.
Das Mittagsritual entfällt in vielen Familien ein- oder mehrmals pro Woche, wenn beide Elternteile auswärts berufstätig sind. Setzen Sie sich zumindest am Wochenende gemeinsam an den Mittagstisch, zelebrieren Sie das

Essen als Fest, spielen Sie anschliessend noch eine Stunde gemeinsam.
Beim Abendessen lässt man den Tag ausklingen. Ältere Kinder und Eltern tauschen Erlebnisse aus. Verzichten Sie darauf, Fernseher oder Radio laufen zu lassen, und nehmen Sie auch keine Anrufe entgegen.

Auch das Essen mit dem Baby können Sie als Ritual gestalten, sofern das Kleine nicht schon lautstark nach Nahrung verlangt: Vor und nach dem Stillen ein Kinderlied summen, den gewärmten Schoppen sanft an die Wange drücken, den Gemüsebrei unter die Nase halten und die Farben erklären. Grundsätzlich gilt: Das Essen soll in einer ruhigen, entspannten Atmosphäre erfolgen.

Das Gute-Nacht-Ritual

Gute-Nacht-Rituale sind sehr wichtig, denn sie geben den Kindern die Gewissheit, dass es ihnen auch in der Nacht gut geht und dass alles seine vertraute Ordnung hat. Gleichzeitig wird damit der Übergang von den vielfältigen Erlebnissen des Tages zu einer Phase der Ruhe erleichtert. Denn die jüngsten Eindrücke bleiben bei Kindern viel länger und intensiver haften als bei Erwachsenen. Werden sie nicht verarbeitet, können sie zu Schlafstörungen führen.
Schon bei Neugeborenen helfen wiederkehrende Abläufe, das Durchschlafen leichter und rascher zu erlernen. Was Sie als Ritual einsetzen, ist Ihrer Fantasie überlassen: vorlesen, singen, eine Geschichte erzählen, den Tag zeichnen, den Himmel betrachten, Verse dichten, beten, Fragen zum Tag beantworten, die Kuscheltiere verabschieden.

Rituale für die Eltern

Auch unter Erwachsenen vermitteln Rituale Wertschätzung und signalisieren: «Ich bin in diesem Moment allein bei dir.» Lassen Sie Ihrer Fantasie freien Lauf: kleine Liebesbotschaften, die Sie an die gemeinsame Pinwand heften; ein Buch mit Erinnerungen an «kinderfreie» Aktivitäten; eine «Motzkiste», in der Sie Anliegen deponieren können, über die Sie reden möchten. Das Gegenstück zur Motzkiste könnte dann beispielsweise ein Flusspferd aus Plastik sein, das Sie gemeinsam grün bemalen und immer dann dem Partner,

Zwei Bücher, die Sie beim Gestalten Ihrer Familienrituale inspirieren können: Margret Nussbaum: «Die schönsten Familien-Rituale» und «Abendzeit – Familienzeit. Rituale, Spiele und Geschichten» (beide Christophorus-Verlag, Freiburg i.Br.).

der Partnerin hinstellen, wenn Sie sich versöhnen möchten.
Wenn Ihnen das alles zu aufwändig ist, setzen Sie bei einem Ritual an, das (hoffentlich) bereits besteht: Küssen Sie sich zum Abschied und zur Begrüssung so sanft, dass es nicht schmatzt – Sie werden in Kürze über das Geschmatze der anderen nur noch schmunzeln!

Erziehungskonflikte zwischen Papa und Mama

Konflikte zwischen Partner und Partnerin sind nicht selten, wenn es um Erziehungsfragen geht. Immerhin bringen beide Elternteile Erfahrungen aus ihrer eigenen Herkunftsfamilie mit, die sie bis heute prägt. Dies kann von positiven Erziehungsstrategien bis hin zu rigiden Strafmethoden gehen.

Lia und Daniel ...

... teilen sich die Betreuungsarbeit für ihren Sohn Michael im klassischen Modell: Lia ist zu Hause, Daniel zu 100 Prozent erwerbstätig. Daniel kommt abends müde nach Hause, möchte die Sportschau sehen und danach essen. Lia ihrerseits wäre nach manch langem und oft einsamem Tag froh, sie könnte ihm das Baby einfach in den Arm drücken und eine Runde joggen oder wenigstens mit ihrem Mann ein bisschen reden. Missmut und gegenseitige Vorwürfe lassen nicht lange auf sich warten. Bei einer Aussprache diskutieren Lia und Daniel mögliche Lösungen: Der Vater darf abends zuerst während 20 Minuten in Ruhe ankommen, danach aber ist er für seine Familie da. Oder: Es werden Abende festgelegt, an denen er oder sie alleine einem Hobby frönt, während der andere das schlafende Baby hütet. Oder: Die beiden engagieren regelmässig einen Babysitter, damit sie gemeinsam etwas unternehmen können.

Diskutieren, aushandeln, diskutieren ...

Sich auf einen gemeinsamen Nenner zu einigen fällt vielen Elternpaaren nicht leicht. Doch es lohnt sich, wenn Sie als Eltern einen gemeinsamen Weg einschlagen: Das macht Ihnen nicht nur das Leben leichter, sondern schafft auch Klarheit für Ihr Kind, weil es weiss, woran es bei Mama und Papa ist. Kleine Unterschiede wird Ihr Kind gut einzuordnen wissen. Ebenso ist es in Ordnung, wenn bei den Grosseltern andere Regeln gelten. Stellen Sie ein paar Mindestregeln auf, an die Sie sich beide im Umgang mit Ihren Kindern halten wollen. Praktische Beispiele:

> **Es gilt das Motto:** Wir lassen unser Baby nicht einfach schreien. Weint es, wird jeweils sofort abgecheckt, was der Grund sein könnte.

> **Wenn der eine Elternteil spürt,** dass ihn der Trotzanfall des Kindes aggressiv

macht, übergibt er an den andern Elternteil. So verhindert er, dass ihm die Hand ausrutscht.

> **Zur Förderung** der Vater-Kind-Beziehung wird eine zweistündige Aktivität pro Woche fest für die beiden eingeplant - und Mama kann sich um anderes kümmern.

Wenn Sie sich gut über die Aufteilung der Arbeit und Betreuung rund ums Kind absprechen, sich gegenseitig Freiräume zugestehen und regelmässig gemeinsame Familienmomente schaffen, können Sie viel Frust verhindern. Wer die Hauptverantwortung fürs Kind trägt (in der Regel die Mutter), sollte auch mehr über den Erziehungsstil bestimmen - und trotzdem ein offenes Ohr für die Meinung des Vaters aufbringen. Vielleicht liegt er gerade dank seiner grösseren Distanz gar nicht so falsch.

Wenn Sie sich trotz wiederholter Versuche in wichtigen Fragen nicht einigen können, suchen Sie am besten eine neutrale Drittperson auf - zum Beispiel in einer Familienberatungsstelle - und lassen sich beraten.

Streit vor den Kindern?

Sollen Eltern ihre Konflikte vor den Kindern austragen? Das ist bei kleinen Kindern nicht empfehlenswert, denn sie werden durch einen handfesten Krach im Innersten verunsichert, fühlen sich verloren und traurig. Vor allem kleine Kinder haben keine Ressourcen, die ihnen helfen, einen Streit zwischen den Eltern realistisch einzuordnen.

ONLINE-TRAINING

Auf der Website www.elterntraining.ch können Sie den Umgang mit Stress und Konflikten lernen. Dies geschieht in vier Modulen: Individueller Stress, Kommunikation, Stress in der Familie, Problemlösen. Daneben gibt es einen Chat und ein Forum, in dem Sie sich mit anderen Eltern austauschen und Ihre persönlichen Anliegen mit der Trainingsleitung gemeinsam beraten können. Ausserdem können Sie drei persönliche E-Mail-Beratungen buchen. Die Website wird vom Departement für Psychologie der Universität Fribourg betrieben.

Erst ab etwa acht bis zehn Jahren sind Kinder in der Lage, einen Streit zu verarbeiten - vorausgesetzt, die Eltern haben eine «anständige» Streitkultur, zu der auch Versöhnung und das gemeinsame Suchen nach Lösungen gehören. Nach diesem Vorbild können Sohn und Tochter eine eigene Kultur der Konfliktlösung entwickeln. Doch selbst Schulkinder haben bei Streitigkeiten oft Angst, Mama und Papa könnten sich scheiden lassen - zumal sie diese Möglichkeit bei ihren Kameraden als Realität erfahren.

Es macht keinen Sinn - und wird im Alltag auch nicht möglich sein -, Kindern immer eine heile und konfliktlose Welt vorzugaukeln. Halten Sie sich im Umgang mit Konflikten an folgende Regeln:

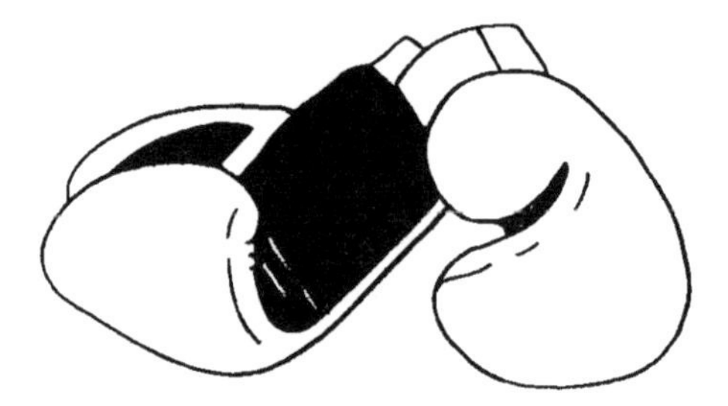

> **Papa und Mama** haben Vorbildfunktion. Lösen Sie Ihre Konflikte wenn immer möglich konstruktiv und achtsam.

> **Wenn es trotz bester Absicht** zum Streit vor den Kindern kommt: Zeigen Sie, dass Sie sich wieder vertragen, sobald die Wogen geglättet sind. Und machen Sie den Kindern klar, dass nicht sie verantwortlich waren für die Auseinandersetzung. Denn Kinder neigen dazu, sich für den Streit schuldig zu fühlen.

> **Unterlassen Sie** Streitigkeiten, die die Kinder betreffen, wenn diese anwesend sind. Sie geraten sonst rasch in einen Loyalitätskonflikt.

So gehts nicht mehr weiter

Auch wenn Sie viel Freude an Ihrem Kind haben – der Alltag zeigt sich manchmal von einer anderen Seite. Probleme im Umgang mit dem Baby und dem Kleinkind sind kein Grund, sich zu schämen oder zu verstecken Vielmehr empfiehlt es sich, Unterstützung bei Fachleuten zu holen, bevor der Stress unerträglich wird und das Risiko für eine Überreaktion Ihrerseits gross ist. Beratungsstellen in Ihrer Nähe finden Sie über Suchmaschinen im Internet (Stichworte: Familienberatungsstellen, Erziehungsberatung, Mütterberatung plus Ihr Wohnkan-

Eltern, die sofort Hilfe brauchen, wenden sich an den Elternnotruf (www.elternnotruf.ch, Tel. 044 261 88 66). Hier finden Sie rund um die Uhr Unterstützung – nachts allerdings nur im Fall akuter oder eskalierender Situationen. Eine Übersicht über verschiedenste Angebote bietet www.projuventute.ch (> Unser Angebot > Für Eltern).

ton) oder im Telefonbuch unter den gleichen Stichworten. Auch die Verwaltung der Wohngemeinde kann mit Adressen öffentlicher Dienste oder selbständig arbeitender Erziehungsberaterinnen aushelfen.

Kontakte knüpfen

Junge Eltern müssen sich nach der Geburt des ersten Kindes erst einmal neu orientieren: Wo die Mutter früher abends nach der Arbeit Berufskolleginnen in der Bar traf, verbringt sie heute den Tag mehrheitlich alleine mit ihrem Kind; wo der Vater am Wochenende mit Kumpels Sport machte, soll er jetzt ganz für seine Familie da sein. Diese Umstellung fällt nicht allen leicht; Einsamkeit und das Gefühl, ins kalte Wasser geworfen zu werden, begleiten manche junge Familie. Umso ratsamer ist es, Kontakte zu anderen Familien zu suchen. Von ihnen erfährt man Solidarität, Tipps und das Gefühl, dass sich manches, was zu Beginn schwierig ist, mit der Zeit bessert.
Wo lassen sich solche Kontakte knüpfen? Zum Beispiel auf dem Spielplatz Ihres Wohnquartiers, in der Krabbel- oder Spielgruppe, in einem Mütterzentrum, beim Baby-Schwimmen, im Elternverein etc. Und so brechen Sie die Hemmschwelle beim ersten Kontakt:

> **Gehen Sie** auf Eltern mit Kindern zu, die etwa im gleichen Alter wie Ihres sind.
> **Wenn Sie eher schüchtern sind:** Lassen Sie erst die Kleinen den Kontakt herstellen. Bald werden die Eltern mitziehen und zum Beispiel nach dem Alter Ihres Kindes fragen - oder Sie machen den Anfang.
> **Fragen Sie andere Eltern,** wo man hier am besten spielen oder spazieren kann und ob es eine Krabbelgruppe in der Nähe gibt. Weitere Gesprächsthemen könnten sein: Rückbildungsturnen, Stillberatung, Mütterberatung, Babymassage-Kurs etc.

Pflegen Sie die Beziehungen, die Sie so schaffen; daraus entwickelt sich mit der Zeit ein tragfähiges Netz. Vielleicht können Sie neben dem Erfahrungsaustausch ab und zu auch gegenseitig die Kinder betreuen - das verschafft Ihnen eine Atempause, und die Kleinen freuen sich über die Abwechslung.

9.3 Verschiedene Familienformen – und was sie für Kinder bedeuten

> **Walter Noser**

Kinder sollen in körperlicher, geistiger, seelischer und sozialer Unversehrtheit, in Würde und Freiheit aufwachsen können – egal, ob sie nun in einer klassischen Familie, mit nur einem Elterteil, im Konkubinat oder in einer Patchwork-Familie leben.

Rechtlich spielt es eine grosse Rolle, ob Sie mit eigenen oder mit nicht blutsverwandten Kindern zusammenleben. Doch wichtiger als jede gesetzliche Bestimmung ist das sogenannte Kindeswohl – und dieses hängt nicht von der Familienform ab.
Das Kindeswohl ist vermutlich einer der am meisten strapazierten Begriffe. Insbesondere dann, wenn es darum geht, Entscheidungen für Kinder und mit Kindern zu treffen, verstehen Ärzte etwas anderes darunter als Juristen, Mütter etwas anderes als Väter, und Grosseltern wiederum definieren den Begriff anders als ihre Enkel. Immerhin ist man sich heute einig, was *nicht* zum Kindeswohl beiträgt: Misshandlungen wie Körperstrafen, Züchtigung, Ausbeutung und Kinderarbeit. Hingegen gehört die Befriedigung grundlegender Bedürfnisse (Nahrung, Schutz und Pflege) dazu, daneben geistige und emotionale Anregungen und Hilfe beim Kennenlernen von sich selbst und der Welt. Zudem braucht jedes Kind Menschen, die seine positiven Gefühle empfangen und erwidern, stabile Bindungen garantieren und auf seine negativen Verhaltensweisen angemessen reagieren.

Die Herkunftsfamilie akzeptieren

Vielleicht sind Sie ein Einzelkind gewesen. Vielleicht sind Sie bei Pflegeeltern aufgewachsen. Allenfalls war die Kindheit in einem behüteten Elternhaus die schönste Zeit Ihres Leben. Möglicherweise waren Ihre Eltern aber auch nicht in der Lage, auf Ihre Bedürfnisse als Kind einzugehen. Vielleicht haben Sie damals sogar so schlimme Erfahrungen gemacht, dass die Narben noch heute zu spüren sind.
Was auch immer Sie als Kind erlebt haben: Es hat Sie geprägt, und diese Prägung geben Sie an Ihre eigenen Söhne und Töchter weiter.

Etwas aus sich machen

Es gibt Eltern, die vieles so machen wollen wie ihre eigenen Eltern, und solche, die neue Wege gehen wollen. Beides ist möglich und beides kann gut sein, solange Sie sich der Beweggründe bewusst sind. Denn Erziehung besteht darin, dem Wesen des Kindes zum Durchbruch zu verhelfen und dabei die eigenen Erwartungen und Wünsche zurückzustellen. Zur Erziehung gehört, sich mit der eigenen Familie und der eigenen Kindheit auseinanderzusetzen, diese weder zu verteufeln noch zu idealisieren, sondern die Vergangenheit so zu akzeptieren, wie sie war, und sowohl das Förderliche als auch das Behindernde darin zu erkennen.

Das tönt einfach, kann aber ganz schön anspruchsvoll sein. Damit Sie Ihr Interesse zukunftsorientiert auf die Kinder richten und fürsorglich für diese da sein können, müssen Sie Verantwortung für Ihr eigenes Leben übernehmen und Sätze wie: «Ich kann nicht anders, ich bin eben so erzogen worden», aus Ihrem Vokabular streichen. So bleiben Sie flexibel, sind mit sich und der Vergangenheit im Reinen und eher bereit, bei Problemen Hilfe anzunehmen.

Das klassische Modell: Kinder bei den Eltern

Ob die Eltern verheiratet sind oder nicht: Es ist das Familienidyll schlechthin, wenn die Kinder bei den Eltern leben. Meist sorgt der Vater für den Unterhalt der Familie, die Mutter für die Kinder und dafür, dass der Mann jeden Tag gestärkt zur Arbeit gehen kann. Eine häufige Schwierigkeit dabei: Es besteht zwar ein kulturell und politisch begründeter Anspruch auf Gleichheit der Geschlechter, in der Realität herrscht aber eine strukturell verankerte Ungleichheit vor. Frauen sind oft doppelbelastet und haben nach wie vor wenig Möglichkeiten, Beruf und Familie zu vereinen. Kommt dazu, dass das Familienleben unberechenbar ist, weil sein Fundament «nur» Emotionen sind. Wenn die Liebe und das Zusammengehörigkeitsgefühl nicht mehr vorhanden sind, bricht manche Familie auseinander.

Ein Blick auf die Zahlen: Es gibt sie noch, die Familien! Fast 900 000 Eltern leben mit ihren Kindern zusammen – das zeigen die Zahlen der letzten Volkszählung.

Vielfach ist das Familienleben weit entfernt vom Ideal: Partnerschaft, Kindererziehung, Beruf und Freizeit können manchmal fast nicht unter einen Hut gebracht werden. Und trotzdem ist das Ideal das Ziel. Sie können sich zu diesem Ziel hin entwickeln, wenn Sie möglichst viele der folgenden Fragen mit Ja beantworten können:

> **Ist ein Wille vorhanden,** sich dem andern immer wieder positiv zuzuwenden, auch wenn Sie strittige Fragen erörtern?

	Geld fürs Kind	Kontakt mit Behörden
Konkubinatspaare	Bei gemeinsamer Sorge einigen sich die Eltern über die Finanzen. Wenn das Sorgerecht nur der Mutter zusteht, muss der Vater Unterhaltsbeiträge bezahlen. Wenn Einkommen, Alimente, Versicherungsleistungen, Vermögen des Sorgeberechtigten und allfällige Bedarfsleistungen den Unterhalt nicht decken, kann dieser unter Umständen Sozialhilfe beantragen. Aber: Konkubinatspaare sind beim Bezug von Sozialhilfe Ehepaaren gleichgestellt und müssen sich gegenseitig unterstützen.	Die elterliche Sorge ist per Gesetz bei der Mutter, ausser die Eltern vereinbaren ein gemeinsames Sorgerecht. In einem Unterhaltsvertrag wird die finanzielle Unterstützung durch den Vater geregelt sowie sein Besuchsrecht im Trennungsfall. Unterhaltsvertrag und Sorgerechtsvereinbarung müssen von der Vormundschaftsbehörde genehmigt werden. Über das Kindesvermögen ist bei der Vormundschaftsbehörde Rechenschaft abzulegen.
Verheiratete Eltern	Wenn Einkommen, Alimente, Versicherungsleistungen, Vermögen beider Elternteile und allfällige Bedarfsleistungen den Unterhalt nicht decken, so können die Eltern gemeinsam Sozialhilfe beantragen.	

> **Können Sie Ihre Kritik** so äussern, dass sie nicht sofort heftige Abwehr hervorruft?
> **Haben Humor,** Gelassenheit und Freude Platz im Alltag?
> **Haben Sie andere Hobbys** ausser der Familie?
> **Sind Sie sich** in grundlegenden Erziehungsfragen einig?
> **Unterhalten Sie sich** auch über anderes als über die Kinder?
> **Gönnen Sie sich** und dem Partner, der Partnerin Freiräume?

> **Können Sie ein Interesse** für die Sorgen und Bedürfnisse des Partners entwickeln, auch wenn Sie einen strengen Tag gehabt haben?
> **Können Sie** Ihre eigenen Interessen auch mal zurückstellen, ein ander Mal aber auch durchsetzen?

Nicht so selten: Eineltern-Familien

Sei es als Übergangsphase, sei es auf Dauer: Die Kombination Kind(er) mit nur einem Elternteil ist gar nicht so selten. Eineltern-Familien machen über 15 Prozent aller Familienhaushalte mit Kindern aus, und in den rund 161 000 Eineltern-Familien der Schweiz leben über 420 000 Personen. Die Zuständigkeit der Frauen für die Kindererziehung und -betreuung kommt in den Statistiken sehr deutlich zum Ausdruck: 85 Prozent der Alleinerziehenden sind Frauen.

Auch wenn sich die Zeiten geändert haben, gehören alleinerziehende Eltern immer noch zu den am stärksten stigmatisierten Bevölkerungsgruppen. Sie werden meist nur über ihre Defizite definiert: Sie sind häufig von Armut bedroht, und viele der Alleinerziehenden geraten in wirtschaftliche Schwierigkeiten, weil Job und Kinderbetreuung ihre Kräfte und Möglichkeiten übersteigen. Kommt dazu, dass sich hartnäckig das Vorurteil hält, dass Kinder aus Eineltern-Familien besonders viele Probleme hätten. Geht es denn Alleinerziehenden und ihren Kindern tatsächlich nur schlecht? Nein!

Die Lebensform der Eineltern-Familie ist eine Lebensform von vielen. Sie ist nicht schlechter und nicht besser, sondern in erster Linie anders. Alleinerziehen bringt auch Vorteile mit sich:

> **Das Leben** kann selbständiger und unabhängiger gestaltetet werden als in mancher anderen Lebensform.
> **Viele Alleinerziehende** sind kontaktfreudig und pflegen den Freundeskreis (Qualität kommt vor Quantität!), weil sich so der Alltag besser meistern lässt.
> **Alleinerziehende mobilisieren** ihre Stärken: Durchsetzungsvermögen, Verhandlungsgeschick und Ausdauer sind nötig, um über die Runden zu kommen.
> **Wer abends,** wenn die Kinder im Bett sind, allein ist, muss nicht einsam sein. Alleinsein muss man auch zuerst mal können!
> **Alleinerziehende fördern** die Selbständigkeit ihrer Kinder, sorgen für ausreichend Kontaktmöglichkeiten zu weiblichen und männlichen Bezugspersonen und sind Organisatonstalente.
> **Und stimmt es wohl,** dass Alleinerziehende attraktiver und gepflegter sind als Eltern, die sich im Ehehafen gehen lassen?

Entwicklung von Kindern mit einem Elternteil

Ein Vorurteil, das es zu widerlegen gilt: Kinder von Alleinerziehenden haben nicht häufiger psychische oder soziale Störungen als Kinder, die bei Vater und Mutter leben. Kinder in Eineltern-Familien haben sogar häufig

WER IST ALLEINERZIEHEND?

Einelternschaft ist zwar oft ein vorübergehender Zustand, der heutzutage am häufigsten nach der Trennung einer Ehe oder Partnerschaft auftritt. Zu den Alleinerziehenden gehören aber auch Witwen und Witwer mit unmündigen Kindern sowie Frauen, die nicht mit dem Vater des Kindes zusammen sein wollen oder können. Nicht wirklich um Alleinerziehende handelt es sich bei Elternteilen, in deren Haushalt noch andere Erwachsene leben (z.B. Grosseltern des Kindes oder Lebenspartner), die sich an der Erziehung beteiligen.

bessere soziale Kompetenzen und eine grössere psychische Reife, denn sie lernen schon früh, Verantwortung zu übernehmen, sie sind sensibler für gesellschaftliche Diskriminierungen und haben oftmals ein offeneres Weltbild, weil sie in ihrem Alltag die Rollenverteilung von Männern und Frauen flexibler erleben.

Wenn ein neuer Partner ins Leben tritt

Nicht alle Alleinerziehenden sind überzeugte Singles. Einige haben einen Partner, mit dem sie nicht zusammenwohnen. Andere könnten sich durchaus vorstellen, dass wieder mal ein Freund oder eine Freundin ins Leben tritt, wenn denn der oder die Richtige ihren Weg kreuzen würde. Wie Sie in Bezug auf die Kinder am besten vorgehen, wenn dieser Fall eintritt, sehen Sie auf Seite 36.

Es gibt ein grosses Netzwerk von Hilfs- und Beratungsangeboten für Alleinerziehende: zum Beispiel der Schweizerische Verband alleinerziehender Mütter und Väter mit vielen Informationen sowie Adressen von Alleinerziehenden-Gruppen (www.svamv-fsfm.ch) oder die Web-Community für Eineltern-Familien (www.1Eltern.ch) sowie die Kontakt- und Informationsstelle für Verwitwete mit Kindern (www.verein-aurora.ch).

	Geld fürs Kind	Kontakt mit Behörden
Ledige Alleinerziehende	Der nicht sorgeberechtigte Elternteil muss Alimente bezahlen. Wenn er seiner Verpflichtung nicht nachkommt, können die Kinderalimente bevorschusst werden (siehe Seite 37).*	Die elterliche Sorge ist per Gesetz bei der Mutter, ausser die Eltern vereinbaren ein gemeinsames Sorgerecht. In einem Unterhaltsvertrag wird die finanzielle Unterstützung durch den Vater geregelt sowie sein Besuchsrecht im Trennungsfall. Unterhaltsvertrag und Sorgerechtsvereinbarung müssen von der Vormundschaftsbehörde genehmigt werden. Über das Kindesvermögen ist bei der Vormundschaftsbehörde Rechenschaft abzulegen.
Geschiedene Eltern	Der nicht sorgeberechtigte Elternteil muss Alimente bezahlen. Wenn er seiner Verpflichtung nicht nachkommt, können die Kinderalimente bevorschusst werden.*	Das Sorgerecht wird einem Elternteil zugeteilt oder beide zusammen beantragen die gemeinsame elterliche Sorge. Der nicht sorgeberechtigte Elternteil erhält ein Besuchsrecht. Wenn es bei der Ausübung des Besuchsrechts Probleme gibt, wird vom Gericht oder der Vormundschaftsbehörde ein Beistand bestimmt. Über das Kindsvermögen ist bei der Vormundschaftsbehörde Rechenschaft abzulegen.
Verwitweter Elternteil	Halbwaisen haben Anspruch auf eine Halbwaisenrente, unabhängig davon, ob die Eltern verheiratet waren oder nicht. Nehmen Sie Kontakt mit der AHV-Zweigstelle, der Pensionskasse und gegebenenfalls der Unfallversicherung des verstorbenen Elternteils auf.*	Wenn das Kind eine grosse Erbschaft macht, so wird unter Umständen eine Beistandschaft für die Vermögensverwaltung errichtet. Über das Kindsvermögen ist bei der Vormundschaftsbehörde Rechenschaft abzulegen.

* Wenn Einkommen, Alimente, Versicherungsleistungen und Vermögen den Unterhalt nicht decken, kann Sozialhilfe beantragt werden.

Kinder in Patchwork-Familien

Ob praktischer Flickenteppich oder kunstvoller Quilt: Patchwork ist vielseitig, die Summe definitiv mehr als die einzelnen Teile. Genauso ist es bei Patchwork-Familien, in denen Eltern ihre jeweiligen Kinder aus vorhergehenden Ehen oder Lebenspartnerschaften in die neue Beziehung mitbringen. Diese Familienform hat es schon immer gegeben, etwa wenn eine Witwe mit Kindern wieder heiratete – vielleicht sogar einen Partner, der auch verwitwet war und Kinder hatte. Stieffamilien gibt es in den letzten Jahren aber vor allem deshalb, weil kaum noch eine Beziehung ein Leben lang hält. Familien zerbrechen, werden anders und neu zusammengesetzt wie ein Puzzle – mit dem Unterschied, dass ein Puzzle irgendwann komplett ist, während eine Patchwork-Familie wächst und wächst.

Dennoch: Familien, in denen beide Partner eigene Kinder mitbringen und erst noch gemeinsame Kinder haben, sind in der Schweiz eher selten. In der Deutschschweiz sind sie mit gut zwei Prozent eine klare Minderheit. Doch in etwa 15 Prozent aller Haushalte wohnen nebst dem leiblichen Elternteil sogenannte Stiefeltern.

So gelingt das Zusammenleben in der Patchwork-Familie

Kinder brauchen Liebe, Grenzen und Vorbilder. Und von allem möglichst viel. Nicht umsonst heisst ein afrikanisches Sprichwort: «Es braucht ein ganzes Dorf, um ein Kind zu erziehen.» Ähnlich wie ein ganzes Dorf funktioniert eine Patchwork-Familie. Schliesslich kommt zur leiblichen Mutter, zum leiblichen Vater ein Stiefelternteil hinzu, zu den eigenen Onkeln und Tanten die Brüder und Schwestern des Stiefvaters oder der Stiefmutter und gleich auch noch deren Eltern – also Stiefgrosseltern. Und nebst den eigenen Geschwistern hat ein Kind in einer Patchwork-Familie oft noch Halb- und Stiefgeschwister. Lauter gute Voraussetzungen, die genutzt werden können, damit sich ein Kind getragen und aufgehoben fühlt und ein hohes Mass an Sozialkompetenz erlernt. Doch um dieses Potenzial optimal zu nutzen, braucht es von allen Beteiligten viel Einfühlungsvermögen, Geduld, Gelassenheit und Wohlwollen. Das gilt vor allem für die Anfänge. Hier ein paar Tipps, damit das Unternehmen Patchwork-Familie gelingt:

> **Sich Zeit nehmen.** Überstürzen Sie nichts, schon gar nicht das Zusammenziehen! Kinder sind zwar offen und neugierig, aber auch sehr konservativ. Im Säuglings- oder Vorschulalter sind sie noch sehr flexibel und können mit einer neuen Situation locker umgehen, aber grössere Kinder reagieren auf Veränderungen oft mit Zurückhaltung, wenn nicht gar mit Ablehnung. Geben Sie sich und ihnen genügend Zeit, um sich an einen neuen Partner zu gewöhnen.

> **Sich abtasten.** Ein neuer Partner, eine neue Partnerin lernt die Kinder am besten auswärts und nicht in den eigenen vier Wänden kennen. Erst recht, wenn er oder sie auch Kinder hat. Eine gemeinsame Wanderung, eine Velotour, ein Zoobesuch oder eine andere Aktivität sind gut geeignet, um sich gegenseitig zu beschnuppern. In den eigenen vier Wänden wird gern das Revier verteidigt!

> **Kinder miteinbeziehen.** Fragen Sie nicht, aber erklären Sie! Kinder sind überfordert, wenn man sie fragt, ob sie sich dieses oder jenes vorstellen können. Sie können sich meist nur das vorstellen, was sie bisher schon kennen. Deshalb ist es wichtig, dass Sie ihnen erklären, was mit der neuen Situation auf sie zukommen wird.

> **Kindern aus der Zwickmühle helfen.** Sie können Loyalitätskonflikte der Kinder nicht vermeiden, aber entschärfen. Dies gelingt umso eher, wenn der

STIEFELTERN, STIEFKINDER

Stiefmutter oder Stiefvater wird man durch Heirat. Doch trotz Heirat gibt es zwischen Stiefeltern und Stiefkindern kein rechtliches Kindsverhältnis: Es besteht kein Erbrecht, Stiefeltern haben kein Sorgerecht und sind ihren Stiefkindern gegenüber nicht direkt unterhaltspflichtig (siehe auch Seite 77). Ein Stiefkind kann adoptiert werden, wenn die Ehe seit mindestens fünf Jahren besteht. Die Behörden verlangen einen Lebenslauf der gesuchstellenden Person, diverse amtliche Unterlagen (Familienbüchlein, Wohnsitzbescheinigung, Scheidungsurteil, Personalausweise), die Zustimmung des zu adoptierenden urteilsfähigen Kindes, einen Sozialbericht und das Einverständnis des leiblichen Elternteils. Ist die Adoption vollzogen, verliert das Kind alle rechtlichen Bande zum leiblichen Elternteil und dessen Angehörigen (mehr dazu auf Seite 64).

neue Partner nicht versucht, den abwesenden Elternteil zu ersetzen, sondern wie Sie selber den Kontakt zum leiblichen Elternteil unterstützt und bejaht.

- **Kontakt zum Ex.** Auch wenn Sie mit Ihrem ehemaligen Partner nichts mehr zu tun haben wollen und ihm auch keine Rechenschaft ablegen möchten: Tun Sie es im Interesse Ihrer Kinder trotzdem. Sie können zwar nicht seinen Segen erwarten, aber er muss wissen, was sich wie für seine Kinder ändern wird.
- **Fairplay.** Fair bleiben ist das A und O. Wenn es um den abwesenden Elternteil geht, sollten sich neue Partner raushalten. Ein Kind spürt die Vorbehalte schon, wenn jemand nur die Stirn anders runzelt, wenn über Abwesende gesprochen wird. Als neuer Partner brauchen Sie niemandem etwas zu beweisen oder besser zu sein als der ehemalige Partner, denn er ist nicht Ihr Konkurrent.
- **Erziehungsgrundlagen klären.** Einigen Sie sich auf einen gemeinsamen Erziehungsstil. Versuchen Sie in Erziehungsfragen einen gemeinsamen Nenner zu finden, den die Kinder aus den unterschiedlichen Herkunftsfamilien akzeptieren.
- **Freundschaft statt Elternschaft.** Pflegen Sie zu den Kindern, die nicht ihr eigenen sind, eine Freundschaft. So verhindern Sie das typische «Böse-Stiefmutter-Image». Ein leiblicher Elternteil kann beliebig schimpfen, die Kinder lieben ihn trotzdem. Diesen Bonus haben Stiefeltern nicht.
- **Chancen nutzen.** Familien, die sich wegen Trennungen, neuen Partnerschaften und hinzugekommenen Kindern neu formen, haben im Vergleich zur klassischen Kleinfamilie ein grosses Beziehungsnetz. Pflegen Sie dieses!

Eine Familie, viele Namen: Wer in einer Patchwork-Familie welchen Nachnamen trägt und welche Möglichkeiten es gibt, Namen zu wechseln, lesen Sie auf Seite 119.

	Geld fürs Kind	Kontakt mit Behörden
Patchwork-Familien ohne Trauschein	Der nicht sorgeberechtigte Elternteil muss fürs Kind Alimente bezahlen, auch wenn der leibliche Elternteil mit einem neuen Partner lebt. Wenn Einkommen, Alimente, Versicherungsleistungen, Vermögen des Sorgeberechtigten und allfällige Bedarfsleistungen den Unterhalt nicht decken, so kann dieser unter Umständen Sozialhilfe beantragt werden. Aber: Konkubinatspaare sind beim Bezug von Sozialhilfe gleichgestellt wie Ehepaare und müssen sich gegenseitig unterstützen.	Bei *gemeinsamen* Kindern ist die elterliche Sorge per Gesetz bei der Mutter, ausser die Eltern vereinbaren ein gemeinsames Sorgerecht. In einem Unterhaltsvertrag wird die finanzielle Unterstützung durch den Vater geregelt sowie sein Besuchsrecht im Trennungsfall. Unterhaltsvertrag und Sorgerechtsvereinbarung müssen von der Vormundschaftsbehörde genehmigt werden. Über das Kindesvermögen ist bei der Vormundschaftsbehörde Rechenschaft abzulegen. Bei *nicht gemeinsamen* Kindern sind Scheidungsurteil, Unterhaltsvertrag und Sorgerechtsvereinbarung massgebend.
Patchwork-Familien mit Trauschein	Auch wenn der sorgeberechtigte Elternteil wieder heiratet, muss der andere Elternteil Alimente fürs Kind bezahlen. Zur ehelichen Beistandspflicht gehört auch die Unterstützung des Ehepartners bei der Erfüllung seiner Unterhaltspflicht gegenüber vorehelichen Kindern. Wenn Einkommen, Alimente, Versicherungsleistungen, Vermögen sowie allfällige Bedarfsleistungen den Unterhalt der Familie nicht decken, so kann das Ehepaar gemeinsam Sozialhilfe beantragen.	Die nicht leiblichen Kinder werden nicht automatisch zu Adoptivkindern! Damit Sie das Kind des Ehegatten adoptieren können, muss der leibliche Elternteil einverstanden sein, und darüber hinaus muss die neue Ehe seit mindestens fünf Jahren bestehen. Informationen zum Thema Namenswechsel finden Sie auf Seite 119.

Links und Adressen

Erziehungsfragen

www.elternbildung.ch
Schweizerischer Bund für
Elternbildung SBE
Steinwiesstrasse 2
8032 Zürich
Tel. 044 253 60 60
Plattform für verschiedene kantonale und regionale Kursangebote und Veranstaltungen

www.elterntraining.ch
Training für den Umgang mit Stress und Konflikten, teilweise kostenpflichtig

Hilfe in der Krise

www.elternnotruf.ch
Tel. 044 261 88 66
Hier finden Sie rund um die Uhr Hilfe – nachts allerdings nur im Fall akuter oder eskalierender Situationen.

www.projuventute.ch
(> Unser Angebot > Für Eltern)
Übersicht über verschiedenste Angebote der Pro juventute

Allein erziehen

www.1eltern.ch
Web-Community für Eineltern-Familien, Ziele: Netzwerk, Kommunikation, Adressen

www.svamv-fsfm.ch
Website des Schweizerischen Verbandes alleinerziehender Mütter und Väter mit vielen nützlichen Informationen sowie Adressen

www.verein-aurora.ch
Kontakt- und Informationsstelle für Verwitwete mit Kindern

Anhang

26 Links und Adressen zum Familienstart

Allgemeine Beratung zum Familienrecht

www.beobachter.ch
Beobachter-Beratungszentrum
Das Wissen und der Rat der Beobachter-Fachleute stehen in acht Rechtsgebieten im Internet und am Telefon zur Verfügung.
HelpOnline: rund um die Uhr im Internet
Telefon: Montag bis Freitag, 9 bis 13 Uhr, Fachbereich Familie Tel. 043 444 54 04
Wer den Beobachter abonniert hat, profitiert gratis von der Beratung. Wer kein Abo hat, kann online oder am Telefon eines bestellen und erhält damit sofort Zugang zu den Dienstleistungen.

Eltern werden und sein

www.elternbildung.ch
Schweizerischer Bund für Elternbildung SBE
Steinwiesstrasse 2
8032 Zürich
Tel. 044 253 60 60
Kantonale und regionale Kursangebote

www.elterntraining.ch
Training für den Umgang mit Stress und Konflikten, teilweise kostenpflichtig

www.fairplay-at-home.ch
Seite des Eidgenössischen Büros für die Gleichstellung von Frau und Mann, Informationen zur fairen Rollenverteilung

www.forum-geburt.ch
Informationen rund um Geburtsart und Geburtsort

www.geburtshaus.ch
Interessengemeinschaft der Geburtshäuser Schweiz
c/o Geburtshaus Delphys
Fridaustrasse 12
8003 Zürich
Tel. 044 491 91 20

www.hebamme.ch
Schweizerischer Hebammenverband
Rosenweg 25C
3000 Bern 23
Tel. 031 332 63 40
Hebammen in Ihrer Region

www.kinderbetreuung-schweiz.ch
Suche nach Kinderbetreuungsstätten

www.kinderkrippen-online.ch
Schweizer Krippenportal

www.muetterberatung.ch
Informationen zu Entwicklung, Ernährung und Pflege des Säuglings und Kleinkindes

www.profamilia.ch
Online-Gemeinschaft für die ganze Familie

www.projuventute.ch
(> Unser Angebot > Für Eltern)
Verschiedenste Angebote der Pro juventute; «Elternbriefe» und weitere Sachbücher

www.stillen.ch
Homepage des Berufsverbands der Schweizerischen Stillberaterinnen

www.tagesfamilien.ch
Tagesfamilienorganisationen in Ihrer Region

www.und-online.ch
Fachstelle UND
Familien- und Erwerbsarbeit für Frauen und Männer
Beratung für Ihre Familienorganisation

Finanzen, Versicherungen

www.bag.admin.ch
Seiten des Bundesamtes für Gesundheit mit Informationen zur Kranken- und Unfallversicherung

www.bsv.admin.ch
Seiten des Bundesamtes für Sozialversicherungen mit Informationen zu AHV/IV, Pensionskasse, Familienzulagen, Bedarfsleistungen

www.budgetberatung.ch
Budgetberatung Schweiz (ASB)
Hashubelweg 7
5014 Gretzenbach
Tel. 062 849 42 45
Hilfe bei der Erstellung des Budgets, Erhebungsblatt zum Herunterladen

www.schulden.ch
Informationen, Tipps und Adressen der Schuldenberatungsstellen in den Kantonen

Hilfe bei Krisen

www.143.ch, Tel. 143
Die Dargebotene Hand; Anlaufstelle rund um die Uhr in aktuen Krisen, aber auch für alltägliche Sorgen

www.147.ch, Tel. 147
Online- und Telefonhilfe für Kinder und Jugendliche

www.elternnotruf.ch
Tel. 044 261 88 66
Hilfe rund um die Uhr (nachts nur bei akuter Krise oder eskalierender Situation

www.kummernetz.ch
Online-Beratung per Chat und Mail; Forum

www.paarberatung.ch
Online-Paarberatung und Liste von Paartherapeuten, die nach FSP- oder SPV-Standard anerkannt sind

Wohnen

www.mieterverband.ch
Hilfe in Mietfragen, Links zu den kantonalen Mieterinnen- und Mieterverbänden

www.shev.ch
Seiten des Hauseigentümerverbands Schweiz, Beratung zu Hypotheken und günstige Angebote unter
> Hypothekenpooling

Stichwortverzeichnis

C/D

E

F

G

L

M

N

O

P

R

U

V

W

Z

GUT BERATEN

DER WEG ZUM EIGENHEIM

Sie träumen vom eigenen Heim, haben gerade ein Haus gekauft oder sind schon stolzer Eigenheimbesitzer? In diesem Beobachter-Ratgeber erfahren Sie, worauf es bei Kauf, Bau, Renovation, Unterhalt und Wiederverkauf ankommt. Hier finden Sie praktische, rechtliche und finanzielle Infos und Ratschläge.

ISBN 978 3 85569 349 8
256 Seiten

NATÜRLICH WOHNEN UND BAUEN

Lustvoll wohnen und dabei die Umwelt schonen. Ob Bodenbeläge, Farben, Dämmstoffe, Heizung oder Haushaltgeräte - dieser Ratgeber zeigt Heimwerkern und Bauwilligen, wie ökologisch bauen noch mehr Spass macht. Mit vielen Praxistipps, über 100 Schweizer Bezugsquellen und Adressen.

ISBN 978 3 85569 290 3
144 Seiten

KINDERERNÄHRUNG - GESUND UND PRAKTISCH

Wollen Sie Ihr Kind gesund verpflegen, Zeit sparen und Ihre Nerven schonen? Die Autorin und Ernährungsspezialistin Marianne Botta Diener zeigt, wie es geht: Sie bietet fundierte Informationen mit den neusten wissenschaftlichen Erkenntnissen, viele Ideen zur Menüplanung und praktische Erziehungstipps für jedes Alter.

ISBN 978 3 85569 322 1
256 Seiten

www.beobachter.ch

GUT BERATEN

MOTIVIERTE KINDER - ZUFRIEDENE ELTERN

Wie können Eltern ihre Kinder sinnvoll beschäftigen und fördern? Auch dann, wenn die Zeit einmal knapp ist? Mit diesem Beobachter-Ratgeber meistern Sie alltägliche Situationen wie das Einkaufen und Autofahren, das Mithelfen im Haushalt, das Anziehen und Schlafen gehen spielend. Das Buch liefert über 100 konkrete Vorschläge für Aktivitäten drinnen und draussen.

ISBN 978 3 85569 355 9
128 Seiten

ALLEIN ERZIEHEN - SO SCHAFF ICH'S!

Kinder, Finanzen, rechtliche Fragen – dieses Buch ist der erste Schweizer Ratgeber, der allein Erziehenden zeigt, was sie vorkehren sollten und wo sie Unterstützung erhalten. Ob Unterhaltsbeiträge oder Bevorschussung der Alimente, dieser Ratgeber leistet wertvolle Hilfe. Dazu gibt es zahlreiche Tipps und Ratschläge rund um das Alleinerziehen. Das Buch nennt auch die zuständigen Gerichte und Amtsstellen.

ISBN 978 3 85569 332 0
152 Seiten

SCHREIBEN LEICHT GEMACHT

Keine Angst mehr vor dem leeren Blatt! In diesem Beobachter-Ratgeber finden Sie Formulierungshilfen und über 200 Brief- und Vertragsmuster für den Schweizer Alltag. Ob im Umgang mit Behörden, im Geschäft oder im Privaten: Das Nachschlagewerk mit integrierter CD-ROM bietet viele rechtliche Informationen und Beobachter-Praxistipps. So sparen Sie Zeit und vermeiden Fehler. Ein unverzichtbares Werk!

ISBN 978 3 85569 347 4
328 Seiten

www.beobachter.ch